GOLDMANN
ARKANA

Buch

Wenn die Realität zum Albtraum zu werden droht, können wir uns nur retten, indem wir unseren schönsten und kühnsten Traum Realität werden lassen. Denn letztendlich ist das Leben nichts als ein Traum, und die Welt ist, was wir durch unsere Gedanken und Vorstellungen ins Dasein hineinträumen. Schamanen traditioneller Naturvölker wussten dies, und sie erfanden Techniken, um ihre Realität zu verändern, indem sie ihre Vorstellungen veränderten. Auch die moderne Quantenphysik hat erkannt, dass wir alle gemeinsam durch unsere Wahrnehmung die Welt erschaffen. Der größte Teil der Menschheit ist jedoch noch immer gefangen in einem Denkgefängnis aus »Realpolitik«, einem beschränkten Wissenschaftsbegriff und begrenzenden Vorstellungen von unseren Potenzialen. Wenn wir begreifen, dass wir Mitschöpfer unseres Universums sind, löst sich der Albtraum auf, wir wären Opfer von äußeren Ereignissen. Sagen wir nicht: »Ich trage einen Stein«, sondern: »Ich baue an einer Kathedrale.« Bestseller-Autor Alberto Villoldo studierte 25 Jahre lang die spirituellen Praktiken der Schamanen im Amazonas- und Andengebiet. Seine Forschungsergebnisse trug er in diesem wahrhaft »traumhaften« Arbeitsbuch zusammen, das seine Leser zu inspirieren vermag wie keines mehr seit den Werken von Carlos Castaneda. »Du kannst wählen: Lebe das Leben, das du willst, oder finde Gründe dafür, warum das nicht geht.«

Autor

Alberto Villoldo beschäftigt sich als Psychologe und medizinischer Anthropologe seit über 25 Jahren mit den spirituellen Praktiken der Menschen im Amazonasgebiet und in den Anden. Im Rahmen seiner Tätigkeit an der San Francisco State University gründete er das Biological Self-Regulation Laboratory (Labor für biologische Selbstregulation), um die Entstehung psychosomatischer Gesundheit und Krankheit zu erforschen. Alberto Villoldo leitet die »Four Winds Society« und unterweist Menschen auf der ganzen Welt in Energiemedizin und Seelenrückholung.
Seine Internetseite: www.thefourwinds.com

Von Alberto Villoldo sind bei Arkana bereits erschienen:
Das geheime Wissen der Schamanen (14216)
Seelenrückholung (21765)
Die vier Einsichten (21805)

Alberto Villoldo

MUTIGES TRÄUMEN

Wie Schamanen Realitäten erträumen

Aus dem Englischen von Andrea Panster

GOLDMANN
ARKANA

Die Originalausgabe erschien 2008 unter dem Titel »Courageous Dreaming. How Shamans Dream the World into Being« bei Hay House Inc., Carlsbad, California, USA.

Mix
Produktgruppe aus vorbildlich
bewirtschafteten Wäldern und
anderen kontrollierten Herkünften

Zert.-Nr. SGS-COC-1940
www.fsc.org
© 1996 Forest Stewardship Council

Verlagsgruppe Random House FSC-DEU-0100
Das für dieses Buch verwendete FSC-zertifizierte Papier
München Super liefert Arctic Paper Mochenwangen GmbH.

1. Auflage

Deutsche Erstausgabe August 2009
© 2009 der deutschsprachigen Ausgabe
Arkana, München
in der Verlagsgruppe Random House GmbH
© 2008 Alberto Villoldo
Umschlaggestaltung: UNO Werbeagentur, München
Umschlagmotiv: Getty Images
Redaktion: Gerhard Juckoff
WL · Herstellung: cb
Satz: EDV-Fotosatz Huber/Verlagsservice G. Pfeifer, Germering
Druck: GGP Media GmbH, Pößneck
Printed in Germany
ISBN: 978-3-442-21857-8

www.arkana-verlag.de

Für meine Tochter Alexis und meinen Sohn Ian.
Möget ihr immer mutig träumen!

Inhalt

Einleitung: Mutiges Träumen 9

TEIL I: Vom Albtraum zum Traum 31

Kapitel 1: Wie man dem Albtraum entkommt 33
Kapitel 2: Die Drehbücher unserer Albträume 61
Kapitel 3: Wie man erwacht und in die Traumzeit
 gelangt 95
Kapitel 4: Das Bewusstsein, die Wirklichkeit und die
 vier Wahrnehmungsebenen. 119
Kapitel 5: Die vier Arten des Mutes 141

TEIL II: Vom Traum zum beherzten Handeln 169

Kapitel 6: Mut in Aktion 171
Kapitel 7: Übe dich in Wahrhaftigkeit 205
Kapitel 8: Säubere deinen Fluss.................... 235
Kapitel 9: Sei jederzeit zum Sterben bereit........... 263

Nachwort....................................... 284
Danksagung 286

Einleitung
Mutiges Träumen

※

Alle Dinge entstehen im Geist,
sind unseres mächtigen Geistes Schöpfung.
Buddha: *Dhammapada*

※

Jeder von uns träumt die Welt ins Dasein, ob wir es wissen oder nicht. Dabei haben wir es nicht mit dem vertrauten Akt des Schlafens zu tun. Wir träumen vielmehr mit offenen Augen. Wenn wir nicht wissen, dass wir zusammen mit dem Universum die Macht haben, die Wirklichkeit zu erschaffen, entgleitet sie uns, und unser Traum wird zum Albtraum. Wir fühlen uns als Opfer einer unbekannten, beängstigenden Schöpfung, die wir nicht beeinflussen können. Es scheint, als würden wir von den Ereignissen beherrscht und säßen darin fest. Dieser schrecklichen Wirklichkeit können wir nur entrinnen, wenn wir erwachen und erkennen, dass auch sie nur ein Traum ist – und wir eine bessere Geschichte schreiben können. Eine Geschichte, die das Universum mit uns manifestieren wird.

Der Kosmos ist so beschaffen, dass alle deine Visionen von dir und der Welt Wirklichkeit werden. Sobald du erwachst und dir deiner Macht bewusst wirst, trainierst du die Muskeln deines Mutes und kannst mutig träumen: Du kannst dich von einschränkenden Überzeugungen lösen und deine Ängste hinter dir lassen. Du kannst anfangen, dir einen wahrlich originellen Traum auszudenken, der in deiner Seele entspringt und in deinem Leben Früchte trägt.

Wenn du mutig träumst, kannst du aus der Quelle, der Quantensuppe des Universums schöpfen, in der alles schlummert und alles möglich ist. Die Physiker wissen, in der Quantenwelt werden die Dinge erst dadurch »wirklich«, dass man sie beobachtet. Die einzelnen Energiepakete (die sowohl aus Materie- als auch aus Lichtteilchen bestehen), die sogenannten »Quanten«, sind weder »hier« noch »da«. Sie befinden sich so lange überall in Raum und Zeit, bis ein Mensch beschließt, Notiz von ihnen zu nehmen. Auf diese Weise locken wir sie aus dem Netz der unendlichen Möglichkeiten und verdichten sie zu einem räumlich und zeitlich fixierten Ereignis. Sobald sich die Energiequanten für eine bestimmte Manifestation entschieden haben, wollen sie sich miteinander verbinden. Mit der Manifestation verfestigt sich die Wirklichkeit: Sie kann dann nicht mehr überall sein, sondern spielt sich genau »hier« ab.

Quantenereignisse finden nicht nur im Labor, sondern in unserem Gehirn, auf dieser Buchseite und überall in unserer Umgebung statt. Selbst wenn Millionen Meilen, Tage oder Wochen diese Energiequanten trennen, bleiben sie eng miteinander verbunden. Nimmt man mit einer dieser Energien Verbindung auf, kann man das gesamte System beeinflussen, zu dem sie gehört. Tritt man an einer beliebigen Stelle in diesen Traum ein, in die große Schöpfungsmatrix, kann man die Wirklichkeit und den ganzen Traum verändern. Diese Veränderung wirkt sich dann auch auf Vergangenheit und Zukunft aus.

Die moderne Physik erklärt uns, was die uralten Weisheitshüter des amerikanischen Doppelkontinents schon lange wissen. Diese Schamanen werden als »Erdenwächter« bezeichnet und sie sagen: Dadurch, dass wir die Welt betrachten, träumen wir sie ins Dasein. Die Wissenschaftler glauben, dass wir dazu nur in der winzigen subatomaren Welt in der Lage sind. Die Schamanen dagegen wissen, dass wir auch die Welt ins Dasein träumen, die wir mit unseren Sinnen erfahren.

Die Erdenwächter leben wie die australischen Aborigines in einer Welt, in der die Traumzeit noch nicht in den Bereich des Schlafes abgedrängt wurde, wie das bei den meisten anderen Menschen bereits geschehen ist. Sie wissen, dass die gesamte Schöpfung aus dieser kreativen Matrix entsteht und wieder dahin zurückkehrt. Die Traumzeit durchdringt Materie und Energie. Sie verbindet alle Wesen, jeden Stein, jeden Stern, jeden Lichtstrahl und jedes kosmische Staubkörnchen. Die Macht zu träumen entspricht somit der Macht, sich am Schöpfungsprozess zu beteiligen. Es ist nicht nur unser Recht, sondern sogar unsere Pflicht, die Wirklichkeit ins Dasein zu träumen. Jeder Mensch muss diese Pflicht mit Anstand und Würde erfüllen, damit wir unseren Enkeln eine Welt hinterlassen, in der sie in Frieden und Fülle leben können.

In der Tat sind wir schon weit ins Detail gegangen bei unserem Versuch, das Universum ins Dasein zu träumen. Gleich nach dem Urknall machten sich 99,99 Prozent der gesamten Materie und Antimaterie daran, einander auszulöschen. Übrig blieben nur die Sterne und Galaxien, von denen wir heute noch umgeben sind. Das ist nur ein winziger Teil dessen, was früher einmal war. Hätte sich das Verhältnis von Materie zu Raum im Universum auch nur um ein Milliardstel Prozent verschoben, hätte es die physikalischen Gesetze nicht gegeben, welche die Entstehung des Lebens ermöglichten. Der Urknall musste so perfekt inszeniert und berechnet sein, dass dabei nur ein Teil Materie auf 10^{50} Teile Sternenstaub kam. Das ist eine 10 mit 50 Nullen – nicht mehr und nicht weniger. Dass dies purer Zufall war, ist nur dann denkbar, wenn wir glauben, dass es im Kosmos sehr viele Universen gibt. Nur dann wäre etwas so Unwahrscheinliches wie die zufällige Entstehung unseres Universums möglich.

Noch verblüffender ist das Zusammenspiel der Parameter des Universums auf der Erdoberfläche, auf der seit über einer Milliarde Jahren eine ausgeglichene Temperatur zwischen Gefrier- und Siedepunkt des Wassers herrscht. Dass für die Entstehung von Leben diese ganz besonderen Voraussetzungen nötig sind, lässt auf die Existenz einer intelligenten Kraft schließen. Ich meine damit keinen Schöpfer oder Gott, sondern eine universelle Kraft, welche die Erdenwächter als »Traumzeit« oder »Unendlichkeit« bezeichnen.

Ich bin bei Erdenwächtern in den Anden und im Amazonasgebiet in die Lehre gegangen. Sie glauben, dass wir nur Zugang zu dieser Macht erhalten, wenn wir unsere Bewusstseinsstufe erhöhen. Dann wird uns klar, dass wir – wie die Wassertropfen in einem weiten, göttlichen Ozean – sowohl einzigartig als auch Teil von etwas Größerem sind. Erst dadurch, dass wir uns mit dem Unendlichen verbunden fühlen, bekommen unsere Träume ihre Kraft. Im Grunde hält uns nur der Glaube, von der Unendlichkeit getrennt zu sein, im Albtraum gefangen. Wenn du meinst, hier beiße sich die Katze in den Schwanz, hast du recht. Was war zuerst da? Der Albtraum oder das Gefühl der Isolation? Nun, beides geschieht gleichzeitig.

Wenn du dem Albtraum ein Ende machen und wieder imstande sein willst, die Wirklichkeit ins Dasein zu träumen und etwas Besseres zu erschaffen, reicht das theoretische Wissen um die nötigen Abläufe nicht aus. Du musst deine Traumkraft körperlich spüren und sie in jeder Zelle deines Körpers wahrnehmen können. Das rein intellektuelle Verständnis der Fähigkeit, die Wirklichkeit zu erschaffen, ahmt zwar die Träume nach, zu denen du fähig bist. Doch dann verhindert es sie. Gelingt es dir nicht, über die rein intellektuelle Kenntnis hinauszukommen, wirst du dir am Ende niedrigere Ziele stecken und eine weit weniger herrliche Erfahrung der Welt erschaffen, als es dir eigentlich möglich gewesen wäre. Verinnerlichst du hingegen deine Traumkraft, wird dir klar, dass du die Unendlichkeit schon jetzt und hier erfahren kannst und dich nicht mehr abgeschnitten und isoliert fühlen musst.

Man braucht Mut, um die Unendlichkeit zu kosten. In der griechischen Mythologie straften die Götter sofort jeden Sterblichen, der es wagte, den Olymp zu erklimmen und einen Hauch der göttlichen Macht zu erfahren. Andererseits belohnten sie am Ende auch jene, die den Mut hatten, ihr Reich zu betreten, wie zum Beispiel Herkules und Psyche. Ganz ähnlich schildern die jüdisch-christlichen Überlieferungen, wie Gott Adam und Eva aus dem Paradies vertrieb, nachdem sie vom Baum der Erkenntnis des Guten und Bösen gegessen hatten, »damit er [der Mensch] nicht ausstrecke seine Hand und breche auch von dem Baum des Lebens und esse und lebe ewiglich« (1. Mose 3:22). Trotz dieser Erbsünde können am Ende aller Tage alle Menschen in den Himmel kommen.

Sobald du weißt, wie man träumt, wird dir klar, dass sich dein Leben genau so entfaltet, wie es sein soll. Natürlich kann es vorkommen, dass sich die Dinge nicht so entwickeln, wie du das gerne hättest. Aber im Ganzen betrachtet fügt sich alles in höchster Harmonie. Wenn du etwa an dem Tag den Zug zur Arbeit verpasst, an dem Terroristen einen Anschlag auf das World Trade Center verüben (was einer meiner Schülerinnen passiert ist). Oder wenn dir dein Kind erzählt, dass es zum Studium an der Universität seiner Wahl zugelassen wurde und du in derselben Woche die erhoffte Beförderung bekommst. Scheint es dagegen, als habe sich das Universum gegen dich verschworen, musst du etwas anderes träumen.

Beim mutigen Träumen stellst du fest, dass deine Probleme dich weder erdrücken noch dein Leben beherrschen. Natürlich sind die Schwierigkeiten, die du zu bewältigen hast, real. Trotzdem hast du stets die Wahl, ob du eine Heldensaga oder eine Leidensgeschichte, die dir deine Kraft raubt, daraus machen willst. Dir wird klar, dass du die Opferrolle ablegen kannst. Dass du nicht mehr mutterseelenallein versuchen musst, die Welt in Ordnung zu bringen. Oder dass du dich von deinen Rachegefühlen gegenüber den Menschen lösen kannst, die dir geschadet haben. Du verstehst, dass dein Leben genau so ist, wie es gerade sein soll, und kannst alle Geschichten ablegen, die dir das Gefühl geben, gefangen und unglücklich zu sein, und die dafür sorgen, dass du deiner Frustration auf der Couch deines Therapeuten Luft machst. Du fängst an, die Welt ins Dasein zu träumen, und alles wird anders.

Die Erdenwächter glauben durchaus, dass die Welt wirklich ist – doch das ist sie nur, weil wir sie ins Dasein geträumt haben. Zum Träumen brauchen wir natürlich Mut. Ohne Mut müssen wir uns mit dem zufriedengeben, was uns Kultur oder Gene zubilligen. Wir glauben, wir müssten uns mit dem Albtraum abfinden. Wenn wir mutig träumen wollen, müssen wir es mit dem Herzen tun. Andernfalls werden unsere Träume nie über die Ebene des übermäßigen Denkens, Planens und Sorgens hinausgehen. Unser Traum verkommt dann zu einem Albtraum oder einer bloßen Fantasievorstellung. Er hält uns gefangen oder entschwindet, während wir uns fragen, was eigentlich passiert ist.

※

Ich erinnere mich an eine meiner ersten Reisen ins Amazonasgebiet. Damals war ich ein junger Anthropologe, erforschte die Heilmethoden der Regenwaldschamanen und hatte beschlossen, mir selbst als Versuchskaninchen zu dienen. Ich erklärte dem Medizinmann im Dschungel, dass ich als Kind wegen einer kommunistischen Revolution aus meiner Heimat geflohen sei. Dass ich das Blutvergießen auf den Straßen gesehen hätte und nachts von Gewehrfeuer erschreckt worden sei. Seither litt ich an wiederkehrenden Albträumen, in denen sich bewaffnete Männer Zutritt zu meinem Haus verschafften und mir die Menschen nahmen, die mir am liebsten waren. Damals war ich Ende zwanzig, und es war mir noch nicht gelungen, eine feste Beziehung einzugehen. Ich fürchtete stets, den geliebten Menschen wie in meinem Albtraum zu verlieren.

Während einer Heilungszeremonie erklärte mir der Schamane, dass ich wie alle anderen wählen könnte, ob ich das Gewünschte bekommen oder meine Gründe behalten wollte, weshalb dies unmöglich sei. »Du bist viel zu verliebt in deine Geschichte«, sagte der alte Mann. »Solange du nicht den Mut hast, etwas anderes zu träumen, bleibt dir nur der Albtraum.«

An jenem Abend lernte ich, mir eine neue Geschichte auszudenken – dass dieses Unglück mich stärker gemacht und meine Erfahrungen mich gelehrt hatten, Mitgefühl mit leidenden Menschen zu haben. Der erste Schritt auf dem Weg zu meinem neuen Traum bestand darin, mir eine neue Geschichte einfallen zu lassen, in der ich nicht die Opferrolle spielte. Dann wurde mir klar, dass ich nicht nur mein Leben, sondern den ganzen Kosmos ins Dasein träumte, wie das auch umgekehrt der Fall war.

Obwohl sich der Verstand dagegen wehrt, ist es eine Tatsache, dass auch du die Wahl zwischen dem von dir ersehnten Leben und den vermeintlichen Gründen hast, weshalb du es nicht haben kannst. Du kannst in Frieden und Freude schwelgen oder unter der Last des großen schwarzen Bündels all der beklagenswerten Ereignisse und Schicksalsschläge leiden, die du in deiner Kindheit oder deiner letzten Beziehung erlebt hast. Du kannst mit deinen Wunden leben oder dich an deiner Herrlichkeit erfreuen. Du kannst das Leben eines Opfers führen, das von seinen früheren Traumata niedergedrückt wird, oder ein Held sein. Beides zugleich ist nicht möglich. Wenn du deine Macht spüren willst, musst du bewusst beschließen, einen heiligen Traum zu erschaffen und dich in Mut zu üben.

Das mutige Träumen findet auf einer Wahrnehmungsebene statt, die von den Erdenwächtern als die Ebene des *Kolibris* bezeichnet wird. Der Kolibri gehört zum Archetyp des fahrenden Helden, und genau wie der Kolibri wirst auch du zwangsläufig von Zeit zu Zeit den falschen Weg einschlagen. Aber jedes Mal, wenn du dir erneut vor Augen führst, dass du deine Wirklichkeit ins Dasein träumst, vertiefst du das Verständnis für deine Reise und steigerst deine Entschlossenheit. Du kannst deine sich ständig verändernde Umgebung gleichmütig und voller Humor annehmen und wirst sogar Gnade erfahren.

Wie du erkennst, dass du einen Albtraum lebst

Das Wort *träumen* beschwört die Vorstellung von den seltsamen Bildern herauf, die im Schlaf in unseren Köpfen entstehen. Träume können auch Metaphern sein: Wir jagen dem amerikanischen Traum, dem Traumhaus, dem Traumpartner oder dem Traumberuf hinterher. Wir betrachten die Probleme auf der Welt und sagen, wir träumten vom Ende der Armut, der Gewalt und der Bedrohung durch den Klimawandel. Damit meinen wir, dass wir es für Wunschdenken halten, über Dinge zu sprechen, die unserer Ansicht nach niemals Wirklichkeit werden können. In diesem Buch beschäftigen wir uns weder mit den Erlebnissen im Schlaf noch mit dem Wunschdenken.

Sofern du eine gewisse Ähnlichkeit mit den meisten anderen Menschen hast, ist dein ursprünglicher Plan von einem traumhaften Leben irgendwo schiefgegangen. Du hast das Problem analysiert, an deinem Plan herumgebastelt, die Enttäuschung beiseitegeschoben und es noch einmal versucht … und hast erneut versagt. Vielleicht verlierst du allmählich den Glauben daran, dass du überhaupt ein sinnvolles, erfüllendes Leben führen kannst. Oder du hast das Gefühl, es stünde nicht in deiner Macht, das gewünschte Schicksal zu erschaffen. Vielleicht wurdest du abgelenkt, hast deine ursprünglichen Visionen vergessen und meinst nun, nur noch vor dich hinzuleben und dir deiner Aufgabe nicht mehr sicher zu sein. Möglicherweise findest du es frustrierend und sinnlos zu »träumen«.

Wenn wir uns nur noch darum bemühen, den Alltag zu überstehen und unser Leben auf eine Weise zu gestalten, von der unser Verstand meint, es müsste uns glücklich machen, kann das zu Verwirrung führen. Die Beziehung zerbricht, das sorglose Leben endet, und die Rechnungen stapeln sich. Oder wir betrachten die erworbenen Statussymbole und fragen uns, warum sie uns nicht glücklich machen. Unsere Formel für Glückseligkeit entpuppt sich als das Rezept für ein bestenfalls banales und schlimmstenfalls leidvolles Leben. Unser Traum wird zum Albtraum.

Wir würden gerne glauben, dass wir ein kühnes, originelles Leben führen, und doch kommt uns die Abenteuerlust schon früh abhanden, während wir allmählich den gesellschaftlichen Erwartungen entsprechen, wie wir zu denken, zu fühlen und zu handeln haben. Wir wachsen in einem kulturellen Albtraum heran, der statt Mut und Originalität Apathie und Anpassung fördert. Wir finden weder Erfüllung noch Sinn, würden aber niemals wagen zuzugeben, dass wir mit unserem Leben unzufrieden sind. Allein der Gedanke daran, welche Konsequenzen eine Veränderung des Status quo haben könnte, lässt uns an Ort und Stelle verharren und Neuerungen ängstlich meiden.

Ich befand mich an diesem Punkt, als ich an der San Francisco State University tätig war. Damals war ich einer der jüngsten Professoren im staatlichen Universitätsdienst und Leiter des Biological Self-Regulation Laboratory (Labor für biologische Selbstregulation). Eines Tages kam mir der Gedanke, dass ich möglicherweise durch das falsche Ende des Mikroskops blickte. Dass ich nicht immer winzigere, sondern immer größere Elemente betrachten musste, wenn ich den Geist verstehen wollte. Ich gelangte an einen Punkt, an dem ich ein Paradigma in Betracht zog, dessen Regeln für Zeit und

Raum ganz andere waren als die, die ich gelernt hatte. Ich vernahm den leisen Ruf, das Labor zu verlassen und ins Amazonasgebiet zu gehen. Dort wollte ich jene Schamanen erforschen, die sich ganz und gar auf die Kraft des Geistes verlassen, um das zu erschaffen, was ich damals »psychosomatische Gesundheit« nannte.

Meine Freunde hielten mich für verrückt, weil ich eine vielversprechende Karriere für ein wildes Abenteuer im Dschungel aufgab. Nur der Dekan war glücklich, dass ich ging. Für ihn war die Erforschung des Bewusstseins reine Zeit- und Geldverschwendung. Ich weiß noch, wie sehr ich mich schämte und wie enttäuscht meine Familie war, als ich meine »respektable« Stellung an der Universität aufgab und Forscher wurde. (Noch Jahre später, als ich bereits Mitte vierzig war, über ein halbes Dutzend Bücher geschrieben und Vorlesungen an Universitäten in aller Welt gehalten hatte, fragte mich meine Mutter, wann ich endlich »eine richtige Stelle« an einer Hochschule annehmen würde. In ihren Augen war das besser als das, was ich tat.)

Die Erinnerung daran, wie wir uns früher wegen unserer Andersartigkeit geschämt haben, ist so unangenehm, dass wir diese Scham auf unser Gegenüber projizieren und uns in einem kollektiven Albtraum aus Ohnmacht und Angst einrichten. Wir misstrauen allen Menschen, die anders denken, fühlen und handeln, und sind insgeheim doch neidisch auf sie. Wir sind in diesem Albtraum gefangen, gehen keine Risiken mehr ein und werden verbittert. Wir verlieren das Vertrauen in die Menschheit und behaupten steif und fest, wir könnten schon selbst für uns sorgen und bräuchten keine Hilfe.

Wir reden uns gern ein, wir führten ein kreatives Leben, seien Nonkonformisten und überaus faszinierende Menschen. Und doch fallen uns nur banale Akte der Rebellion ein. Wir fahren kein normales Auto, sondern einen protzigen roten Schlitten oder gehen statt im Anzug im Hawaiihemd zur Arbeit. Leider sind unsere Akte der Kreativität nur leere Symbole, und unser Leben ist wie die Parodie einer Seifenoper, in der die Menschen stereotype Rollen nach denselben abgedroschenen Drehbüchern spielen.

Dieser Mangel an Originalität und Mut ist typisch für den kollektiven Albtraum. Da sich grundsätzlich jeder Mensch nach der Sicherheit sehnt, die das Vertraute ihm bietet, wollen wir daran teilhaben. Wir trösten uns mit dem Gedanken, dass auch der morgige Tag so werden wird wie der heutige. Der Psychologe Abraham Maslow identifizierte eine Hierarchie der menschlichen Bedürfnisse. Er stellte fest, dass Männer und Frauen den Wunsch nach Sicherheit über das Verlangen nach Liebe stellen. Veränderungen zwingen uns, uns der Ungewissheit und dem Unbekannten zu stellen, deshalb meiden wir sie. Ehe wir auch nur einen Schritt vor die Tür setzen, hätten wir gerne die Gewissheit, dass wir keine Unannehmlichkeiten erleben werden, dass unser Weg immer frei sein und uns geradewegs zum Ziel führen wird. Jede noch so winzige Unwägbarkeit genügt, und wir schlagen die Tür endgültig zu. Wir finden es weniger schmerzlich, an Vertrautem festzuhalten, obwohl wir ständig jammern und klagen, wie schrecklich alles ist.

Wir brauchen Mut, um zugeben zu können, dass unser Handeln nicht die gewünschten Erfolge bringt. In meinem Universitätslabor hätte ich immer weitere Forschungsgelder für – wie ich wusste – letztlich bedeutungslose Studien bekommen können. Ich versuchte mir einzureden, die Mittel von angesehenen Stiftungen seien der Beweis dafür, dass ich mit meiner Arbeit etwas Wichtiges bewirkte. Als ich mich entschloss, ins Amazonasgebiet zu gehen, wollte keiner meiner Sponsoren mein Vorhaben fördern. Von den Kollegen unterstützte mich nur mein Professor, Dr. Stanley Krippner. Nachdem mir klar geworden war, dass ich mir hinsichtlich der Bedeutung meiner akademischen Karriere etwas vormachte, musste ich mich von einem meiner Verhaltensmuster lösen. Bislang hatte ich auf mein Unbehagen nämlich immer damit reagiert, dass ich einfach weitermachte wie bisher – und mich noch ein wenig tiefer in meine Arbeit stürzte. Ich musste die Hoffnung aufgeben, dass ich eines Tages eine Möglichkeit finden würde, mit dem Segen einer großen Universität sinnvolle Arbeit zu tun, wenn ich mich nur genügend anstrengte.

In den Vereinigten Staaten haben wir seit je eine Vorliebe für die Metaphern der wiederentdeckten Lebenskraft und des erneuerten Engagements. In den amerikanischen Buchläden türmen sich die Memoiren von Sportlern und Schauspielern, die ihre Drogensucht besiegt haben, von armen Männern und Frauen, die zu großem Reichtum gelangt sind, und von dicken und unglücklichen Menschen, die sich in dünne und glückliche Menschen verwandelt haben. Aber ganz gleich, wie groß unsere Begeisterung für die eigene Erneuerung ist: Solange wir uns nicht von den Träumen und dem Wunschdenken lösen, die uns in den Albtraum geführt haben, werden wir ihn in der einen oder anderen Form immer wieder neu erschaffen. Wir halten uns für wiedergeboren und merken doch schnell, dass wir wie Sisyphos noch immer den Felsbrocken den Berg hinaufrollen und nichts erreichen. Die Expartnerin, die uns in den Wahnsinn getrieben hat, ist fort – aber die neue Freundin ist nicht minder zum Verzweifeln. Oder wir landen nach dem Arbeitsplatzwechsel erneut in einem Büro, in dem die internen Rangeleien im Vordergrund stehen. Kein Wunder, dass wir uns ohnmächtig fühlen! Wir wünschen uns den Weltfrieden oder zumindest ein friedliches Leben, können aber nicht einmal mit unserem Expartner oder unserer Kollegin reden, ohne gleich wütend zu werden.

Du kannst diese sinnlosen Bemühungen *sehr wohl* einstellen und dich von dem Gefühl befreien, in einem Albtraum gefangen zu sein, doch dazu musst du deine Wahrnehmung der Wirklichkeit radikal verändern. Dabei nützt dir weder ein Selbsthilfekurs noch genügt es zu wissen, was du eigentlich tun müsstest. Du musst die Macht wiedererlangen, kühn und mutig zu träumen, während du dir deines Weges durch die Unendlichkeit bewusst bist. Nur so kannst du dich leicht und mühelos von der Angst lösen, die dich in deinen ganz persönlichen Albträumen gefangen hält.

Wie man ein sinnerfülltes Leben ins Dasein träumt

Man hat uns gesagt, wenn wir materielle Sicherheit besäßen, würden wir uns gut fühlen. Aber selbst die Menschen, die unseren kulturellen Maßstäben zufolge erfolgreich sind, sind oft entsetzt, wie hohl ihre Erfolge sind. Einige meiner Klienten sind Multimillionäre und die meisten Menschen würden sie um ihren Reichtum beneiden. Dennoch sind viele von ihnen weder glücklich noch können sie einen Sinn in ihrem Leben erkennen. Einige von ihnen denken pausenlos darüber nach, wie schrecklich es wäre, den angehäuften Reichtum zu verlieren, was meist auch der Grund für ihren Besuch bei mir ist. Sie wollen sich von dem Fluch befreien, den ihnen die Gesellschaft auferlegt – von dem Zwang, etwas erreichen und anhäufen zu müssen. Sie wollen wissen, wie sie stattdessen ein sinnvolles Leben führen und eine Aufgabe erfüllen können.

Andere Klienten haben ihre Ziele noch nicht erreicht. Sie richten ihre Aufmerksamkeit gern auf die Zukunft und sagen: »Ich werde mein Leben ändern und die Welt verbessern, sobald die Kinder groß sind / die Altersversorgung geregelt ist / ich eine weniger belastende Arbeit gefunden habe.« Sie warten darauf, dass alle Ablenkungen verschwinden und sie ihre große Chance nutzen und beweisen können, wie kühn und originell sie eigentlich sind. Im Augenblick sind sie freilich in einem stumpfsinnigen, fantasielosen kollektiven Albtraum gefangen, der auf Dauer nicht auszuhalten ist ... und ihnen das Gefühl gibt, ganz langsam zu sterben.

Viele Menschen ähneln dem Frosch, der in einem Topf voll Wasser sitzt, das langsam zum Sieden gebracht wird. In dieser beliebten Geschichte spürt das Tier, wie das Wasser wärmer wird. Statt sich allerdings zu sagen: »Ich sollte besser rausspringen, bevor es zu heiß und richtig unangenehm wird«, passt es sich der Temperatur immer wieder an und wird schließlich zu Tode gekocht. Zurzeit beginnt auch das Wasser um uns herum zu sieden. Wir müssen die Hoffnung aufgeben, dass die Dinge eines Tages besser werden, und einfach *springen*.

Viel zu oft greifen wir in unserer Panik nach einer schnellen Lösung, die nur eines minimalen Aufwands bedarf. Dann reden wir uns ein, wir hätten eine Abkürzung zum Glück gefunden. Wir schicken unser Kind auf eine neue Schule und hoffen, damit die Probleme zu lösen, die es auf der alten hatte. Wie sich herausstellt, ist es dort genauso unglücklich wie zuvor.

Auch auf kollektiver Ebene haschen wir nach ähnlichen Lösungen: In den letzten Jahren büßte Ecuador 40 Prozent seiner Regenwälder ein, weil man nach Öl bohrte, um die unersättliche Gier der Amerikaner nach fossilen Brennstoffen zu stillen. Am Ende hatte man gerade genug Öl, um die Vereinigten Staaten zwei Wochen lang damit zu versorgen. Es ist offensichtlich, dass so mancher Schnellschuss einen schmerzlich hohen Preis von uns verlangt, vollkommen sinnlos ist und uns geradewegs in den Topf mit kochendem Wasser zurückwirft. Das Problem der begrenzten fossilen Brennstoffe ist nicht gelöst, die Wirtschaft ist immer noch von ihnen abhängig, und die Erde erwärmt sich weiter.

Einer der Gründe, weshalb wir zu schnellen Lösungen greifen, statt mutig etwas Neues zu erträumen, ist die irrige Annahme, mutiges Handeln erfordere Opfer. In Wirklichkeit aber kostet uns die Feigheit noch viel mehr: Sie kostet uns unsere Überzeugungen, Prinzipien, Hoffnungen und Träume. Wenn wir in Panik geraten und nach materieller Sicherheit streben, klappt das nie lange, und der Preis ist hoch. Wir geben auf, was uns am meisten bedeutet, und das bringt uns viel mehr Leid, als auf die Anerkennung durch andere oder ein wenig materielle Bequemlichkeit zu verzichten. Es ist weitaus besser, von schnellen Lösungen abzusehen und herauszufinden, wie man den Mut zum Träumen findet.

Der Mut der Seele

Das Wort *Courage*, ein Synonym für *Mut*, geht auf das lateinische *cor* zurück, was »Herz« oder »Seele« bedeutet. Der Mut der Seele ist mehr als bloße Kühnheit. Wenn wir kühn handeln, gehen wir Risiken ein, um unser Überleben zu sichern. Die Geschichten von militärischen Helden, die trotz einer überwältigenden feindlichen Übermacht bis zum Ende kämpfen, sind außergewöhnlich. Aber sie werden von ihrem Überlebensinstinkt getrieben. Wenn wir seelischen Mut beweisen, geht es uns nicht nur um Selbsterhaltung und Sicherheit. Manchmal sind wir gezwungen, Annehmlichkeiten, Sicherheit und sogar das eigene Leben aufs Spiel zu setzen, wenn wir nach unseren tiefsten Überzeugungen handeln. Dieser Mut entspringt einer höheren Quelle, und wir brauchen ihn, um einen neuen Traum zu erschaffen.

Vielleicht träumst du von Frieden oder Abenteuer, von der Eltern- oder der Lehrerrolle, vom Nähren oder Heilen. Und obwohl ein Traum nicht aus Sätzen, sondern (ähnlich wie unsere Träume im Schlaf) aus Visionen, Instinkten und Gefühlen besteht, lässt er sich durchaus in Worte fassen. Hier sind ein paar Beispiele: »Ich möchte mein Leben bis zur Neige auskosten und Freude an meinen Kindern« haben. Ich möchte mich im Büro ganz meiner Arbeit und zu Hause ganz meiner Familie widmen.« Oder: »Ich möchte das Leben eines Abenteurers führen, meine Möglichkeiten testen und meinem Herzen folgen.« Oder: »Ich möchte etwas in der Welt bewirken und lasse mich dabei vom *Spirit* führen.« Im Gegensatz zu Sehnsüchten, Hoffnungen oder gar festen Zielen können diese Affirmationen in jedem Augenblick Wirklichkeit werden, in dem du sie in deinem Herzen bewahrst. Dann handelst du ganz automatisch und mühelos in Übereinstimmung mit deinem Traum und nutzt die gewaltige Kraft deines Mutes.

Wenn du mutig träumst, erlebst du eine höhere Stufe der Wahrnehmung und der Fürsorge, bist aber weder völlig weggetreten vor Glückseligkeit wie ein Mönch auf einem Berggipfel noch im bloßen Überlebenskampf gefangen. Du gehst ganz in deiner Erfahrung auf und denkst weder an die Vergangenheit noch an die Zukunft. Wenn du zum Beispiel die Wertstoffe zum Recyceln in einer Tonne sammelst und an den Straßenrand stellst, ist dir gleichzeitig bewusst, dass du etwas für die Erde tust und für sie sorgst. Wenn du Schlange stehst, um deinen Führerschein abzuholen, akzeptierst du den Hinweis, dass dein Formular nicht ordnungsgemäß ausgefüllt ist. Du schreibst nicht sofort im Kopf eine Geschichte über deinen höllischen Nachmittag im Kampf gegen die Bürokratie.

Man könnte auch sagen, du nimmst deine Verbundenheit mit anderen wahr und erkennst, dass du nicht der einzig wichtige Mensch auf Erden bist. Du sorgst dich ehrlich um das Wohl aller Geschöpfe auf Erden. Dir liegen der Angestellte hinter dem Schalter und der aufgeregte Teenager am Herzen, der auf seine Fahrprüfung wartet. Dir wird klar, dass deine eigene Angst dir nicht das Recht gibt, anderen Menschen Angst zu machen, und deine eigene Frustration es nicht rechtfertigt, sie an anderen auszulassen.

Seelischer Mut erhebt uns über kleinliche menschliche Gefühle und verhilft uns dazu, dass wir authentisch leben, unsere Wahrheit verkünden und die Regeln brechen – selbst wenn es peinlich oder unangenehm ist. Er macht es uns möglich, in den kleinen Momenten des Lebens Position zu beziehen, statt auf die große Gelegenheit zu warten, in der wir zum Helden werden und beweisen können, aus welchem Holz wir geschnitzt sind. Auf jenen Augenblick, in dem wir so berühmt werden können wie Rosa Parks.

Auch die Afroamerikanerin Rosa Parks hat auf den Augenblick ihres Ruhmes gewartet. Als sie sich 1955 in Montgomery, Alabama, weigerte, ihren Sitzplatz im Bus einem Weißen zu überlassen, hatte sie sich bereits seit Jahren als Sekretärin der NAACP (National Association for the Advancement of Colored People) und Leiterin der örtlichen Jugendgruppe im Kampf für die Bürgerrechte engagiert. Sie hatte schon zuvor Busfahrern die Stirn geboten, war aber noch nie deswegen verhaftet worden. Sie lebte bereits nach ihren Werten und half anderen, die das ebenfalls taten. Sie blieb sitzen und brach das Gesetz. Nicht, weil sie an jenem Tag besonders müde gewesen wäre oder plötzlich und zufällig eine Quelle des Mutes in sich entdeckt hätte, die bis zu jenem magischen Augenblick verborgen geblieben war. Sie handelte lediglich im Einklang mit ihren wichtigsten Werten und ihrer Lebensaufgabe, und als sie Mut brauchte, stand er ihr zur Verfügung. Ihr integres Handeln kostete sie weder große Mühe noch große Willenskraft, da es ihr bereits zur Gewohnheit geworden war.

Bis zu ihrem Todestag sagte Mrs. Parks stets, es sei ihr unangenehm, dass man ihr das Verdienst für den Beginn des Montgomery Bus Boycotts zuschrieb. Sie wusste, der Auslöser hätte ebenso gut jeder andere Mensch sein können, der wie sie ein integres, mutiges Leben führte und unter den gleichen Umständen das Gleiche getan hätte. Und doch hat man ihre Geschichte dahingehend umgeschrieben, dass eine tapfere Nonkonformistin plötzlich Zugang zu einer bislang verschütteten

Quelle des Mutes fand und eine Revolution auslöste. Als sei die echte Geschichte nicht inspirierend genug.

Wenn du auf deinen Augenblick des Ruhms wartest, beraubst du dich deiner Macht. Das Warten verhindert, dass du anfängst, jeden noch so unbedeutenden Augenblick mutig zu leben. Aber genau wie Mrs. Parks kannst du lernen, mutig zu *träumen* und dich dafür zu entscheiden, in ebendiesem Moment eine neue, bessere Wirklichkeit zu erschaffen, statt darauf zu warten, dass dein Leben irgendwann besser wird. Dieses Buch und die darin beschriebenen Übungen werden dir helfen, die Kraft zum Handeln zu finden, das Chaos im Fluss deines Lebens zu beseitigen und nicht mehr die immer gleichen Geschichten von Opfersein und Ohnmacht zu erzählen und zu erleben.

Du kannst dich dafür entscheiden, lieber dein bequemes Leben aufs Spiel zu setzen, als die Prinzipien zu opfern, die dir am wichtigsten sind. Du kannst ehrlich zu dir und anderen sein, angstfrei lieben und dich und deine Beziehungen heilen. Du kannst aufhören, dich vor der schmerzlichen Wahrheit zu drücken, dass du nicht immer nach deinen Idealen lebst. Du kannst über dich lachen, in jedem Moment oder jeder Situation das Schöne finden und so jene Veränderungen verkörpern, die du in der Welt gern sehen würdest. Auf diese Weise kannst du es schaffen, jederzeit zum Sterben bereit zu sein. Dann musst du keine Angst mehr vor dem Ende haben und weißt stattdessen das Leben und die wertvolle Zeit zu schätzen, die dir bleibt, um es zu genießen.

Sobald du dich aus dem Albtraum befreit hast, kannst du allmählich mit dem Träumen beginnen und zusehen, wie das Universum deinen Wandel spiegelt, indem es deine Lebens-

Der Mut der Seele

umstände verändert. Dann bedarf es keiner großen Anstrengung mehr, um ein glückliches, erfülltes Leben zu führen. Trotzdem wirst du jede Chance ergreifen müssen, mutig zu leben. Sobald du dich bei einer Lüge ertappst, die dein Ego schützen soll, sobald du dir eine Geschichte ausdenkst, in der du das Opfer bist, oder sobald du zu feige bist, für deine Überzeugung einzutreten, und murmelst: »Na gut. Vielleicht beim nächsten Mal«, musst du erwachen. Du musst dir deiner Macht zu träumen bewusst werden und den in dir aufwallenden seelischen Mut zulassen.

Die Folgen deiner mutigen Träume werden nicht immer sofort in der physischen Welt sichtbar. Die dramatischsten Veränderungen vollziehen sich ganz still in dir, während du beschließt, dich gegen die unannehmbaren Erwartungen deiner Gesellschaft, deiner Familie, deiner Nachbarn und deiner Kirche zu wehren. Löse dich von dem Bedürfnis, akzeptiert, gemocht oder bewundert zu werden. Gib zu, dass du dich manchmal verletzlich, unsicher oder wie ein Versager fühlst. Du bedienst dich deines Seelenmutes, wenn du die Dinge mit neuen Augen siehst und dir ein neues Leben erschaffst. Daraufhin wird sich auch deine unmittelbare Umgebung allmählich verändern.

Keiner von uns wird je die endgültige Erleuchtung erlangen, die Schuhe ausziehen, die Füße hochlegen und sicher sein können, dass er sich von all seinen Problemen befreit hat und von nun an für immer mit seiner Situation zufrieden sein wird. Sobald wir dieses Gefühl haben, wird uns das Universum nämlich unweigerlich die perfekte Gelegenheit präsentieren, die uns klarmacht, wie lächerlich und arrogant wir gerade sind. Deshalb müssen wir anfangen, die Welt ins Dasein zu träumen, in der wir leben wollen, und das Leben zu führen, das wir führen möchten. Zuerst müssen wir erkennen, wie lähmend es ist, den Albtraum zu leben, den wir uns zusammenreimen, und auf welche Weise wir zu dem kulturellen Albtraum beitragen, an dem alle Menschen teilhaben. Blättern wir um und fangen wir an!

✺

TEIL I

Vom Albtraum zum Traum

Kapitel 1

Wie man dem Albtraum entkommt

※

Ich persönlich halte es für das Beste,
der Wirklichkeit direkt ins Auge zu blicken
und sie zu verwerfen.
Garrison Keillor

※

Mit 15 war ich in ein Mädchen aus meiner Schwimmmannschaft vernarrt. Rose war das schönste Mädchen, das ich je gesehen hatte, und wenn ich in ihrer Nähe war, tat das Herz mir weh. Ich war viel zu ängstlich und schüchtern, um ihr meine Gefühle zu gestehen, obwohl ich oft neben ihr herschwamm und jedes Mal von schierer Lust überwältigt wurde, wenn eine kleine Welle von ihrer Seite über mich hinwegschwappte. Wenn wir nebeneinander unsere Bahnen zogen und lediglich vom schwimmenden Markierungsband getrennt waren, schwang sich meine Fantasie zu Höhenflügen auf. Ich stellte mir vor, wie wir uns unsterbliche Liebe schworen, und malte mir ihre Freudentränen aus, wenn ich vor ihr auf die Knie sinken und sie bitten würde, meine Frau zu werden. Ich träumte von ihrem Lächeln, wenn ich nach der Arbeit in unser Häuschen auf dem Hügel zurückkehrte und mir unsere lachenden Kinder mit offenen Armen entgegenliefen.

Ich ging ganz und gar in diesem Traum auf, der für Rose und mich nie Wirklichkeit werden sollte. Ein sehr viel selbstsicherer Junge aus unserer Mannschaft machte ihr den Hof, und irgendwann heirateten sie. Ich verschloss meine heimliche Schwärmerei tief in mir, während Rose und ich unterschiedliche Wege einschlugen. Schließlich heiratete ich eine andere Frau und nahm an, dass sich mein Leben nun wie in dieser Vorstellung entfalten würde, die wie ein Film in meinem Kopf gespeichert war. Nur dass jetzt diese Frau Roses Rolle als hingebungsvolle Ehegattin und Mutter übernehmen würde.

Zu meinem großen Entsetzen stellte ich fest, dass meine Traumehe schon bald zum Albtraum wurde. Es machte meine Frau nicht glücklich, sich um die Kinder zu kümmern, während ich zur Arbeit ging. Auch mein Beruf war damals alles andere als erfüllend und zehrte an mir. Statt in dem kleinen Häuschen auf dem Hügel lebten wir in einem heruntergekommenen Mietshaus in einem lauten, gefährlichen Viertel von San Francisco am falschen Ende der Stadt. Ich fühlte mich ohnmächtig und wie in einer Sackgasse. Je mehr ich mich bemühte, mein Leben nach dieser alten Vorstellung zu gestalten, desto mehr litt ich. Viele Jahre später und nach dem Ende dieser Ehe wurde mir klar, dass ich einen von meiner Gesellschaft, meiner Gemeinschaft und meiner Familie geschaffenen Albtraum gelebt hatte. Ich hatte seinen Sinn nie infrage gestellt und auch nicht daran gedacht, mir etwas anderes aufzubauen.

Viele Menschen sind heute in einer ähnlichen Situation – aber sie sind sich dessen unter Umständen nicht bewusst. Vielleicht gehörst auch du zu ihnen und wirst auf einer geraden Linie entlanggeschoben – von der Schule in die Ehe, den Beruf, die Elternrolle und die mittleren Lebensjahre. Du fragst dich nie, ob dieser Weg der richtige für dich ist und welche Aufgabe du im Leben hast. In einem winzigen Winkel deines Bewusstseins flüstert eine leise Stimme: »Das kann doch nicht alles gewesen sein.« Aber du hast Angst, ihre Botschaft zu hören. Du hast nicht den Mut, dir einzugestehen, dass du deinen Teil zu diesem Albtraum beiträgst, in dem du weder stark noch glücklich bist, und denkst deshalb lieber nicht über dein Unbehagen nach. Du kämpfst dich weiter vorwärts und setzt einen Fuß vor den anderen.

Oft streben wir nach Macht, Ruhm, Einfluss, Autorität oder Geld, um unsere Sehnsucht nach Sinn zu stillen und dem Albtraum zu entkommen. Wir glauben, wenn wir nur genug davon hätten, würde unser Traum wahr. Wir greifen zu schnellen Lösungen, handeln impulsiv oder verdrängen schwierige Gefühle mit einer Flasche Wein, einer außerehelichen Affäre oder hektischer Aktivität, bis wir so viel zu tun haben, dass uns einfach keine Zeit mehr zum Nachdenken, Fühlen oder Träumen bleibt. Wir wissen nicht, dass es durchaus in unserer Macht steht, aus dem Albtraum zu erwachen, die Augen zu öffnen und den neuen Tag zu sehen – und dass wir dazu weder unseren Ehepartner noch die Arbeit oder die Kinder verändern müssen.

Raus aus der Apathie

Wir könnten dem Albtraum jederzeit ein Ende machen, weil wir die dazu nötigen Erfolgs- und Glücksrezepte kennen. Leider leben wir nur selten danach. Das erinnert mich an einen Freund, den ich vor Kurzem besuchte. Er steckt in einer hoffnungslosen Ehe und einem lebensbedrohlichen Terminplan fest. Er hat knapp 20 Kilo Übergewicht und weiß, dass er mehr Sport machen und mehr meditieren sollte, aber er hat keine Zeit dafür. Er ernährt sich ganz fürchterlich, obwohl er genau weiß, dass er gesünder essen müsste. Die Ironie an der Sache ist, dass mein Freund ganze Regale mit Selbsthilfebüchern besitzt ... und viele davon sogar selbst geschrieben hat!

Bei einem Glas Wein schüttete er mir sein Herz aus, worauf ich erwiderte: »Warum hältst du dich dann nicht an ein paar deiner eigenen Ratschläge?«

»Dazu fehlt es mir entweder an der Zeit oder am Geld«, gestand er.

Dieser Mann war in Apathie verfallen. Er war von seiner Ohnmacht überzeugt, und dieser Glaube hemmte ihn und verhinderte, dass er sein Leben veränderte. Apathie äußert sich in Form von Depression und »erlernter Hilflosigkeit« – dem Glauben, alle bisherigen Erfahrungen seien der Beweis dafür, dass man das eigene Leben nicht beeinflussen könne. Wer unter erlernter Hilflosigkeit leidet, glaubt, keine Kontrolle über seine Situation zu haben. Deshalb wird ein solcher Mensch auch, wenn er sehr leidet, nicht das Geringste tun, um etwas zu ändern. Schließlich glaubt er: »Was soll das schon bringen?«

Sein Leben bedeutete meinem Freund zwar so viel, dass er es einer eingehenden Prüfung unterzog und einräumte, es würde nicht funktionieren. Aber trotz der ihm bekannten Lösungsmöglichkeiten fehlte ihm die Energie, sie umzusetzen. Ihm mangelte es schlicht am Mut zu handeln. Ich verriet ihm, was der alte Schamane im Dschungel zu mir gesagt hatte: dass wir entweder das Gewünschte oder unsere Gründe behalten können, weshalb dies unmöglich sei. Gleichwohl entschied sich mein Autorenkollege auch weiter für die Gründe, die gegen seine Wünsche sprachen: »Dazu fehlt es mir entweder an der Zeit oder am Geld.«

Wenn wir alle Chancen verspielen, die das Leben uns bietet, um eine Angelegenheit zu regeln, erschöpft das sowohl uns als auch alle anderen um uns herum. Apathische Menschen haben endlos viele Ausreden für ihre Untätigkeit. Diejenigen, die sie lieben und ihnen helfen wollen, geben schließlich auf und gehen ihnen aus dem Weg. Sie ertragen es nicht, sich immer neue Vorwände anhören zu müssen, weshalb diese Menschen ihr Leben nicht ändern können.

Apathie ist das Gegenteil von Mut. Sie macht uns so feige, dass wir leidenschafts- und ziellos wie Gespenster durchs Leben schweben. Wir jammern über alles, was in der Welt und in unserem Leben im Argen liegt, und merken nicht, dass wir durchaus etwas daran ändern könnten. Wir finden auch nicht den Mut, uns selbst zu ändern, und suchen erst gar nicht danach.

Mit einem solch mutlosen Leben erschaffen wir einen Albtraum, den wir freilich nicht als solchen erkennen. Unter Umständen sind wir weder zornig noch starr vor Angst oder deprimiert. Vielleicht sind wir manchmal sogar amüsiert, zufrieden oder glücklich. Allerdings erleben wir zwangsläufig auch Augenblicke, in denen uns bewusst wird, wie sehr unsere Situation uns einschränkt und erstickt. Wir fühlen uns wie im Nebel und sind völlig hilflos: Es scheint, als könnten wir nicht schnell genug laufen, als versagte unsere Zunge oder würde niemand zuhören, wenn wir um Hilfe rufen – oder als hätten unsere Helfer Hintergedanken, würden unsere Grenzen missachten und in unsere Privatsphäre eindringen. Wir geben uns der Apathie hin und verbieten uns jeden Gedanken daran, wie unser Leben aussehen könnte. Stattdessen hacken wir immer wieder darauf herum, dass wir nicht genügend Zeit oder Geld hätten, dass wir zu dick oder zu dünn seien, um etwas zu ändern. Oder wir malen uns aus, irgendjemand oder irgendetwas würde uns aus unserer Traurigkeit und Ohnmacht erretten.

Wenn in einem bösen Traum der Augenblick der Klarheit kommt und du erkennst, dass du in einer furchterregenden Situation bist, liegst du mit einem Mal mit offenen Augen da und wartest, bis Angst und Ohnmacht verfliegen. Gleichzeitig versicherst du dir, dass du jetzt in Sicherheit und wieder in der »Wirklichkeit« gelandet bist. Doch was geschieht, wenn sich der Albtraum im Wachzustand abspielt? Dann gibt es keinen Augenblick der Klarheit, der dich aus der Situation erlöst, in der dein Partner sagt: »Ich liebe dich nicht mehr«, oder in der dein Arzt erklärt: »Es tut mir leid, aber Sie haben Krebs.« Dein Leiden wirkt vollkommen echt, und du weißt nicht, wie du in eine bessere Wirklichkeit entfliehen kannst.

Genau wie im Schlaf kannst du einen albtraumhaften Wachzustand in dem Moment ändern, in dem du dir seiner bewusst wirst. Dazu musst du allerdings wissen, dass Willenskraft und ein unerschütterlicher Glaube nicht genügen, um materielle Umstände wesentlich zu beeinflussen. Wenn das so leicht wäre, müsstest du lediglich deine Entschlossenheit und deine Absicht schulen, um dir mit deinem Willen und deinem Vorsatz ein Gewinnerlos in der Lotterie und die vollkommene Gesundheit zu verschaffen.

Auch bloße Märchenvorstellungen bleiben ohne Erfolg, da man bei solchen Träumen von einer verletzten und noch ungeheilten Situation ausgeht. Am Ende bleibt der Prinz aus oder verwandelt sich nach dem dritten Kuss wieder in einen Frosch. Aber wenn du in deinem Inneren eine neue Wirklichkeit erträumst, werden sich die äußeren Ereignisse allmählich deinen inneren Veränderungen anpassen. Das kann etwas länger dauern, doch vielleicht wird dich der schnelle Wandel deines äußeren Umfeldes auch überraschen. Wenn du mutig träumst und im Einklang mit dem Wunsch deiner Seele nach Frieden, Sinn und Glück lebst, stellst du vor allem fest, dass du völlig unabhängig vom äußeren Geschehen in deiner Umgebung Freude und Erfüllung empfindest. Du fühlst dich nicht mehr im Albtraum gefangen.

Unsere ganz persönlichen Albträume

Jeder Mensch bekommt bei seiner Geburt zwei Koffer, die er von da an mit sich herumschleppt: den psychischen und den genetischen Ballast. Aufgrund dieses Erbes schreiben wir die Drehbücher zu unseren ganz persönlichen Albträumen. Psychische Probleme werden mit den Geschichten verwoben, die wir beim Therapeuten auf der Couch erzählen und analysieren: Mutter hat zu viel verlangt, wir haben nie an uns geglaubt, konnten in Beziehungen nicht ehrlich sein und unsere Ziele nicht beharrlich verfolgen. Diese Geschichten beeinflussen auch unser leuchtendes Energiefeld (LEF), den Lichtkörper, der unsere physische Gestalt wie eine zweite Haut umgibt. Die Schamanen können diese karmischen Lasten sogar energetisch als dunkle Abdrücke im LEF wahrnehmen.

Dein LEF strukturiert deinen Körper, ebenso wie die Energiefelder eines Magneten die Eisenspäne auf einer Glasplatte in eine bestimmte Struktur bringen. Es formt deine Gedanken, deine Gefühle und dein Verhalten, was wiederum darüber entscheidet, zu welchen Menschen du dich hingezogen fühlst, mit wem du ausgehst und wen du heiratest. Letzten Endes verleihen dir die in deinem LEF verschlüsselten Informationen sogar eine Neigung zu einem bestimmten Beruf und einem bestimmten Typ Chef. Zudem legen sie fest, welche Themen in der Beziehung zu deinem Partner zum Vorschein kommen werden.

Das LEF ist das Werkzeug, mit dem du die Welt ins Dasein träumst. Es besteht aus Licht und Schwingung, und deshalb erzeugst du alles, was du in deinem LEF in Schwingung versetzt, auch in der Außenwelt. Wenn du deiner Mutter nicht vergeben und die Sache nicht auf sich beruhen lassen kannst, entsteht ein Fleck auf deinem LEF, der über den Tod des physischen Körpers hinaus bestehen bleibt und somit aufs nächste Leben übertragen wird. Die Verletzung führt dich zu den Eltern, durch die du geboren wirst. Auf diese Weise entsteht eine Familie, in der du die Möglichkeit hast, dich und dein Karma zu heilen. Wenn du diese Chance nicht nutzt und stattdessen lieber an alten Überzeugungen festhältst wie: »Mama hat mein Leben ruiniert«, oder: »Der Storch hat mich vor die falsche Tür gelegt«, bleibt die Wunde ungeheilt. Du klammerst dich an deine Gründe, weshalb dir die Erfüllung deiner Wünsche verwehrt bleibt, und der Albtraum geht weiter. (Die Psychologen bezeichnen dieses Phänomen als »Wiederholungszwang«.) Du hast die Wahl, ob du die Chance zur Heilung nutzen oder in deinem Albtraum gefangen bleiben willst.

Schamanen heilen karmische Wunden mit speziellen Techniken aus der Energiearbeit, mit denen sie das LEF von den dunklen Abdrücken mit den krankheitsverursachenden Informationen reinigen. Ich habe gelernt, dass die DNS die Hardware ist, die für die Proteinsynthese zuständig ist und auf diese Weise den Körper erschafft. Das LEF ist die Software, von der das System seine Anweisungen erhält. Wenn wir das LEF reinigen, sind wir nicht mehr dazu verdammt, die gleichen Gebrechen zu bekommen wie unsere Eltern oder denselben karmischen Ballast von einem Leben ins nächste mitzuschleppen. Wir hören auf, die Ketten unserer Geschichten hinter uns her zu zerren. (Ein Schamane könnte den Abdruck einer karmischen Verletzung zum Beispiel mithilfe des »Illuminationsprozesses« beseitigen, den ich in meinem Buch *Das geheime Wissen der Schamanen* ausführlich beschreibe.)

Eine Verletzung unseres Energiekörpers kann sich auch in unserem physischen Körper auf der Ebene der Organe und Systeme bemerkbar machen. Sie kann unsere DNS und über unser genetisches Erbe sogar unsere Kinder beeinflussen. Jeder Mensch trägt Gene in sich, die ihn für eine Vielzahl von Krankheiten anfällig machen. Diese Erkrankungen manifestieren sich in seinem physischen Körper, wenn seine Lebensführung der karmischen Verletzung entspricht. Wenn wir zum Beispiel den Code für Diabetes Typ 2 in uns tragen, wird die Krankheit zum Ausbruch kommen, wenn wir uns weiter mit süßem und fettem Essen belohnen und trösten, wie das in unserer Familie immer üblich war.

Ich kenne einen Mann, der wie sein Vater zu viel trank, stark rauchte und verdrängte, wie sehr er darunter litt, seine Chance auf eine große berufliche Karriere vertan zu haben.

Sein Vater war mit 59 Jahren an einem schweren Herzinfarkt gestorben. Mit 59 Jahren wurde auch bei ihm eine Erkrankung der Herzkranzgefäße festgestellt. Allerdings konnte ein Herzinfarkt durch einen vierfachen Bypass verhindert werden. Der Vater hatte sowohl das Gen für die Herzerkrankung als auch das psychologische, karmische Erbe weitergegeben – das Trinken, Rauchen und die emotionale Verdrängung, die allesamt Teil der albtraumhaften Überzeugung waren: »Ich habe meine Chance verpasst.«

Nicht jede Erkrankung ist karmischen Ursprungs. Natürlich werden manche Krankheiten auch durch Umweltgifte ausgelöst, während andere nur die Folge eines ungesunden Lebenswandels sind und keine genetische Komponente haben. Doch unabhängig davon, wie unser genetisches Erbe aussieht, können wir verhindern, dass es uns krank macht oder uns in andere, individuelle Albträume hineinzieht. Dazu müssen wir das LEF heilen, indem wir uns darum bemühen, ein wahrhaftiges Leben zu führen, unseren Fluss zu säubern und jeden Augenblick zum Sterben bereit zu sein. Auf diese Weise schaffen wir die Voraussetzungen für einen neuen, besseren Traum. (Die genannten Praktiken werden im zweiten Teil des Buches beschrieben.)

Unser kultureller Albtraum

Zu unseren individuellen Albträumen gesellen sich noch die kulturellen Schreckgespenster des Materialismus und des Konformismus. Der amerikanische Traum handelte einst von Freiheit und Chancen, was auf unzählige Arten und Weisen zum Ausdruck kam. Die Erfinder des Blues, des Jazz und des Rock'n'Roll waren nicht »frei von finanziellen Sorgen«, konnten nicht zwischen verschiedenen iPod-Farben wählen und hatten auch keine der anderen sogenannten Freiheiten, die uns die Werbebranche verspricht. Aber sie konnten mutige, originelle Musik schaffen. Leider ist das, was früher einmal ein hehres Ziel war, das man mit harter Arbeit und Entschlossenheit erreichen konnte, zu einem kulturellen Albtraum verkommen, der nur Mittelmäßigkeit erzeugt.

Von frühester Kindheit an werden uns gewisse Erwartungen eingetrichtert. Die meisten Menschen machen sich erst dann die Mühe, sie zu hinterfragen, wenn sie erwachen und erkennen, dass ihr Leben so nicht funktioniert. Trotz der sozialen Veränderungen, die in unserer Gesellschaft in den letzten fünfzig Jahren stattgefunden haben, fallen wir immer noch gern auf vorgefertigte Vorstellungen herein, wie wir zu leben haben und woran wir unseren Wert und unser Glück messen sollen.

Wenn wir im kollektiven Albtraum feststecken, reden wir uns ein, Leid dadurch verhindern zu können, dass wir uns fleißig um einen geringfügig besseren Job, ein geringfügig besseres Haus, einen geringfügig besseren Wagen und eine geringfügig bessere Anhäufung von Dingen bemühen, als die anderen sie haben – und um einen geringfügig besser aussehenden Partner, als wir zu verdienen glauben. Mit anderen Worten: Wir messen unser Glück daran, wie weit wir uns dem großen Ziel ständiger materieller Zufriedenheit annähern. Sofern es uns gelingt, vor dem 35. Lebensjahr aus der Mietwohnung ins erste Eigenheim und anschließend in ein richtig großes Haus umzuziehen, machen wir im Leben alles richtig. Wir dürfen uns gut fühlen. Schließlich sind wir gerade dabei, den *neuen* amerikanischen Traum zu verwirklichen.

Wir wollen nicht darüber nachdenken, ob uns der Lebensstil, den wir uns da suggerieren, glücklich macht. Oder ob etwas ganz anderes erfüllender für uns wäre. Wenn die Aufwärtsdynamik ins Stocken gerät – der Ehepartner geht, die Arbeit zur Hölle wird, eine gesundheitliche Krise all die Aufmerksamkeit und die Geldmittel verschlingt, mit denen wir eigentlich unser Ziel von Glück und Reichtum erreichen wollten –, fühlen wir uns wie Versager. Wir messen uns an unseren Leistungen und an unserer Produktivität (daran, wie viel wir *tun*), statt uns auf unser emotionales und spirituelles Wachstum zu konzentrieren und den Lern-, Entdeckungs- und Reifeprozess zu genießen.

Wir haben gelernt, dass wir unsere Gewohnheiten leichter verändern und unser Leben erfüllender machen können, indem wir über unsere Probleme nachdenken und sie aus jeder vorstellbaren Perspektive betrachten. Doch viel zu *denken* kann uns ebenso im Albtraum festhalten wie allzu viel zu *tun*. Hundert Jahre nach der Einführung der Psychoanalyse durch Sigmund Freud ist uns der Wortschatz geläufig, mit dem wir unsere großen und kleinen Sorgen leichter verstehen und besser diskutieren können. Natürlich ist es gut, dass wir uns unserer selbst heute bewusster sind als früher. Andererseits konnte uns die Psychoanalyse bislang nicht von unserer Angst befreien … und uns auch nicht zeigen, wie wir ein mutiges Leben führen können.

Das Problem ist, dass wir uns ganz und gar auf unsere Probleme konzentrieren! Wir verwenden unsere ganze Energie darauf, uns zu sorgen, über unsere Schwierigkeiten nachzugrübeln und zu versuchen, sie in Ordnung zu bringen. Stattdessen sollten wir uns auf eine höhere Wahrnehmungsebene begeben, damit wir mutig eine Welt ersinnen können, in der es nicht mehr vor Problemen wimmelt – und diese Welt dann tatsächlich ins Dasein träumen. Wenn wir von einer höheren Bewusstseinsebene aus handeln, sehen wir keine *Probleme* mehr, sondern nur noch *Situationen*, die nicht gut oder schlecht, sondern einfach nur sind. Dabei erkennen wir allmählich, dass jede dieser Situationen eine Chance birgt. Wir müssen sie nur von einer anderen Bewusstseinsstufe aus betrachten.

Wenn wir uns auf der Verstandesebene verrennen (die ich als die Ebene des »Jaguars« bezeichne), werden wir immer weiter versuchen, unsere Probleme dadurch zu lösen, dass wir nach materieller Sicherheit streben. Wir meinen, finanzieller Erfolg bewahre uns vor Schaden: davor, ohne Nahrung und Obdach dazustehen und zur Befriedigung unserer täglichen Bedürfnisse auf andere angewiesen zu sein. Leider ist diese Vorstellung nicht zu verwirklichen. Selbst wenn wir mehr Geld auf die hohe Kante legten, als wir in einem Leben ausgeben könnten, wären wir nicht vor tödlichen Krankheiten oder dem Verlust eines geliebten Menschen bei einem Unfall sicher. Zudem hätte es verheerende Folgen für die gesamte Umwelt, wenn alle Menschen dieselbe Stufe materiellen Reichtums erreichen würden, nach der wir unserer Ansicht nach streben sollten. Stell dir vor, alle Inder und Chinesen lebten so verschwenderisch wie die Menschen in den Vereinigten Staaten. Der amerikanische Traum vom materiellen Überfluss ist auf lange Sicht nicht haltbar. Außerdem macht er noch nicht einmal die Amerikaner glücklich.

Wir halten auch den gesellschaftlichen Erfolg für eine Form von Sicherheit. Deshalb sehnen wir uns danach, geliebt und bewundert zu werden. Heutzutage träumen viele Menschen vom Ruhm. Sie sind der irrigen Ansicht, sich damit dauerhaft Liebe und Bewunderung sichern zu können. Aber der Preis für die Anerkennung anderer kann unbezahlbar hoch sein. Es gibt keine Sicherheit in der materiellen Welt – ganz gleich, wie gerne wir das Gegenteil glauben würden.

Wenn wir seelischen Mut besitzen, definieren wir uns nicht über große Häuser, schicke Autos, internationalen Ruhm oder unsere gesellschaftliche Stellung – und können all das dennoch genießen. Unser Vorbild sind die Lilien auf dem Felde, die weder arbeiten noch spinnen, und trotzdem in Herrlichkeit und Fülle gedeihen. Natürlich kümmern wir uns um unsere Bedürfnisse und sorgen für eine gewisse Bequemlichkeit in der materiellen Welt. In erster Linie aber widmen wir uns der Sehnsucht unserer Seele, das meiste aus unseren Gaben und Talenten zu machen und eine bessere Welt mitzuerschaffen. Wir träumen die Welt ins Dasein, in der wir leben wollen. Doch unsere Träume sind nicht mehr Ziele, nach denen wir streben, sondern werden allmählich zu einer Art zu leben. Sie entspringen nicht mehr der Angst, der Knappheit und dem Mangel, sondern der Liebe und der Fülle. Und obwohl die Träume unserer Seele unsere individuellen Bedürfnisse erfüllen sollen, dienen sie der ganzen Welt. Sie sind heilig, frisch und schöpferisch und schenken uns Lebenskraft und den Mut zu handeln.

Nichtschöpferische Träume

Im Gegensatz zu heiligen Träumen sind selbstgesetzte Ziele meist nicht sonderlich kreativ. Sosehr wir uns auch bemühen herauszufinden, wie wir Glück in unserem Leben manifestieren können, fehlen uns doch häufig der Mut und die Kreativität, uns ein völlig anderes Leben vorzustellen. Die meisten Menschen stellen die Erwartungen nicht infrage, die sie seit ihrer Kindheit mit sich herumtragen, und lassen sich vom Albtraum der Medienherrschaft, also einem durch die Medien geprägten Konformismus, vereinnahmen. Diese geben vor, für Unterschiede, Vielfalt und Kreativität einzutreten, werben aber in Wirklichkeit auf extreme Weise nur für Konformität und Sicherheit. So werden wir ängstlich und fürchten uns davor, auszubrechen und etwas wirklich Neues zu tun.

Das soll nicht heißen, dass wir nicht gerne glauben würden, ein wenig über den anderen zu stehen. Der amerikanische Autor Garrison Keillor machte sich über dieses fantastische Selbstbild in seiner Beschreibung eines utopischen Ortes namens Lake Wobegon lustig – eines fiktiven Dorfes in Minnesota, wo »alle Kinder überdurchschnittlich« sind. Natürlich kann nicht jeder Mensch über dem Durchschnitt liegen. Wir können die Gesetze der Statistik und der Glockenkurven nicht ändern: Die Masse befindet sich nun mal in der Mitte, wo sich auch die meisten von uns tummeln, und nicht am oberen Ende der Intelligenz oder Leistung. Wir könnten versuchen, die ganze Glockenkurve zu verschieben, sodass jeder ein wenig intelligenter, kreativer oder produktiver ist (oder etwas mehr von einer anderen Eigenschaft besitzt, die wir bewundern).

Aber dabei bliebe das Bedürfnis auf der Strecke, etwas »Besonderes« zu sein.

Wir wollen glauben, »wir und alle, die zu uns gehören«, hätten das Glück, in allen Kategorien auf der richtigen Seite der Kurve, im überdurchschnittlichen Bereich zu liegen. Diese Mentalität hat dazu geführt, dass die schulischen Leistungstests in den letzten Jahrzehnten mehrmals vereinfacht wurden. Die amerikanischen Teenager, die demnächst auf die Universität gehen werden, können bei diesen Tests recht beeindruckende Ergebnisse vorweisen. Das vermittelt den Eindruck, sie seien besser als je zuvor. Die Professoren lassen sich davon nicht im Geringsten täuschen, aber unsere Gesellschaft wiegt sich in der falschen Sicherheit, unsere Kinder würden immer klüger.

Sobald Zweifel an unserer Besonderheit – an unserer Überdurchschnittlichkeit – aufkommen, werden wir anfällig für die allgegenwärtigen Botschaften der Werbung, wir könnten mithilfe unserer Kaufkraft unseren Status zurückerobern. Wenn uns das Gefühl beschleicht, dass wir uns nicht mehr von den Nachbarn unterscheiden, bietet man uns eine einfache Lösung: Wir müssen uns nur einen in Massenproduktion hergestellten Gegenstand anschaffen, um unsere Einzigartigkeit und unseren »persönlichen Stil« zu unterstreichen. Wir greifen zur Kreditkarte und fangen an, falsche Symbole der Kreativität, der Bedeutung und der Besonderheit zu erwerben.

Ich bin immer wieder fasziniert von der Autowerbung, denn im Grunde sind Autos nur große Maschinen, die fossile Brennstoffe verschlingen, während wir sie von A nach B steuern. Aber in der Werbung sind es magische Vehikel, die uns in

Nichtschöpferische Träume 49

eine andere Welt entführen, in der sich attraktive Menschen um uns reißen, sich die Bäume beim Vorüberfahren im Wind wiegen (obwohl die Autoabgase sie umbringen), während uns die Rocksongs unserer Jugend in den Ohren dröhnen und uns das Gefühl geben, lebendig zu sein. Wie hieß es doch so schön in einer Anzeige: »Dies ist nicht das Oldsmobile Ihres Vaters.« Wir können unser persönliches Stilgefühl jederzeit mit dem mutigsten und ausgefallensten Auto der Saison zum Ausdruck bringen.

Wenn wir wirklich originell wären, hätten wir gar kein Auto. In Holland fahren 40 Prozent der Bevölkerung mit dem Rad zur Arbeit, aber Amerikaner meinen oft, Fahrräder seien nur für Kinder oder die Freizeit da. Wir bevorzugen ausladende Fahrzeuge und stehen trotz der erheblichen Nachteile zu unserer Autokultur. Die Vorstellung, man könne sich auch auf andere Weise fortbewegen, scheint uns undenkbar.

Außerdem haben wir uns eingeredet, wir könnten Sinn und Freude nicht ohne die harte Arbeit und den Wettbewerb finden, den all die Gegenstände in unseren Vitrinen, auf unseren Regalen, in unseren Schränken, auf unseren Dachböden, in unseren Kellern und Garagen repräsentieren. In den Vereinigten Staaten ist der Konsum das neue – oder das »neue und verbesserte« – Opium für das Volk. Um unseren Zynismus zu überwinden, haben die Werbebranche und die Medien dem Konsum eine clevere neue Verpackung verpasst. Wir kaufen nicht mehr irgendetwas, wir kaufen es in *limitierter Auflage*. Wenn die in vermeintlich limitierter Auflage erschienenen Puppen allerdings in den Regalen von Billigläden auftauchen, sollten wir uns doch fragen, wie der heiß begehrte Besitz dann noch ein seltenes Sammlerstück sein kann.

Wir kaufen nicht nur, um Statussymbole zu erwerben oder mit den Nachbarn mithalten zu können. Wir kaufen auch, um Geschmack zu beweisen und auf diese Weise zu verkünden, dass wir stets auf dem neuesten Stand sind. Wir sind stolz darauf zu wissen, welche Internetseite oder welches technische Spielzeug gerade angesagt ist. Auf die alten Fernseh- und Printwerbungen fallen wir nicht mehr herein. Wir bevorzugen Anzeigen, die speziell auf uns zugeschnitten sind und die auf unseren persönlichen Internetseiten erscheinen. Wir genießen die Werbung und das Wissen, was wir alles kaufen können. Kürzlich ergab eine Studie der Nielsen Company über digitale Videorekorder, dass die Leute entgegen den Befürchtungen der Werbebranche beim Abspielen aufgenommener Sendungen beinahe die Hälfte der Werbespots ansahen, statt einfach vorzuspulen.

Wir glauben, wir hätten die Konsumorientierung unserer Eltern überwunden, aber das stimmt nicht ... Und der Konsum ist heute noch genauso hohl und unbefriedigend wie damals.

※

Solange wir im kulturellen Albtraum gefangen und von ihm gelähmt sind, glauben wir nur sinnvoll leben zu können, wenn wir bei allem, was wir tun, von anderen anerkannt und geliebt werden. Mütter meinen, sie müssten perfekt sein. Väter glauben, all das sein zu müssen, was ihre Väter nicht waren. Und junge Menschen haben das Gefühl, sie müssten bis zum zehnjährigen Klassentreffen in allen Lebensbereichen auf dem richtigen Weg sein. Wir denken, wenn wir das richtige Ansehen hätten, könnten wir uns darauf verlassen, von Menschen umgeben zu sein, denen etwas an uns liegt und die uns mit Bewunderung überschütten.

In der Außenwelt nach Bestätigung zu suchen klappt nicht sehr gut. Unter Umständen sind nicht einmal unsere treuesten Anhänger und Bewunderer immer für uns da. Vielleicht sind sie insgeheim eifersüchtig, üben heimlich, still und leise Sabotage oder Verrat an uns oder wenden sich gegen uns, wenn wir endlich den Mut für ein kreatives Leben aufbringen. Je gesünder und ausgeglichener wir werden, desto mehr Menschen werden wir anziehen, die unsere Gesundheit und Ausgeglichenheit widerspiegeln, und desto mehr falsche Freunde werden sich allmählich verabschieden. Aber solange wir zum Albtraum beitragen, werden unsere vermeintlichen Anhänger von uns erwarten, dass wir den Status quo wahren und nicht von einem anderen Leben träumen.

Es wird Zeit, dass wir aus dem Albtraum erwachen, von dem wir ein Teil sind, dass wir uns von dem Bedürfnis lösen, in einem mittelmäßigen Rahmen erfolgreich zu sein, und dass wir einen kreativeren Traum träumen.

Selbsterfüllende Prophezeiungen

Wenn wir nicht erkennen, dass wir an der Erschaffung der Wirklichkeit teilhaben, halten wir unsere persönlichen und kulturellen Albträume am Leben. Dann werden unsere unbewussten Überzeugungen, die häufig in der Angst und nicht im Mut wurzeln, zu selbsterfüllenden Prophezeiungen, und wir verstehen nicht, welche Macht unsere positiven wie unsere negativen Erwartungen haben.

In den 1960er Jahren machten die beiden Sozialwissenschaftler Robert Rosenthal und Leonore Jacobson an einer Grundschule in San Francisco ein Experiment. Die Verwaltung gestattete ihnen, die Kinder einem besonderen Intelligenztest zu unterziehen. Im Anschluss daran informierten die Wissenschaftler die Lehrer darüber, dass man bei diesem Test nicht nur die Intelligenz gemessen habe, sondern anhand der Ergebnisse auch vorhersagen könne, welche Schüler über ein besonders großes Potenzial verfügten und ihre intellektuellen Fähigkeiten überdurchschnittlich steigern könnten.

In Wirklichkeit war das reine Erfindung. Die Wissenschaftler hatten wahllos die Namen einiger Schüler ausgesucht und den Lehrern erklärt, dass diese Jungen und Mädchen ganz besonders von ihrer Begabung profitieren würden. Ein Jahr später absolvierten alle Kinder einen zweiten Intelligenztest. Dabei erzielten diejenigen, die angeblich über ein ausnehmend hohes Leistungspotenzial verfügten, sehr viel bessere Ergebnisse als ihre Mitschüler. Die Lehrer behaupteten sogar, diese Schüler könnten besser lesen, benähmen sich besser, beteiligten sich fleißiger am Unterricht, seien intellektuell neugieriger und geselliger als die anderen. Die Lehrer hatten ihr Vorurteil über diese besonderen Jungen und Mädchen Wirklichkeit werden lassen. Ihre Erwartungen waren zu einer selbsterfüllenden Prophezeiung geworden.

Genau wie diesen Schülern wird den meisten Menschen von den Erwartungen ihrer Eltern und ihrer Gesellschaft ein bestimmtes – positives oder negatives – Schicksal aufgezwungen. Schnell verinnerlichen wir diese Überzeugungen und entwickeln uns zu einer Ausgabe der Person, die zu sein von uns erwartet wird. Dabei spielt es keine Rolle, ob sich das mit unserem Wesen und unseren Wünschen deckt. Manche Menschen lehnen sich gegen die Gesellschaft auf, bleiben aber trotzdem in dieser Dynamik hängen, da sie nicht kreativ sind, sondern einfach das Gegenteil dessen tun, was von ihnen verlangt wird. Wenn man ständig reflexartig rebelliert, ist das nur eine andere Spielart des Albtraums.

Sosehr wir uns auch darüber mokieren, die Erwartungen unserer Kultur, unserer Eltern, unserer sozialen Schicht und unserer Nachbarn erfüllen zu müssen, finden wir es andererseits auch schwierig, den Mut für echten Widerstand aufzubringen. Nach einer Weile geben die meisten von uns den Versuch auf – für gewöhnlich, wenn wir Mitte zwanzig sind. Wir reden uns ein, die anderen hätten doch recht gehabt, wir hätten nicht das Zeug dazu, unsere heimlichen Ziele zu verwirklichen, und es sei an der Zeit, unsere »kindlichen Fantasievorstellungen« aufzugeben. Wir knien uns in die Arbeit, suchen uns den passenden Partner und machen uns ernsthaft daran, nach den Symbolen des neuen amerikanischen Traums zu streben. Schon bald werden wir deprimiert und haben das Gefühl, in einer Sackgasse zu stecken, aber wir machen weiter und hoffen, irgendwann würde alles anders. Ich habe einmal gehört, die Definition von Wahnsinn sei es, »immer wieder das Gleiche zu tun und auf andere Ergebnisse zu hoffen«. Wenn das stimmt, sind wir alle verrückt.

Damit wir mit offenen Augen *und* offenem Herzen eine Vision finden und mit mutigen Träumen an einer neuen Wirklichkeit mitwirken können, müssen wir uns von den Erwartungen unseres kulturellen Albtraums befreien. Sonst manifestieren wir immer wieder dieselben Verletzungen und ziehen immer wieder Menschen und Situationen an, die uns drängen, endlich unser Karma zu heilen. Sobald wir aus dem Albtraum erwachen, können wir kreativ träumen, ohne dass dieser Vorgang von früheren Misserfolgen verzerrt wird. Dann haben wir auch nicht mehr das Gefühl, die Menschen und Situationen in unserem Leben ändern zu müssen, nur weil wir hoffen, dadurch uns selbst in Ordnung bringen zu können. Wir können uns erst ändern, wenn wir erkennen, dass in unserem Leben kein »Reparaturbedarf« besteht.

So kannst du eine neue Wirklichkeit miterschaffen

Beim Träumen liegt das Geheimnis darin, dass wir uns nicht einfach nur auf einen neuen Arbeitsplatz, ein neues Auto oder einen neuen Partner konzentrieren. Wenn wir das versuchen, geht der Schuss nach hinten los, und das wird uns fünf Jahre und zwei Kinder später klar. Wir können uns nicht nur mit einem Ausschnitt beschäftigen, sondern müssen eine völlig neue Welt erträumen. Dann ergeben sich die Details von ganz allein. Keiner von uns kann die Schöpfung bis in alle Einzelheiten kontrollieren. Wir können nur die übergeordneten Kräfte in Bewegung setzen. Probleme mit den Details unserer Vision deuten darauf hin, dass unser Traum noch nicht umfassend genug ist.

Wenn du von einer neuen Welt träumst, kreierst du Seite an Seite mit dem Universum – jener schöpferischen Kraft, die Sämlinge zu Bäumen heranwachsen lässt und aus Sternenstaub Galaxien erschafft. Jener Kraft, die dich aus einem Samen und einem Ei zu einem menschlichen Embryo formte und nicht nur deine DNS, sondern auch die rätselhafte Quelle erschuf, die jeder Zelle ihre Aufgabe erklärt – ob sie sich zum Beispiel als rote Blutzelle auf den Transport von Sauerstoff konzentrieren oder als Drüsenzelle Hormone produzieren soll. Du nutzt die Intelligenz des Universums, das daraufhin alles zu deinen Gunsten lenkt und die natürliche Welt dahingehend beeinflusst, dass sie deinen Traum widerspiegelt.

Es steht außer Frage, dass der Mensch das Chaos und die Schönheit unserer Welt hervorgebracht hat: Sie ist die Verwirklichung unseres Traums. Von den gepflegten Parks bis hin zu Überbevölkerung und Umweltverschmutzung, vom Gewimmel auf den Straßen Chinas bis hin zu den abschmelzenden Polkappen und den Eisbären im Central-Park-Zoo in New York wurde alles, was wir sehen, vom Menschen zusammen mit dem (und oft im Kampf gegen das) Universum erschaffen. Wir haben den biblischen Auftrag erfüllt, nach Gutdünken mit der Pflanzen- und Tierwelt zu verfahren, und die Natur richtet sich nach unseren Entscheidungen. Wir haben überall unsere Spuren hinterlassen.

Wir haben die moderne Welt mit all ihrer Schönheit und ihrem Schrecken gestaltet. Wir haben auch die Natur mit ihren Walfischen und Schmetterlingen nach unseren Bedürfnissen geformt, aber wir haben sie nicht wirklich erschaffen. Oder doch? Einige Physiker formulierten das »anthropische Prinzip«, um die seltsamen und außerordentlich unwahrscheinlichen Zufälle zu erklären, die für die Entstehung intelligenten Lebens nötig waren. Es ist, als hätte sich das Universum dazu verschworen, dieses vollkommene und äußerst unwahrscheinliche Kräftegleichgewicht herzustellen, das zur Entstehung des Lebens führte.

Die Kreationisten erklären dies damit, dass ein Gott den Tanz der Existenz inszeniert habe, während uns die Evolutionisten nahelegen, dass die Entwicklung der Sonne, der Erde und des Lebens auf unserem Planeten die Folge zufälliger Ereignisse sei. Wir Menschen neigen zu einer dualistischen Sicht der Dinge, als hätte immer die eine Seite recht und die andere unrecht. Aber der Dualismus wurzelt in unserem Wunsch, die Wirklichkeit in eine hübsche kleine Schublade zu stecken. Vielleicht sehen ja beide Seiten nur einen Teil des Ganzen. Vielleicht war unser Bewusstsein damals, als es nur die große Leere gab, ein Teil der Schöpfungskraft und trug zu dem herrlichen Kunstwerk bei, das wir nun als Universum bezeichnen. Das Bewusstsein kam in der materiellen Welt in Form der Milchstraße, der Asteroidengürtel und in der perfekten Mischung der Elemente zum Ausdruck, welche menschliche Wesen entstehen ließ, die darüber nachsinnen können, wie sie eigentlich hierhergekommen sind. Es ist durchaus möglich, dass wir sowohl Schöpfer als auch Schöpfung sind und in einem evolutionären Tanz mittanzen, der sich ebenso durch eine brillante Logik wie durch eine gewisse Skurrilität auszeichnet.

Die Frage, ob wir uns selbst erfunden haben, ist zwar interessant, aber die meisten Menschen wollen eher wissen, ob sie mit ihren Träumen ihre ganz persönliche Welt verändern können. Können wir die Familie, die Lebensweise, den Sinn und Zweck erschaffen, die wir uns wünschen? Oder sind wir sehr viel größeren Kräften ausgeliefert, die unser Schicksal formen? Sind wir nur ein weiteres Rädchen im Getriebe, oder sind wir selbstbestimmt und haben individuelle Schicksale, die wir gestalten und verbessern können?

Es mag aussehen, als sprächen alle Beweise gegen ein Mitspracherecht des Einzelnen bei seinem Schicksal. Als erlägen wir einer Illusion, die uns den falschen Eindruck vermittelt, wir seien der Kapitän, obwohl wir uns in Wirklichkeit auf einem führerlosen Schiff befinden. Wir können gnädig annehmen, was das Schicksal uns bringt, oder unsere Wahrnehmung verändern. Ist es vorstellbar, dass wir das Universum ins Dasein träumen und dennoch nicht in der Lage sind, auch nur eine winzige Veränderung in unserem eigenen Leben zu bewirken?

Wir können das Schiff unseres Lebens steuern. Wir können sogar den Wind beschwören und seine Richtung ändern, doch dazu müssen wir gelassen und mutig handeln. Wir müssen den Wunsch aufgeben, die Winde zu unserem Vorteil beeinflussen zu wollen, und sie stattdessen bewusst zum Wohle aller lenken. Wir müssen die Verantwortung für die von uns bewirkten Veränderungen übernehmen, statt uns vor den Konsequenzen zu drücken. Vor allem aber müssen wir aufpassen, was wir uns wünschen, denn wir erschaffen, was wir träumen.

Wirklichkeit und Wahrnehmung

Wir leben unser Leben in dem Vertrauen darauf, dass es Dinge gibt, auf die sich alle Menschen einigen können. Ein Stück Holz ist ein Stück Holz, das wissen die Menschen auf der ganzen Welt. Wir kennen auch seine Eigenschaften: Es hat ein gewisses Gewicht und kann doch schwimmen. Trockenes Holz lässt sich verbrennen und so weiter. Die Newtonsche

Physik ist ein Wissenschaftszweig, der natürliche Phänomene erklärt. Sie hilft uns vorherzusagen, wie schnell das Holzstück aus einer bestimmten Höhe fallen wird. Es gibt kein großes Geheimnis um das Holzstück, das wir fühlen, sehen, riechen, schmecken und sogar hören können, während es zu Boden fällt. Wir wissen, dass ein Holzstück ein fester Gegenstand mit bestimmten Eigenschaften ist, und sind uns darüber einig. Auf der Bewusstseinsstufe, auf der sich die meisten von uns befinden, ist Holz recht hart, und wir wollen nicht, dass uns ein Klotz davon auf den Kopf fällt.

Ganz anders in der Quantenmechanik – dem Wissenschaftszweig, der uns erklärt, wie unsere Welt auf der subatomaren Ebene funktioniert. Hier sind die alten Wirklichkeitsvorstellungen hinfällig. Hier hat dasselbe Stück Holz keine festen Eigenschaften. Die kleinste Einheit der Materie, noch kleiner als ein Atom, ist das Elementarteilchen, meist einfach »Teilchen« genannt. Somit besteht Holz in erster Linie aus Luft, die eine schwirrende Wolke unablässig schwingender Teilchen enthält. Ein Teilchen ist ein kompliziertes kleines »Etwas«. Wenn wir seine Position in einem beliebigen Augenblick beobachten können, können wir seine Geschwindigkeit nicht messen. Wenn wir seine Geschwindigkeit messen können, wird eine Positionsbestimmung unmöglich. Und wie ich bereits sagte, verändert es unter Beobachtung sogar sein Wesen: Es kann die Eigenschaften einer Welle annehmen, der kleinsten Einheit der Energie, und sich dann wieder in ein Teilchen zurückverwandeln, die kleinste Einheit der Materie.

Ist es angesichts dieser völlig anderen »Wirklichkeit« auf subatomarer Ebene korrekt zu sagen, wir Menschen seien körperliche Geschöpfe, die aus Luft und ein paar schwirrenden

Wirklichkeit und Wahrnehmung

Teilchen bestehen? Oder sind wir Energiewesen und aus Energiewellen gemacht? Könnte beides der Fall sein, und könnten wir ständig von einem Zustand in den anderen wechseln? Ist ein Stück Holz ein fester Gegenstand, oder nehmen wir es nur zufällig so wahr? Was wäre, wenn wir es als einen Haufen Wellen, als eine Ansammlung von Energie wahrnähmen?

Damit möchte ich nicht sagen, dass ein Stück Holz auf magische Weise sein Wesen in der physischen Welt verändern würde, wenn wir es anders wahrnähmen (obwohl der eine oder andere mir bekannte Schamane genau das behauptet). Wenn es uns auf den Kopf fällt, empfinden wir Schmerz – das ist auf der körperlichen Ebene eine Tatsache. Doch auf einer anderen Wirklichkeitsebene passiert etwas anderes, wenn wir von dem Holzstück getroffen werden. Wir erklären die Erfahrung mit Gedanken, Gefühlen und Metaphern. Wir entscheiden, welche Bedeutung das Holzstück in unserem Leben hat, indem wir eine Geschichte daraus machen.

Vielleicht denken wir, ein starker Windstoß habe einen toten Ast vom Baum gelöst, der uns dann auf den Kopf gefallen sei. Vielleicht finden wir, dass er verdammt hart ist, uns Schmerzen zufügt und dafür sorgt, dass wir uns aufregen. Vielleicht empfinden wir den Vorfall als Weckruf, der uns aus unseren Gedanken reißt und in die physische Welt zurückholt, wo wir in diesem Augenblick auch sein sollten, damit wir bei diesem Sturm nicht länger draußen bleiben, sondern ins Haus zurückkehren, ehe wir von einem noch größeren Ast getroffen werden. Das Stück Holz kann uns daran erinnern, dass wir unaufmerksam durchs Leben gehen. Jede einzelne dieser Geschichten könnte zutreffen – oder auch alle zusammen: Wir haben die Wahl, mit welcher von ihnen wir den

Schlag auf den Kopf von einem herabfallenden Ast erklären möchten.

Die meiste Zeit über haben wir es mit Fakten zu tun, die ebenso unveränderlich scheinen wie ein Stück Holz. Es könnte sein, dass wir kleine Kinder haben, für die wir sorgen müssen, bei einem Gehalt, von dem wir nicht einmal die monatlichen Rechnungen zahlen können. Es könnte sein, dass unser Blutzuckerspiegel erheblich schwankt und wir eine Krankheit haben, die von den Ärzten als »Diabetes« bezeichnet wird. Und wenn wir nicht auf unsere Mahlzeiten, auf unsere sportliche Betätigung und unseren Insulinspiegel achten, können wir unserem Körper bleibende Schäden zufügen. Derlei Umstände verschwinden ebenso wenig aus der materiellen Welt wie das Stück Holz. Aber sie sind nicht unsere Geschichten. Sie sind die Bausteine, die Worte, die wir zu unserer Erzählung zusammenfügen, in der wir entweder ein Opfer von Armut und Krankheit oder aber ein Überlebender sind, der Hindernisse überwindet, Schwierigkeiten bewältigt, sich seinen Optimismus bewahrt und seine Kinder mit Liebe überschüttet. Mag sein, dass wir uns in einer schwierigen Lage befinden. Aber sie wird nur dann zum Albtraum, wenn wir sie bewusst zu unserer Wirklichkeit machen. Wir können aus den Fakten auch eine neue Geschichte und damit eine ganz andere Wirklichkeitserfahrung erschaffen.

❋

Kapitel 2

Die Drehbücher unserer Albträume

※

Wir sehen die Dinge nicht so, wie sie sind.
Wir sehen sie so, wie wir sind.
Anaïs Nin

※

Wissenschaftler haben festgestellt, dass unser Verstand die Fakten unseres Lebens automatisch zu Erzählungen zusammenfügt. Die Art und Weise, auf die wir unsere ganz persönlichen Geschichten erzählen, hat großen Einfluss auf unser Selbstbild und unser Verhalten. Wenn eines der wiederkehrenden Themen unserer Erzählungen der Triumph über widrige Umstände ist, wenn wir die unerwartete Konfrontation mit Schwierigkeiten schildern und daran denken, wie wir sie überwunden haben, können wir uns gut fühlen und hoffnungsfroh in die Zukunft blicken. Wir schreiten vertrauensvoll voran und gehen Risiken ein. Handeln unsere Geschichten dagegen nur von den schrecklichen Dingen, die jeden Augenblick des Glücks »zerstört« haben, dürften wir oft übler Laune sein und uns unglücklich, machtlos und teilnahmslos fühlen. Dieses Kapitel soll etwas Licht auf die schlechten Drehbücher werfen, deren Sklaven wir geworden sind.

Gefangen in den drei Archetypen

Niemand wird als Pessimist geboren. Die meisten von uns glaubten früher sogar, dass sie einmal ein Leben voller Staunen und Freude führen würden, wie in einem Disneyfilm, in dem sie den ganzen Tag lang Spaß haben und in dem jede Nacht Feuerwerke explodieren würden. Aber dann kam das Leben dazwischen.

Wenn wir uns die Geschichten ansehen, die wir uns nun als Erwachsene erzählen, stellen wir fast immer fest, dass es sich um Variationen uralter Themen handelt, die seit Jahrhunderten der Stoff von Fabeln und Märchen sind. Als wir heranwuchsen, verfingen wir uns unbewusst in einer von drei archetypischen Geschichten, die allesamt Freude verhießen und am Ende nur Leid brachten.

Die folgenden Märchen werden zu den wichtigsten Albtraumdrehbüchern:

1. *Die Geschichte von König Midas.* Sie wird zu dem Albtraum mit dem Titel: »Ich habe nicht genug.«
2. *Die Geschichte vom König der Löwen.* Sie verwandelt sich in den Albtraum mit dem Titel: »Ich bin zu alt, meine Zeit ist vorbei.«
3. *Die Geschichte von Aschenputtel.* Sie verwandelt sich in den Albtraum mit dem Titel: »Ich bin zu sehr verletzt, um Macht über mein Leben zu haben.«

Sobald wir erkennen, dass wir nach einem dieser archetypischen Drehbücher leben, können wir es verwerfen und mit einer neuen Geschichte noch einmal von vorn anfangen. Aber zuerst müssen wir uns ehrlich eingestehen, wie sehr sich unsere Vorstellung davon, was uns Glück und Erfüllung bringt, mit einem dieser Märchenarchetypen deckt.

Das goldene Händchen von König Midas

Dem Mythos zufolge war König Midas ein guter Herrscher, der Silenos (dem Lehrer und treuen Gefährten des Dionysos) seine Gastfreundschaft gewährte, als dieser betrunken in seinem Rosengarten einschlief. Dionysos wollte den König für diese Großzügigkeit belohnen. Er gilt als Gott des Weines und der Gelage, ist aber auch einer der Hüter der Mysterientraditionen und verkörpert die heilige Ekstase der Kreativität und der Spiritualität. Als Dionysos den bereits wohlhabenden König Midas fragte, was er sich wünschte, entschied sich dieser weder für eine künstlerische noch für eine spirituelle Gabe, die Dionysos ihm hätte verleihen können, sondern für ein materielles Geschenk. Widerstrebend gewährte der Gott dem Sterblichen den Wunsch, dass sich alles, was er berührte, in Gold verwandeln möge: Was der gierige König auch anfasste, wurde zu purem Gold, und diese Gabe machte ihn zum reichsten Mann auf Erden.

Entzückt sah Midas, wie das Gras unter seinen Füßen zu Gold wurde und sich der Bach, in den er seine Hand tauchte, in einen Fluss des Reichtums verwandelte. Alles war wunderbar, bis er Hunger bekam und fand, dass es Zeit zum Abendessen sei. Den Wein in seinem Kelch spuckte er wieder aus, da er zu flüssigem Gold und gänzlich untrinkbar geworden war. Und als er das Essen auf seinem Teller berührte, wurde es umgehend ungenießbar. Der Segen wurde schnell zu einem Fluch, denn niemand wollte ihm mehr nahe kommen, aus Furcht, in eine Goldstatue verwandelt zu werden. Trotz seines großen Reichtums war Midas zu einem hungrigen, einsamen und unbefriedigten Dasein verdammt.

Nach vielen Jahren der Weltabgeschiedenheit, so heißt es in einer Version des Mythos, fleht ihn seine Tochter an, er möge Dionysos bitten, den Fluch von ihm zu nehmen. Der Gott weist ihn an, in einem heiligen Fluss zu baden und seine Gabe dem Wasser zurückzugeben, damit sein Reichtum die Erde fruchtbar mache. In der Tat wird Midas dadurch von seinem »goldenen Händchen« befreit, und als altem Mann gelingt es ihm endlich, sich an der Schönheit seines Königreiches zu erfreuen.

Die Geschichte von König Midas ist eine Metapher für das Gefühl des Mangels, das wir im Leben empfinden. Genau wie dieser Sterbliche müssen wir akzeptieren, dass wir der harten Realität nicht entkommen können: Nichts und niemand kann die Leere in uns füllen, die aus der Überzeugung entstanden ist, wir hätten nicht genug – nicht genug Geld, Schönheit, Jugend, Charme, Liebe, Macht oder was auch immer.

Genau wie der König gewinnen wir in unserer Jugend das Wohlwollen des Gottes Dionysos. Der feierfreudige Gott gewährt uns schon früh im Leben unsere Wünsche, und wir schwelgen in Partys, der sexuellen Liebe und leben uns aus. Aber irgendwann müssen wir erwachsen werden und reifen. Wir können nicht ein Leben lang weiterfeiern. Wer diese Veränderung zu langsam vollzieht, gerät in eine Abwärtsspirale aus Verfall und Niedergang, wenn die Party hässlich wird. Die meisten Menschen wählen dieselbe Gabe wie König Midas –

das goldene Händchen. Sie legen es darauf an, eine gute gesellschaftliche Position, Reichtum und Einfluss zu erlangen. Der Gott scheint ihnen ihre Wünsche zu gewähren, denn allmählich stellen sich finanzielle und berufliche Erfolge ein.

Aber das goldene Händchen hat seinen Preis: Es kostet einen Teil unserer Seele – jenen Teil, den Dionysos in seiner Rolle als Hüter der Mysterien verkörpert. Wir denken immer weniger an den anderen Reichtum, den er uns hätte schenken können: die Fähigkeit, spirituelle, nicht materielle Reichtümer zu erwerben. Wir verzichten auf das Hochgefühl, das die Menschen empfinden, die aktiv ein künstlerisches und kreatives Leben führen. Wir verschmähen die Ekstase der Meditation und des Gebets und fühlen uns stattdessen zum Rausch des Weines und der Arzneien hingezogen, die unsere Sinne betäuben.

Genau wie im Mythos müssen wir erkennen, dass es uns nach einer anderen Art von Nahrung hungert und dürstet. Gelingt uns das nicht, wenden sich die Menschen von uns ab, wie es Midas in der Geschichte passiert ist. Am Ende leben wir immer isolierter und sind nur noch von den Dingen umgeben, die wir angehäuft haben. Vielleicht flehen wir irgendwann um Hilfe, weil uns klar wird, dass wir mit unserem Reichtum und unseren Gaben die Ressourcen der Erde erneuern müssen. Unter Umständen wollen wir die unglaubliche Freude, Energie und Erregung eines kreativen und spirituellen Lebens erfahren und nutzen diese Gaben, um die Welt zu verbessern und Samen der Veränderung zu säen.

Lehnen wir dies dagegen ab, stürzen wir uns in den Albtraum und glauben, wir würden endlich Zufriedenheit finden, wenn wir noch mehr materiellen Reichtum, Ansehen oder

Ruhm hätten. Sofern wir die Gottheit nicht um Hilfe bitten, die uns führt und uns zeigt, wie wir uns von diesem Fluch befreien können, zerfällt alles, was wir anfassen, zu Staub. (Lass dein Leben kurz Revue passieren. Du wirst wissen, wann du ein goldenes Händchen hattest und wann du es verloren und verzweifelt versucht hast, es zurückzugewinnen.)

Jeder Mensch hat von Zeit zu Zeit ein goldenes Händchen und sehnt sich später danach, seine Jugend, seine Beliebtheit, seinen guten Ruf wiederzuerlangen – oder das, was er für den Schlüssel zum Glück hält. Wird uns freilich klar, dass wir dieses Talent verloren haben, rettet uns im Gegensatz zu König Midas nichts vor unserer Existenzangst. Wir stecken fest und warten darauf, dass uns jemand von diesem Fluch befreit. Wenn die Ehe zerbricht oder das Unternehmen bankrott geht, in das wir investiert haben, empfinden wir Verzweiflung, Panik und Bitterkeit. Wir laufen noch einmal durchs Einkaufszentrum, gehen die Seiten der Online-Partnervermittlung noch einmal durch und hoffen vergebens, etwas oder jemanden zu finden, der unsere Qualen lindert.

Wenn wir fürchten, nicht genug – Zeit, Geld, Freunde, Liebe, Macht und so weiter – zu haben, träumen wir den Albtraum des Mangels. Viele von uns gehen jeden Tag zum Einkaufen. Wir tun dies nicht, weil wir es müssten, sondern weil wir gern glauben würden, auf diese Weise endlich »genug« zu bekommen. Wir kaufen zu viele Kleider, Spielsachen und Geschenke für unsere Kinder und Freunde, weil wir hoffen, unsere Großzügigkeit sei »genug«, um uns deren Anerkennung und Dankbarkeit zu sichern. Wir richten uns neu ein oder nehmen ein viel zu hohes Darlehen für ein riesiges Haus auf und leben über unsere Verhältnisse. Gleichzeitig hoffen wir, dass unser Heim »gut genug« ist, damit wir die Nachbarn einladen und sie beeindrucken können. Es spielt keine Rolle, wie viel wir ausgeben oder wie gute Schnäppchenjäger wir sind. Wir werden nie genug haben.

Der Denkfehler liegt darin zu glauben, wir könnten dieses »Problem« des Mangels mit der Medizin materiellen Überflusses beseitigen. Wenn wir viele Dinge anhäufen und aus dem Gefühl des Mangels heraus noch mehr Geld ausgeben, wird uns das nicht vom Midasfluch befreien. Stattdessen können wir uns wie der König dafür entscheiden, ein Leben zu erträumen, in dem *wir* gut genug sind, um glücklich und zufrieden zu sein – ganz gleich, wie viel wir besitzen.

Um aus diesem Albtraum zu erwachen, musst du das schlechte Drehbuch ablehnen, das dir vorschreibt: »Wenn ich _____ hätte, könnte ich für immer glücklich sein.« Erst dann kannst du dir ein gesundes, lebendiges, erfüllendes Leben vorstellen. Je länger und konzentrierter du an der Vision festhältst, dass du gut genug und von Fülle umgeben bist, desto leichter wird es dir fallen, deinen Traum auch in der materiellen Welt zu manifestieren.

Der König der Löwen und der Wiedergewinn der Macht

Ein weiterer Mythos, den wir unbewusst im Leben nachspielen, ist der des Königs der Löwen. Die Geschichte diente als Stoff für einen Disneyfilm und ein fantastisches Musical. Der junge Löwe entgeht einer Verschwörung seines bösen Onkels, der ihn töten und den Thron seines Vaters an sich reißen will. Er flieht in den Wald, wo er bei einem einfachen Warzenschwein und anderen Waldbewohnern aufwächst. Irgendwann vergisst er, dass er der Erbe eines Königreiches ist, bis seine Geliebte ihn findet und ihn daran erinnert, wer er ist und welcher gesellschaftliche Rang ihm gebührt. Der junge Löwe kehrt zurück, fordert den Onkel heraus und holt sich sein königliches Geburtsrecht und seine Macht zurück.

Diesem Albtraum, alias: »Meine Zeit wird kommen«, fallen viele Männer in unserer Kultur zum Opfer. Sie sehnen sich nach dem Augenblick, in dem die Welt ihre Bedeutung erkennt. Manchmal macht der Albtraum sie glauben: »Das nächste Geschäft ist der ganz große Coup und wird mir meinen rechtmäßigen Platz im Leben verschaffen.«

Männer glauben häufig an das Sprichwort, hinter jedem erfolgreichen Mann stünde eine starke Frau, und lassen sich oft von ihrer Partnerin zur Verwirklichung ihres Potenzials inspirieren und motivieren. Unter Umständen suchen sie sich eine Frau, die ihnen Selbstvertrauen gibt oder sie zu königlichem Verhalten beflügelt. In den meisten Fällen ist diese Aufgabe jedoch zu viel für die Frau: Sie muss den Partner bemuttern, gleichzeitig attraktiv für ihn bleiben und ihn vom Jungen zum Prinzen und zum König machen. Eine Frau, die eine solche Aufgabe übernimmt, muss ihr eigenes Leben auf Eis legen und sich durch den Erfolg ihres Mannes verwirklichen. Wenn der männliche Löwe versagt, gibt er seiner Frau die Schuld.

Nicht nur Männer verfangen sich in diesem Albtraum, auch Frauen lassen sich vom Reiz der Großartigkeit verführen. Die Psyche jedes Menschen hat eine weibliche und eine männliche Seite, und die männliche ist für den Albtraum des Löwenkönigs besonders anfällig. Wenn eine Frau der Macht dieses Mythos erliegt, braucht sie die Unterstützung von ihrer weiblichen Seite, da es keine äußere »Frau« gibt, die ihr bei der Jagd nach dem Erfolg unter die Arme greift. Dafür zahlt sie einen hohen Preis: Der nährende, weibliche Aspekt nimmt Schaden, wird hart und reagiert irgendwann mit Bitterkeit darauf, dass er ausschließlich im Dienste der männlichen, nach Leistung und Anerkennung strebenden Seite steht.

Eine Frau kann diesem Mythos auch noch auf andere Weise verfallen. Möglicherweise erkennt sie im geliebten Mann das Potenzial zu wahrer Größe – das er nicht sehen kann oder nicht sehen will. Sie bemüht sich sehr, ihren Partner zu unterstützen, damit er wachsen und Erfolg haben kann, aber er lehnt ihre Hilfe immer wieder ab. Eine Frau erholt sich nur sehr schwer von einem solchen Schlag, da sie ihren Partner allmählich immer mehr verachtet und jeden Respekt vor ihm verliert.

Der Albtraum des Königs der Löwen wird zu einer tödlichen Falle für Männer und Frauen, die meinen, das Leben schulde ihnen etwas oder hielte insgeheim eine bedeutende Rolle für sie bereit. Natürlich bietet das Leben diese Möglichkeit. Allerdings ist diese bedeutende Rolle kreativer und spiritueller Art. Wenn wir unser vermeintliches inneres Potenzial nicht verwirklichen, bleibt am Ende das Gefühl zurück, das Marlon Brando in dem Film *Die Faust im Nacken* zum Ausdruck bringt: »Ich hätte was werden können.«

Ein Mann, der den Albtraum nicht erkennt und in der Illusion des Löwenkönigs stecken bleibt, wird sich ganz auf seinen Gegner konzentrieren. Im Mythos ist dies der böse Onkel. Er wird sich einreden, wenn es ihm nur gelänge, diesen schrecklichen, dominanten Kerl aus dem Weg zu räumen, der die gewünschte Position und Macht beansprucht, könnte er sein

Recht auf den Thron geltend machen. Er geduldet sich und wartet auf seine Chance ... die niemals kommt. Bei dem Gegner kann es sich um seinen Vater, seinen Chef oder gar einen Rivalen in Liebesdingen handeln.

Irgendwann wird uns klar, dass wir im Gegensatz zum jungen König der Löwen in einem Albtraum gefangen sind, der den Titel trägt: »Ich bin zu alt, meine Zeit ist vorüber.« Dazu kommt es, weil das Märchen im echten Leben niemals Wirklichkeit wird. Wir werden das Königreich nicht zurückerobern, denn wir sind keine 22 mehr, und uns bietet sich auch keine Fülle von Möglichkeiten. Überwältigt von der Angst, dass sich alle Türen schließen könnten, warten wir ab. Wir ertappen uns dabei, dass wir uns grämen, weil wir alt und müde sind und nicht mehr mithalten können. Es gibt immer jemanden, der jünger und mit einem geringeren Gehalt zufrieden ist oder einem potenziellen Liebespartner einen knackigeren Körper bieten kann.

Viele meiner Klienten sind Babyboomer Mitte fünfzig. Sie bemühen sich verzweifelt darum, ihr Leben neu zu erfinden, und halten doch stur an dem Albtraum fest: »Ich bin zu alt, meine Zeit ist vorüber.« Sie haben Angst, sich davon zu befreien und schöpferisch zu leben oder Risiken einzugehen. Aber wenn sie dann doch aus diesem Märchen ausbrechen, stellen sie fest, dass ihre kreativsten Tage noch vor ihnen liegen.

Und dann ist da noch das, was mir eine auf Bindungsprobleme spezialisierte befreundete Psychologin erzählt hat: So pessimistisch ihre Klienten Mitte dreißig, vierzig und fünfzig bezüglich der Partnersuche auch sein mögen – die größte Angst in dieser Hinsicht brächten die Mittzwanziger zum Ausdruck. Die Überzeugung, unsere Zeit sei vorüber und es

Gefangen in den drei Archetypen 71

sei zu spät, unseren Traum zu verwirklichen, kann uns in jedem Alter treffen und uns vor Angst und Selbstzweifeln erstarren lassen. Meine Mutter fand die Liebe mit 79 Jahren. Trotzdem tippe ich darauf, dass sie sich mit 22 Jahren von all den heiratsfähigen 17-Jährigen bedroht gefühlt hat, mit denen sie zu konkurrieren glaubte.

Wir fühlen uns nicht alt, weil wir ein bestimmtes Alter erreicht haben, sondern weil wir glauben, das Leben sei an uns vorübergegangen. Wir verstehen nichts von Computern oder Videospielen und haben kein Interesse an den Filmen der jungen Generation. Wir entdecken nichts Neues mehr und gehen auch keine Risiken mehr ein. Stattdessen stellen wir den Oldie-Sender an und erklären die moderne Musik einfach für schrecklich. Wir leiten bissige E-Mails über unser nachlassendes Gedächtnis und unsere steifen Gelenke an Freunde weiter, weil wir meinen, der unvermeidliche Verfall habe bereits begonnen.

Aber nicht jeder glaubt, dass man mit den Jahren auch immer mehr altert. Ich kenne 80-Jährige, deren Gesellschaft anregender ist als die vieler 30-Jähriger, weil sie leidenschaftlich leben. Sie haben das Gefühl, die besten Jahre lägen noch vor ihnen und die besten Bücher und die beste Musik müssten erst noch geschrieben werden. Mag sein, dass ihre Knie etwas steifer oder sie körperlich nicht mehr ganz auf der Höhe sind, aber sie wollen nichts mit dieser Geschichte zu tun haben, die lautet: »Ich verschwinde allmählich im Schattenreich des Todes. Von jetzt an geht's bergab.«

Das Leben hält stets eine zweite (und sogar dritte, vierte und fünfte) Chance bereit, doch wenn wir im Albtraum des Löwenkönigs gefangen sind, können wir das nicht glauben.

Vergiss nicht, dass der Albtraum in dem Augenblick beginnt, in dem das Märchen nicht den gewünschten Ausgang nimmt. Und so gerne wir die neuen Chancen auch nutzen würden, die sich uns bieten, fehlt uns doch der Mut zu handeln, weil uns der alte Refrain nicht aus dem Kopf gehen will: »Das kann ich nicht, ich hab's versucht und hab es nicht geschafft.« Die Angst vor dem Misserfolg lähmt uns zutiefst. Wir sollten uns nicht fragen: »Ist es zu spät, ein leidenschaftliches, sinnerfülltes Leben zu führen?«, sondern: »Wie kann ich heute damit anfangen?«

Manche Chancen bekommt man tatsächlich nur einmal im Leben. Mit 42 Jahren kannst du zum Beispiel wirklich keine Primaballerina mehr werden, wenn du noch nie Ballettunterricht hattest. Bist du dagegen willens, zum Kern deines Traumes vorzudringen – also dem Wunsch, zu tanzen und auf der Bühne zu stehen –, wirst du erkennen, wie du ihn verwirklichen kannst. Du musst dich nicht schon lange vor dem Einsetzen des körperlichen Verfalls dem Albtraum hingeben, dein Leben sei vorüber. Du kannst dir dein Verlangen nach neuen Erfahrungen und ein Gefühl des Staunens über das Leben selbst bewahren.

Aschenputtels gläserner Pantoffel

In der Geschichte vom Aschenputtel wird ein fleißiges, herzensgutes Mädchen von ihrer Stiefmutter und ihren Stiefschwestern derart gequält, dass sie ihr das Leben zur Hölle machen. Aber in einer magischen Nacht befreit eine gute Fee Aschenputtel von ihrem Elend. Sie verwandelt einen Kürbis in

Gefangen in den drei Archetypen

eine Kutsche, die Mäuse in Kutscher und Aschenputtels Lumpen in ein herrliches Ballkleid und gläserne Pantoffeln. Das Mädchen kann zum Ball im Palast fahren, das Herz des Prinzen erobern und Herrscherin des Landes werden.

Obwohl Aschenputtel von ihrer Familie verletzt wurde, nimmt der Prinz sie nicht so wahr. Er sieht in ihr eine wunderschöne und würdige Tanzpartnerin. Und als der Zauber verfliegt und Aschenputtel nur noch die Kleider bleiben, die sie am Leibe trägt, flieht sie in die Nacht, und der Prinz drückt liebevoll den Glaspantoffel an sein Herz, den sie zurückgelassen hat. Er schwört, dass er seine Prinzessin um jeden Preis finden wird. Er sucht überall, bis er den Pantoffel schließlich an den zarten Fuß eines armen, in Lumpen gehüllten Mädchens steckt. Als ihm klar wird, dass sie die wunderschöne Frau ist, in die er sich in jener Nacht im Mondschein verliebt hat, entführt er sie in das Leben in Reichtum und Annehmlichkeit, das sie verdient.

Viele Frauen halten sich für ein modernes Aschenputtel, das misshandelt und missachtet wird, aber vom Schicksal dazu ausersehen ist, seinen magischen Augenblick zu erleben und von einem gut aussehenden, reichen Prinzen (oder zumindest einem glamourösen Job) gerettet zu werden. Wenn der Zauber allerdings um Mitternacht verfliegt und sich der Prinz als Frosch mit Alkoholproblem und bewegter Vergangenheit entpuppt, bleibt die Rettung leider aus. Niemand kommt, weil das Mädchen zu sehr verletzt ist, um den gläsernen Pantoffel wieder anzuprobieren, ihn für sich zu beanspruchen und die Schlüssel zum Schloss zu fordern. Aschenputtel verfängt sich in dem Albtraum mit dem Titel: »Ich bin zu sehr verletzt, um Macht über mein Leben zu haben.«

Wie im Märchen macht eine Frau, die in diesem Archetyp feststeckt, oft andere Frauen für ihren Kummer verantwortlich: Die böse Stiefmutter, die sie zwang, anders zu sein, als sie in Wirklichkeit war, wird zu der Mutter, die ihre wundervolle Tochter nie wirklich zu schätzen wusste. Die grausamen Stiefschwestern sind nun andere Frauen, die Aschenputtels Chancen vernichten, indem sie ihr einreden, sie sei nicht gut genug, das Herz des Prinzen zu erobern oder ein machterfülltes Leben im Palast zu führen. Frauen, die selbst verletzt sind, verhalten sich oft zickig, betont konkurrenzfreudig oder gar unverhohlen bösartig, um sich besser zu fühlen: Sie reden ihrer Freundin ein, ihre Träume seien zu hochgegriffen. Sogar Frauen, die liebevoll und hilfreich sein wollen, stärken oft nur die zerstörerischen und schwächenden Glaubenssätze ihrer Freundinnen, indem sie sie warnen: »Es gibt keine guten Männer«, und: »Dies ist eine Männerwelt. Mach dich darauf gefasst zu leiden.«

Eine männliche Variante der Aschenputtel-Thematik sind Spiderman, Supermann und andere Comic-Helden, die das Glück haben, magische Kräfte zu besitzen und von allen Menschen auf der Welt bewundert zu werden. Und doch sind romantische Beziehungen für sie unmöglich, denn jede Frau, die sich in sie verliebt, ist dem Tode geweiht. Die Superhelden müssen die Superfrau Lois Lane und alle anderen verstoßen, damit ihnen nichts zustößt – und sie dürfen sie niemals wissen lassen, wie sehr sie sich nach ihnen sehnen.

Diese Geschichte wird in Comics und Filmen immer wieder aufgewärmt. Sie findet bei Männern Anklang, die sich nicht vorstellen können, dass es auch Frauen gibt, die einen Superhelden mit Problemen akzeptieren und ganz wunderbar damit klarkommen. Sie sind der Überzeugung: »Ich sehe zwar aus, als hätte ich Macht. In Wirklichkeit aber bin ich viel zu sehr verletzt, um mein Glück zu finden. Ich werde nur wieder alles vermasseln und mich ins Unglück stürzen.« Auch dieser Glaubenssatz hält sie in einem Albtraum gefangen, in dem sie das Opfer sind.

So entkommst du einem Albtraum, in dem du das ohnmächtige Opfer bist

Viele Menschen erleiden emotionale Verletzungen, denn der Schmerz gehört nun einmal zum menschlichen Dasein. Wenn wir allerdings in der Folge die Opferrolle übernehmen, dann liegt das daran, wie wir die Sache beurteilen. Wir verbrämen unseren Schmerz mit einer exotischen Geschichte von Leid und Opferdasein. Nicht genug, dass sich unsere Eltern scheiden ließen, als wir sieben Jahre alt waren, und wir Papa nicht so oft sehen durften, wie wir wollten. Nun erzählen wir unseren potenziellen Liebespartnern, unseren Therapeuten und uns selbst: »Seit mein Vater meine Mutter, meine Geschwister und mich verlassen hat, habe ich Probleme mit Intimität.« Wir lieben es, die Geschichte mit Details zu einem Drama auszuschmücken, das uns gefangen hält.

Die Mär von der Opferrolle ist inzwischen allgegenwärtig und erzeugt eine Kultur der Ohnmacht, die auf vielfältige Weise zum Ausdruck kommt. Wir vertrauen unsere Schwierigkeiten und Probleme nahezu wildfremden Menschen an, damit sie verstehen, warum wir schwierigen Aufgaben nicht gewachsen sind, wie zum Beispiel abzuwarten, bis wir an der

Reihe sind, oder selbst für die Erfüllung unserer Bedürfnisse zu sorgen, statt dies von anderen zu erwarten. In der Selbsthilfeszene wimmelt es nur so von Menschen, die ihre ganze Energie darauf richten, sich und ihre »Probleme« zu erforschen, und die immer weiter an ihren Geschichten feilen, statt aus ihnen auszubrechen. Auf einer Party begegnete ich einer Frau, die sich mit den Worten vorstellte: »Beinahe wäre ich heute Abend nicht gekommen. Ich leide nämlich unter einem schwachen Selbstwertgefühl.«

Sogar die Menschen, die diese Opferkultur verspotten, halten sich oft für Opfer derjenigen, die sich nur dafür ausgeben. Wir wetteifern darum, wer die schwerere Last zu tragen hat: Wer hat mehr gelitten? Wessen Schmerz ist Trumpf? Wer hat eine bessere Ausrede, um sich nicht als Erster entschuldigen zu müssen? Wir blättern in dem geistigen Aktenstapel mit der Aufschrift: »Die Geschichten meiner Verletzungen«, ziehen ein Bündel Blätter davon heraus und halten es den anderen unter die Nase. Anschließend behaupten wir, unsere Geschichten seien die Rechtfertigung dafür, dass wir in Beziehungen Anspruch auf Mitleid, eine Sonderbehandlung und die Befreiung von Verantwortung hätten.

Wenn wir unseren Schmerz respektieren, kann das dazu beitragen, dass wir unsere Stärken erkennen und wertvolle Lektionen lernen. Doch wenn wir selbst unseren Teil zum Albtraum einer vermeintlich unheilbaren Verletzung beitragen, verkrüppeln wir emotional, geistig und spirituell. Wieder einmal glauben wir an die eigene lähmende Ohnmacht.

Die drei Standardcharaktere

Opfer brauchen Täter. Damit wir Mitleid mit uns haben können, müssen wir einen Tyrannen für unsere beklagenswerte Ohnmacht verantwortlich machen können – und wenn wir keinen entdecken, müssen wir ihn eben erfinden. Ist der Tyrann gefunden, müssen wir uns eine Möglichkeit der Rettung ausdenken. Wir brauchen einen *deus ex machina*, einen »Gott aus der Maschine«, der in unser Leben treten und alle unsere Probleme lösen kann. Wir sehnen uns danach, von einem Vater, einem Traumprinzen oder einem mitfühlenden Engel gerettet zu werden.

Die Erdenwächter sagen, alle Geschichten, mit denen wir unsere Wirklichkeit erklären wollen, handelten vom Konquistador, dem Indianer und dem Priester. Der Konquistador ist der Böse, der das unglückselige Opfer – den Indianer – verfolgt, dessen einzige Hoffnung in der Rettung durch den edelmütigen Priester liegt. Diese Standardcharaktere agieren auf vorhersehbare Weise und führen zu den immer gleichen abgedroschenen Handlungsabläufen. Erst wenn wir uns davon befreit haben, fallen wir nicht mehr ständig auf dieselben Geschichten herein.

In unseren persönlichen Erzählungen und Märchen verwenden wir ganz ähnliche Versionen des Tyrannen, des Opfers und des Retters: In der Geschichte von König Midas ist Dionysos der Tyrann, der König das Opfer und Midas' Tochter die Retterin, die ihm sagt, er solle Dionysos um Gnade bitten. In der Geschichte vom König der Löwen ist der böse Onkel der Tyrann, der junge Löwe das Opfer und seine Geliebte die Retterin. In der Geschichte von Aschenputtel sind Stiefmutter und Stiefschwestern die Tyranninnen, Aschenputtel ist das Opfer, und der edle Prinz ist der Retter. Wir sollten beachten, dass alle diese Geschichten aus der Perspektive des Opfers geschrieben sind. Auch wir neigen dazu, unsere Albträume so anzulegen, dass wir die Opfer grausamer Menschen oder schrecklicher Ereignisse sind. Aber immer, wenn wir uns auf diese Weise darstellen, schreiben wir Geschichten der Ohnmacht und der Apathie. Der Persönlichkeitsteil des Opfers in uns offenbart, was uns daran hindert zu bekommen, was wir uns wünschen.

Gelegentlich wird die Geschichte auch aus der Sicht des Tyrannen erzählt. Dies ist besonders bei Männern der Fall, die sich gern als starke, rechtschaffene Krieger sehen, deren Härte oder Rachsucht gerechtfertigt ist. Wenn wir mit dem großartigen Vertrag prahlen, den wir gerade abgeschlossen haben, oder mit unserem Sieg über einen Gegner oder eine Krankheit, identifizieren wir uns mit dem Tyrannen oder Konquistador. Manchmal entscheiden wir uns auch für die Perspektive des Retters. Dann wollen wir uns selbst dafür loben, dass wir unseren Partner vor sich selbst schützen oder edelmütig das eigene Leben und die eigene Unabhängigkeit für unsere Kinder opfern.

In Wirklichkeit sind die drei Charaktere austauschbar. Wir wechseln die Rollen und werden vom Opfer zum edlen Retter oder vom edlen Retter zum wütenden, selbstgerechten Tyrannen. So stand zum Beispiel nach den Anschlägen vom 11. September auf das World Trade Center in New York und das Pentagon in Washington die Welt geschlossen hinter den Vereinigten Staaten. Rund um den Globus brachte man uns Amerikanern ein immenses politisches Wohlwollen entgegen, und wir – genau wie fast alle anderen – hielten uns für die Opfer eines tragischen Ereignisses.

Aber nach nur wenigen Monaten hatten wir dieses Wohlwollen verspielt – und heute setzen die Menschen in vielen Teilen der Welt die Vereinigten Staaten mit einem Tyrannen gleich, der sich wichtig macht und unschuldigen Bürgern Schaden zufügt, während er im Alleingang versucht, die Erde von den »Schurken« zu befreien und für Sicherheit zu sorgen, damit Demokratie möglich wird. Unterdessen halten viele Amerikaner Folter und Bürgerrechtsverletzungen für gerechtfertigt. Sie wähnen sich als rechtschaffene Krieger im Kampf gegen den Terror. Und dennoch sieht es so aus, als könne keine dieser Geschichten – in denen wir Opfer, Retter oder Tyrannen sind – der Erde einen Traum schenken, der den endlosen Kreislauf des Leids und der Rache beendet.

Im Rahmen der folgenden Übung wirst du nach und nach erkennen, wie du dir selbst die drei archetypischen Rollen auf den Leib schreibst und wie sinnlos und lähmend die alten Geschichten von König Midas, Aschenputtel und dem König der Löwen sind.

Übung: So findest du den Tyrannen, das Opfer und den Retter in deiner Geschichte

Notiere die Geschichte des jüngsten Unrechts, das dir geschehen ist, und spare bei der Schilderung deines Kummers nicht mit Einzelheiten. Garniere die Erzählung mit deinem Racheplan und schildere haarklein, wie du den Spieß umdrehen und den Täter zum Opfer machen willst. Erkläre, wie du dich oder andere aus dieser oder einer ähnlichen Situation retten willst.

Deine Geschichte könnte zum Beispiel folgendermaßen lauten:

Dieser idiotische Fußballtrainer hat meinen Sohn nicht auf seiner Lieblingsposition spielen lassen. Mein Sohn hat gestern deswegen geweint. Ich war wütend und habe ihm erklärt, dass ich seinem Trainer beim nächsten Training Bescheid stoßen werde, was ich von seiner dummen Entscheidung halte, diese Position einem anderen Kind zu überlassen.

Oder:

Mein Exmann hat wichtige Papiere verschlampt, die wir für die Steuererklärung in diesem Jahr brauchen. Mein Steuerberater sagt, wir müssten Ersatz dafür heranschaffen, wenn wir eine Steuerprüfung verhindern wollten. Ich habe meinen Ex angerufen und ihm gesagt, wie leid ich es bin, dass er mir mit seiner Verantwortungslosigkeit das Leben verpfuscht. Er hat mich eine Zicke genannt und einfach aufgelegt. Ich habe schreckliche Angst vor einer Steuerprüfung und würde ihn am liebsten umbringen. Es ist ganz egal, was ich tue. Er hat immer noch die Macht, mein Leben zu ruinieren und es mir zur Hölle zu machen.

Erstelle nun eine Liste der Charaktere und notiere, wer als Opfer, Tyrann und Retter auftritt. Mach dir klar, dass dieselbe Person in den unterschiedlichen Phasen der Geschichte auch unterschiedliche Rollen spielen kann, weil das Opfer so wütend wird, dass es zum Tyrannen mutiert, oder sich der zu wenig gewürdigte Retter in ein Opfer verwandelt. Sieh dir deine Geschichte ganz genau an und frage dich, ob es darin jemanden gibt, der weder Opfer noch Tyrann oder Retter ist.

Wie lautet der Titel deiner Geschichte? Er sollte dein Problem charakterisieren, deshalb könnte die erste Geschichte zum Beispiel »Mein Kind wird unfair behandelt« und die zweite »Mein Ex macht mir das Leben zur Hölle« heißen. Mit dem Titel bewertest du die geschilderte Situation so, dass ein Problem daraus wird.

Aber eigentlich liegt das Problem darin, dass du deine Geschichte mit der Wirklichkeit verwechselst. Dabei handelt es sich um einen Albtraum des Leids, dem du nur entkommen kannst, indem du dich davon löst. Nicht dein Ex macht dir das Leben zur Hölle, du *selbst* tust das. Er ist einfach, wie er ist. Deshalb hast du dich ja auch von ihm scheiden lassen. Und obwohl du nicht mehr mit ihm zusammenlebst, spielt er immer noch die Rolle, die du ihm zugedacht hast.

> Überprüfe deine Geschichte und überlege, ob es irgendeine Möglichkeit gibt, dein Problem innerhalb des Erzählrahmens zu lösen. Würdest du dabei erneut in die Rolle des Opfers, des Tyrannen oder des Retters schlüpfen? Wenn ja, schreibst du nur ein weiteres Kapitel deines Albtraums, das du dann durchleben musst.
>
> Später wirst du im Rahmen einer Übung ein neues Drehbuch für diese Geschichte schreiben, in dem du weder die Rolle des Opfers noch die des Tyrannen oder des Retters spielst – ebenso wenig wie die anderen.

So löst du karmische Fesseln

Die Geschichten, an die du glaubst, werden zu lebendigen Albträumen und machen dich blind für deine Macht zu träumen und zu erschaffen. Sie bilden deinen karmischen Ballast. Wie ein in schwere Ketten gelegtes Monster schleppst du die Last deiner Geschichten ständig mit dir herum. Immer wieder manifestieren sie sich in deinem Leben, auch wenn sich die Details hie und da etwas unterscheiden. In einem vertraulichen Gespräch geben klinische Psychologen zu, dass sie sich während der Sitzungen mit ihren Patienten sehr zusammenreißen müssen, um nicht einzunicken. Während ihre Klienten ihre persönliche Geschichte als hochdramatisch empfinden, werden in Wirklichkeit immer dieselben alten Geschichten erzählt.

Unsere Erzählungen bilden die Grundlage unserer persönlichen Mythologie. Der Vater, der seinem Sohn gegen den Fußballtrainer beistehen will, versucht sehr wahrscheinlich mithilfe des Kindes, den eigenen Schmerz darüber zu lindern, dass er in seiner Jugend ungerecht behandelt wurde. Die Frau, deren Exmann ihr das Leben schwer macht und die Rachefantasien spinnt, möchte auf diese Weise das Gefühl lindern, die Kontrolle über ihr Leben verloren zu haben. Beide Beispielpersonen benutzen den »anderen«, um die eigenen Wunden zu heilen.

Manchmal haben wir den Mut, uns von unseren psychologischen und karmischen Geschichten zu lösen. Für gewöhnlich ziehen wir jedoch nur einen Schlussstrich unter eine Sache und erschaffen sie dann in einem anderen Lebensbereich neu. Der neue Chef tyrannisiert uns ebenso sehr wie der alte – nur auf eine etwas andere Art und Weise. Die neue Freundin verwandelt sich in die verhasste Exfrau. Oder wir wiederholen das schwierige Verhältnis zu unserem Vater in der Beziehung zu unserem Sohn, unserem Geschäftspartner oder gar unserem Präsidenten.

Du kannst diese karmischen Fesseln lösen, indem du auf die unzähligen Ausreden verzichtest, weshalb dein Wunsch nicht in Erfüllung gehen kann. Ausreden wie diese bilden den Kern deiner Geschichte:

- Meine Eltern waren sehr kritisch, und deshalb kann ich mich nicht akzeptieren. Ich bin »nicht gut genug«.
- Ich wurde diskriminiert und habe dadurch alle Chancen verpasst, mein Leben besser zu machen. Ich bin alt, und meine Zeit ist vorüber.
- Ich kann nicht haben, was ich mir wünsche. Meine Wunden sind zu groß, als dass ich mich selbst glücklich machen könnte.

Du betrachtest die vermeintlich unumstößlichen Tatsachen in deinem Leben und sagst dann vielleicht: »Aber das sind keine Ausreden. Das ist die Wirklichkeit.« In der Tat können dir diese Dinge äußerst real vorkommen. Aber wir bringen Vergangenheit, Gegenwart und Zukunft gern durcheinander und beurteilen deshalb manche Dinge als Tatsachen einer unverrückbaren Wirklichkeit, obwohl sie es möglicherweise gar nicht sind. Es sind lediglich Überzeugungen, die in deiner Erinnerung wurzeln.

Das Gehirn unterscheidet nicht zwischen dem, was in diesem Augenblick geschieht, und deinen Empfindungen beim Erzählen einer alten Geschichte. Die Neurowissenschaft entdeckt gerade, dass Erinnerungen auf synaptischer Ebene im Neocortex und im limbischen System auf die gleiche Weise und mit der gleichen Intensität registriert werden wie tatsächliche Ereignisse. Profisportler wissen, um Bestleistungen zu bringen, müssen sie sich den perfekten Abfahrtslauf oder den Abschlag beim Golf zunächst einmal vorstellen. Sportler, die sich die Verleihung der Goldmedaille ausmalen, haben weniger Erfolg als diejenigen, die im Geiste vor sich sehen, wie sie die Abfahrt erfolgreich bewältigen. Das liegt daran, dass es sich bei der ersten Methode um reines Wunschdenken handelt, während die Sportler im zweiten Beispiel ihre Nervenbahnen auf einen erfolgreichen Wettkampf vorbereiten.

Jedes Mal, wenn du eine alte Verletzung noch einmal durchlebst, stärkst du die entsprechende Nervenbahn. Angenommen, du erzählst die Geschichte: »In der dritten Klasse hat die Lehrerin gesagt, ich sei faul und würde es nie zu etwas bringen«, dann spürst du dabei nicht den Schmerz der alten, wieder aufgerissenen Wunden, sondern das neue Leid, das beim

Erzählen entsteht. Du glaubst vielleicht, du würdest dir einfach nur Luft machen und dich von der alten Scham und Wut befreien, aber dein Gehirn weiß es besser. Du hauchst der Erzählung Leben ein, indem du sie mit Energie erfüllst und sie zu deiner aktuellen Wirklichkeit machst.

Mit anderen Worten, je öfter wir traurige Geschichten erzählen, desto tiefer graben sie sich in unsere Nervenbahnen ein. Irgendwann sind breite Kanäle vorhanden, und weil unsere Erfahrungen und Wahrnehmungen den Weg des geringsten Widerstands nehmen, fließen sie alle dort hinein. Wir lenken einen großen Teil unserer Sinneseindrücke und unserer Beurteilungen der Welt auf die so entstandenen Wege. Deshalb überblenden wir das Gesicht unserer neuen Freundin mit dem unserer Exfrau oder das unserer neuen Chefin mit dem unserer bösen Mutter.

Im Laufe der Jahre erkannten viele Künstler, Mythenschreiber und Religionsführer instinktiv, dass unser Gehirn nicht zwischen Wirklichkeit und Wahrnehmung unterscheidet. Sie schufen öffentliche Rituale oder Aufführungen und gaben der Gesellschaft damit die Möglichkeit, heimliche Aggressionen, verletzte oder versöhnliche Gefühle ans Licht zu bringen. Das japanische Kabuki-Theater ist ein hervorragendes Beispiel dafür: Es entstand Anfang des 17. Jahrhunderts als eine Form des musikalischen Tanztheaters. Aufgrund der schrecklichen Schande, unter der die Japaner nach dem Zweiten Weltkrieg litten, wurden die Darstellungen der Kabuki-Spieler jedoch starr und gezwungen, mit abgehackten Bewegungen und beinahe schmerzlichen Gesten. Damit wollten sie den Verlust darstellen, den ihr Land erlitten hatte. Das griechische Theater schenkte dem Volk auf ähnliche Weise Trost und Heilung.

Im Grunde dient sogar die katholische Messe dazu, die Schattenelemente zu befreien – den Schmerz, das Leid und die Gewalt, die jeder Mensch in sich trägt und die wir in die dunklen Tiefen unseres Bewusstseins verbannen, da sie uns zu sehr beunruhigen. Bei genauer Betrachtung der katholischen Messe findet man die Darstellung großen Leids, das durch die Auferstehung Christi in Seligkeit verwandelt wird. Viele religiöse Rituale ermöglichen es dem Gehirn, schmerzliche Gefühle auf eine archetypische Art und Weise zuzulassen, zu empfinden und zu bewältigen.

Wenn du dich nicht von deinem Leid befreien kannst, verwandelt es sich in einen inneren Dämon, ein rasendes Monster, das nur darauf wartet, die Ketten zu sprengen. Du kannst den Dämon austreiben, indem du ihm einen Namen gibst – du könntest ihn »Mein Bedürfnis, meiner Exfrau klarzumachen, dass sie eine blöde Kuh ist« nennen – und ihm befiehlst, aus deiner Psyche zu verschwinden. Du kannst ihn allerdings nur bannen, wenn du ihn durch etwas Neues, Mächtigeres ersetzt. Angenommen, das Telefon klingelt, und die Rufnummernanzeige verrät dir, dass deine Exfrau am Apparat ist. Du musst jetzt nicht das alte Drehbuch hervorziehen und denken: »O nein, die schon wieder. Gleich wird sie sagen, dass ich die Kinder vernachlässige, und dann werde ich wütend und fühle mich verletzt. Das macht sie immer so.« Stattdessen kannst du die Bühne für eine neue Geschichte bereiten und dir die Rolle eines Mannes auf den Leib schreiben, der die Verantwortung für sich übernimmt, ohne die Last der anderen zu tragen. Du kannst die Möglichkeit in Betracht ziehen, dass deine Exfrau dich nicht angreifen wird, weil du ihr keine Angriffsfläche mehr bietest.

Um bewusst aus dem alten Drehbuch auszubrechen, und sei es nur für einen winzigen Augenblick, brauchst du Mut. Du musst herausfinden, welche Geschichte automatisch in dir aufsteigt, und musst dein Sicherheitsbedürfnis aufgeben, da es dazu führt, dass du zum Kampf rüstest. Natürlich ist dir bewusst, dass deine Exfrau anfangen könnte, dir Vorwürfe zu machen. Wenn du allerdings schon im Vorfeld damit rechnest, sorgst du dafür, dass es sich auch genauso abspielen wird. Zwischen euch besteht seit Langem ein gewisses Verhaltensschema. Deshalb wird sie auf ihr Stichwort reagieren wie ein Musiker, der die ersten Takte eines Stückes hört und instinktiv in die Musik einstimmt. Deine Exfrau steigt bereits bei der Begrüßung ins Drehbuch ein, und keiner von euch wird auch nur eine einzige Zeile auslassen.

Sobald du den Mut hast, deine negativen Erwartungen aufzugeben und zu sagen: »Hallo, wie geht es dir heute?«, und dir tatsächlich gestattest, für alles offen zu sein, erwachst du aus dem Albtraum. Du kannst dir ihren sarkastischen Vorwurf anhören, ohne ihr den Part des Tyrannen und dir die Opferrolle zuzuweisen. Du bist auch nicht versucht, die edlere und vermeintlich mächtigere Rolle des Retters zu spielen und sie darauf aufmerksam zu machen, wie sehr sie in ihrem Drama feststeckt – in der Hoffnung, ihr damit zu helfen. Stattdessen kannst du dir einen neuen, besseren Traum überlegen und ihm den Titel geben: »Meine Exfrau und ich schließen Frieden.« Du kannst sie auffordern, daran mitzuwirken. Unter Umständen lehnt sie dein Angebot ab, aber das ist ihre Angelegenheit. Du kannst eine andere Entscheidung treffen.

Tatsachen sind flüchtig

Weil wir uns so sehr nach Vertrautheit sehnen, geben wir nicht gerne zu, dass sich Menschen und Umstände ändern können. *Nichts währt ewig.* Wenn du das akzeptierst, kannst du dich von dem beängstigenden Gefühl befreien, du wärst nicht in der Lage, dein Leben neu zu erfinden oder deine Situation zu verändern. Ganz gleich wie unabänderlich dir die Wirklichkeit in diesem Augenblick erscheint: Vergiss nicht, dass sogar Gletscher im Laufe der Zeit wandern. Die Dinge sind so sehr im Fluss, dass auch die Wirklichkeit selbst ständig in Bewegung ist. Wenn es so aussieht, als sei sie erstarrt, ist das eine von unseren Geschichten erzeugte Illusion. Der Mitarbeiter, dem wir vorwerfen, uns zu schikanieren, wechselt zu einer anderen Firma. Trotzdem halten wir an unserer Wut über jenen Tag vor zwei Jahren fest, als er Kaffee über unsere Projektunterlagen gekippt hat. Wir klammern uns noch lange, nachdem sich die tatsächlichen Umstände verändert haben, an unsere Wahrnehmung, und das lässt unsere Wirklichkeit erstarren.

Eine meiner Klientinnen hatte eine schwere gesundheitliche Krise überwunden, klammerte sich aber immer noch an die Überzeugung, der Sinn ihres Lebens wäre es zu überleben – einen weiteren Tag zu überleben, ohne der Krankheit zu erliegen. Sie wurde wieder gesund, aber es fiel ihr sehr schwer, über die Zukunft nachzudenken und zu überlegen, was sie mit ihrem Leben anfangen wollte. Sie musste sich von ihrer alten Geschichte lösen (dass sie krank war und jedes Quäntchen Mut und Kraft für den Kampf gegen die Krankheit brauchte) und die neuen Umstände akzeptieren (dass sie gesund war und in der physischen Welt eine Zukunft hatte). An die Rolle der Kämpferin und der Überlebenden hatte sie sich gewöhnt, doch nun musste sie einen Sinn finden, ohne weiterhin das Bedürfnis nach ihrer Krankheit zu haben.

Je älter wir werden, desto häufiger sehen wir, dass Veränderungen manchmal auf rätselhafte Weise und zu den unmöglichsten Zeiten stattfinden. Wir meinen, beruflich festzustecken, analysieren die Situation immer wieder und kommen irgendwann zu dem Schluss, wir könnten rein gar nichts tun. Wir beharren darauf, dass wir nur dann in unserem Beruf vorankommen könnten, wenn wir unseren bösartigen Chef ertrügen, da es in der Stadt keine weiteren Firmen mit ähnlichen Positionen gibt und unser Kind nicht umziehen will. Doch dann wird der Chef zu unserer Überraschung versetzt, eine neue Firma siedelt sich in unserer Gegend an, oder unser Sohn ist an seiner Schule nicht mehr so glücklich. Seine besten Freunde ziehen fort, und er ist endlich zu einem Ortswechsel bereit.

Wir brauchen nur den Mut, die Geschichten und Erinnerungen loszulassen und zu akzeptieren, dass sich Menschen und Umstände verändert haben. Denn dann lassen wir uns nicht sofort neue Ausreden einfallen, weshalb unsere Wünsche unmöglich in Erfüllung gehen können.

Energetische Bande

Wenn du an deiner Geschichte festhältst, obwohl sich Fakten und Umstände geändert haben, erzeugst du sowohl Abdrücke in deinem leuchtenden Energiefeld (LEF) als auch energetische Bande zu den anderen Beteiligten dieses Dramas. Diese Energiestränge, die dich an andere binden, können eine mögliche Veränderung deiner Beziehung zu den Betreffenden lange Zeit überdauern. Die Schamanen können diese Verbindungen so deutlich spüren, dass sie wissen, wer sich an dem anderen Ende des Strangs befindet, der um deinen Hals liegt. Selbst wenn du nicht mehr wütend auf deine ehemalige beste Freundin bist, mit der du seit Jahren keinen Kontakt mehr hast, kann dich ein Energiestrang mit ihr verbinden, und eure Beziehung sowie euer gemeinsames Karma bleiben ungeklärt. Deshalb regst du dich auch so auf, wenn dir zu Ohren kommt, dass sie einen anderen Menschen verletzt hat, oder wenn dich etwas an einen Streit erinnert, den du mit ihr hattest, als ihr noch befreundet wart. Diese Bande sind wie Magensonden, über die du dir auch weiterhin die saure Milch der Wut und der Bitterkeit zuführst.

Wenn du das Band zu deiner Exfreundin nicht kappst, wirst du schließlich immer wieder eine ähnliche Situation in deinem Leben erzeugen, um Frieden und Vergebung zu finden. Außerdem beharrst du auf der Geschichte mit dem Titel: »Sie hat mir wehgetan, und ich bin das Opfer.« Jedes Mal, wenn du die alte Sache aufwärmst, und sei es nur in deinem Kopf, erzeugst du neue Gefühle der Trauer, der Wut und der Bitterkeit und verstärkst damit deine Verbindung zu ihr. (Zudem vertiefst du den Abdruck in deinem LEF, den du durch den Umgang mit ihr erzeugt hast.) Der entsprechende Abdruck in deinem LEF kann so stark sein, dass dich schon der Name deiner alten Freundin in Rage versetzt.

Energetische Verbindungen können sogar den Tod anderer Menschen überdauern und uns weiter an den Schmerz erinnern, den sie uns zugefügt haben, statt an das, was wir von ihnen gelernt haben. Toxische Verbindungen dieser Art sind im Westen sehr häufig, da wir unseren Vorfahren die Schuld an unseren Fehlern geben. Solche Energiestränge können die Toten zwischen den Welten festhalten, die dann weder Ruhe noch Frieden finden. Sie verharren auf Erden und suchen unsere Häuser und unser Leben heim, weil sie über unsere Wunden mit uns verbunden sind.

Die energetische Verbindung zu einem anderen kann dich wie ein Parasit deiner Lebensenergie berauben. Sie wird so lange bestehen bleiben, wie du deiner lähmenden Geschichte gestattest, sich zu wiederholen. Das erinnert mich an eine ehemalige Klientin, die nur etwa einmal im Jahr zu mir kam. Sie stritt sich ständig mit ihrer Mutter über die Männer, mit denen sie ausging. Keiner war ihrer Mutter je genug.

Ich hatte sie über ein Jahr nicht gesehen, als sie eines Tages mit den Worten in mein Büro spazierte: »Endlich ist die Hexe tot.« Damit wollte sie sagen, dass ihre Mutter vor einigen Monaten gestorben war. Seither konnte sie nicht mehr richtig schlafen und hatte sich mit drei verschiedenen »bösen Jungs« eingelassen, wie sie sie nannte. Sie alle hatten in den ersten Tagen und Wochen einen wunderbaren Eindruck gemacht und sie später übel behandelt.

Als ich ihr LEF prüfte, bemerkte ich einen dicken Energiestrang. Er führte von ihrem Herzen zu ihrer Mutter, die sie nicht einmal nach dem Tod in Ruhe lassen konnte. (Und meine Klientin hatte ja auch weiterhin bewiesen, dass die Mutter recht hatte!) In der Sitzung kappten wir dieses Band. Ich bat sie auch, ihrer Mutter für ihre Liebe und Fürsorge zu danken, so fehlgeleitet sie oft auch gewesen war. Außerdem musste sie ihr sagen, dass sie nun in die Welt der Geister heimkehren könne, wohin sie gehörte. Bald darauf berichtete meine Klientin, dass sie besser schlafen könne. Sie fühlte sich auch nicht mehr zu den »falschen« Männern hingezogen.

Falls du vermutest, dass eine energetische Verbindung zu einem anderen Menschen an deinen Kräften zehrt, wird dir die folgende Vergebungsübung helfen, dich von dem dadurch verursachten Schmerz und Energieverlust zu befreien.

Übung: So löst du ein energetisches Band

Wir können die energetischen Verbindungen zu anderen Menschen mit schamanischen Techniken kappen. Dieselbe Wirkung erzielen wir aber auch, wenn wir uns in Vergebung üben. Das geschieht in drei Schritten. Leider lassen die meisten Menschen es bei den ersten beiden Schritten bewenden. Sie verschaffen ihnen momentane Erleichterung und Befriedigung, aber die energetischen und karmischen Verbindungen im LEF trennen sie nicht. Wenn du dich vollständig von der anderen Person lösen willst, solltest du unbedingt alle drei Schritte vollziehen:

1. Denke an jemanden, der dir oder dem du unrecht getan hast. Atme tief ein und lasse beim Ausatmen all deine Wut und alle Gefühle von Ungerechtigkeit ziehen, die du möglicherweise empfindest. Wiederhole diesen Schritt so oft wie nötig.

2. Atme noch einmal tief ein und schicke beim Ausatmen einen Segen an den Betreffenden und Vergebung für alles, was er dir angetan hat. Bitte ihn im Geiste, auch dir alles zu verzeihen, womit du ihn verletzt oder ihm unrecht getan haben könntest. Sage im Stillen: »Ich gebe dich frei und segne dich.« Wiederhole auch diesen Schritt so oft wie nötig.

3. Der letzte und wichtigste Schritt besteht darin, dir zu überlegen, was du von diesem Menschen gelernt hast. Was wollte dich das Leben mit seiner Hilfe lehren? Wie kannst du diese Lektion so gut lernen, dass keine weitere Wiederholung mehr nötig ist? Wie kannst du diese ehemalige Quelle der Verletzung oder Wut in eine Quelle des Mitleids und der Macht verwandeln? Nun ist es an dir, die Geschichte dieser Beziehung neu zu schreiben.

Wenn wir die alten Geschichten verworfen, die karmischen Verbindungen gekappt und angefangen haben, unsere Wunden zu heilen, haben die Dramen unseres Lebens keine Gewalt mehr über uns, und wir haben nicht mehr das Gefühl, in einem Albtraum zu leben. Dann können wir allmählich einen sehr viel befriedigenderen Traum träumen.

Kapitel 3

Wie man erwacht und in die Traumzeit gelangt

※

Die Logik bringt dich von A nach B.
Deine Vorstellungskraft bringt dich überallhin.
Albert Einstein

※

Die australischen Aborigines glauben an zwei voneinander getrennte Wirklichkeiten: den Alltag und die Traumzeit – jene zeitlosen Gefilde, in denen Energiewesen (die Götter) die Welt ins Dasein sangen. In der Traumzeit sind Dichtung und Gesang, Symbole und Archetypen zu Hause. Die Schamanen halten sie für die wichtigere von beiden Wirklichkeiten, da sie die physische Welt hervorbringt, prägt und formt. Vermutlich würden sie Einstein recht geben, der gesagt haben soll: »Die Wirklichkeit ist nur eine Illusion, wenn auch eine sehr hartnäckige.«

Unsere Kultur schätzt die Wachrealität inzwischen so hoch, dass wir vergessen haben, wie man in der unsichtbaren Welt der Traumzeit etwas ersinnt und zusammen mit dem Universum erschafft. Die physische Welt kann sehr hart sein – vor allem dann, wenn sie uns vor Herausforderungen wie Krankheit, Krieg, Hunger und Armut stellt. Da scheint es nur logisch, dass wir diese Probleme mithilfe unseres Verstandes lösen wollen. Aber wenn wir die Macht der Traumzeit ignorieren, ist das, als würden wir kurzsichtig: Wir sehen nur noch das, was direkt vor unserer Nase ist – ein winziges Puzzleteil. Uns fehlt der Weitblick, um die größeren Zusammenhänge zu erkennen und allmählich auch damit zu spielen. Wenn wir träumen, während wir wach sind, wird uns klar, dass wir unsere Überzeugungen bezüglich der Wirklichkeit verändern können. Dass sie nur Hypothesen und immer selbsterfüllend sind.

Falls du Glaubenssätze hast wie: »Ich habe Probleme mit der Technik. Sie verwirrt mich«, oder: »Ich habe keine Geduld mit Menschen, die anders denken als ich«, solltest du sie überprüfen. Denk daran, dass dir das Universum immer recht geben wird. Versuche, offen für die Möglichkeit zu bleiben, dass du diese Geschichten von nun an gegen interessantere Hypothesen eintauschen kannst.

Baue eine Kathedrale

Im Mittelalter arbeiteten zwei Steinmetze in Paris an einem Bauwerk, das einmal die Kathedrale von Notre-Dame werden sollte. Ihre Arbeit erregte die Neugier eines Reisenden. Der Mann hielt an und fragte den ersten, was er da tat. »Ich behaue einen Stein«, entgegnete dieser.

»Aha«, sagte der Reisende. Aber er war immer noch neugierig. Deshalb ging er zu dem zweiten Steinmetz und fragte auch ihn, was er gerade tat.

»Ich baue eine Kathedrale«, erwiderte er.

Wie diese Steinmetze können wir wählen, ob wir unsere Geschichte auf eine Weise leben wollen, die uns einschränkt oder die uns Kraft und Inspiration verleiht. Und so können wir anfangen, die Welt ins Dasein zu träumen: Wir müssen verstehen, dass sich unser Handeln auf mehr als nur einer Dimension oder Ebene auswirkt. Der Kathedralenbauer hat zweifellos ein stärkeres Gefühl von Sinn, Ziel und Macht als sein Kollege, der lediglich einen Stein behaut, obwohl beide auf einer gewissen Wirklichkeitsebene das Gleiche tun. Eine Kathedrale entsteht in der Traumzeit, ein Stein wird in der normalen, linearen Zeit behauen. Der Bau von Notre-Dame de Paris dauerte beinahe 200 Jahre, doch in der Traumzeit, in der Vergangenheit, Gegenwart und Zukunft verschmelzen, existierte diese Kathedrale bereits, und der zweite Steinmetz in der Geschichte konnte seinen Teil zu einem Vorhaben beitragen, das viel größer war als er selbst.

Vor nicht allzu langer Zeit suchte mich ein Klient auf, der über Depressionen und »tödliche Langeweile« klagte, wie er es nannte. Er war ein erfolgreicher Unternehmer und hatte eine Streichholzfabrik geerbt, die seit Jahrzehnten im Familienbesitz war. Er sagte: »Ich will etwas Sinnvolles in der Welt bewirken, aber leider muss ich massenweise Streichhölzer produzieren, mit denen die Leute ihre Zigaretten anzünden, von denen sie Krebs bekommen.«

Oberflächlich betrachtet hatte dieser Mann alles, wonach man im Leben so strebt – einschließlich eines schicken Wagens, eines großen Hauses am Strand und einer wunderschönen Familie. Gleichwohl hatte er das Gefühl, in einem Trott aus Streichholzproduktion und Finanzberichten festzustecken. Er trug sich mit dem Gedanken, seine Firma zu verkaufen und ein unternehmerisches Projekt zu planen, das seine Sehnsucht, einen sinnvollen Beitrag zur Welt zu leisten, besser erfüllte. Aber in seiner Vorstellung baute er noch keine Kathedrale, sondern verrichtete eine sinnlose, langweilige Arbeit.

Ich wies ihn darauf hin, dass die Streichhölzer nur Requisiten in der Geschichte seiner selbst und der Firmenverkauf eine einfache Lösung sei, um sich keine neue, heroische Schilderung seines Lebens ausdenken zu müssen. Ich erklärte ihm, wenn er keine Möglichkeit fände, die Welt mit Streichhölzern zu verändern, würde ihm das vermutlich auch sonst nicht gelingen. Wir fingen an, die tiefere Dimension zu erforschen, in der er sich als Opfer seines Erfolges fühlte – als ein König Midas, der vor dem Festbankett saß und doch nicht daran teilhaben konnte.

Streichhölzer haben ein enormes metaphorisches Potenzial. Wir spielten mit Ideen wie: »Die Welt erleuchten.« Schließlich schrieb er seine Geschichte um. In seiner Neufassung war er nicht mehr in einem goldenen Käfig gefangen und sorgte dafür, dass andere Lungenkrebs bekamen, sondern wurde kreativ. Er ließ seine Streichholzschachteln innen und außen mit weisen Sprüchen und inspirierenden Zitaten bedrucken. Einer meiner Lieblingssätze fordert die Menschen mit jedem Streichholz auf: »Entzünde ein Licht in deinem Leben.« Darüber hinaus wurde meinem Klienten klar: Wenn er die Welt verändern wollte, musste er mit seiner Belegschaft anfangen. Innerhalb von sechs Monaten stellte er einen Gewinnbeteiligungsplan auf, der seine Firma noch produktiver machte, da er die Angestellten zu Bestleistungen motivierte.

Zum Träumen braucht man Mut. Du musst dich zu all den selbsterfüllenden Prophezeiungen bekennen, die du dir ausgedacht hast oder an die du glaubst und in denen du das Opfer bist. Du musst dich davon lösen und dir etwas Besseres einfallen lassen. In der neuen Geschichte darfst du die Rolle des Helden spielen – allerdings nicht die eines Helden, der umherzieht, hilflose Jungfrauen rettet, zum Ritter geschlagen und gefeiert wird, sondern die eines Menschen, der Tragödien und Widerstände überwindet. Schließlich wird nicht jeder Held mit Trompeten und Konfettiparaden begrüßt.

So wird zum Beispiel selten erwähnt, wie heldenmutig es ist, Eltern zu werden. Vor allem in der heutigen Zeit, in der von den Müttern erwartet wird, nicht nur die Kinder großzuziehen, sondern auch noch zum Haushaltseinkommen beizutragen. Mütter können ihre verborgene Kraft finden und ihre Kinder inspirieren, indem sie ihnen ein Leben in Schönheit und Gnade vorleben. Es ist sehr wahrscheinlich, dass die Mütter in Zukunft neue Wege finden und gehen werden, die noch nie zuvor ein Mensch beschritten hat. Sie fürchten den dunklen Wald der Ungewissheit nicht mehr. Sie vertrauen auf ihre Kraft und setzen sie weise ein, statt das Schwert zu ziehen und wie wild auf die Schatten im Wald einzuhauen. Sie handeln oft wie mutige Helden, weil sie genau das sind.

In der folgenden Übung wirst du die zentrale Geschichte deines Lebens neu schreiben, die sich in einen Albtraum verwandelt hat, der dir deine Kraft raubt, und du wirst den Mut zu heldenhaftem Handeln finden.

Übung: Schreibe eine Heldengeschichte

Du erinnerst dich sicher, dass die Hauptpersonen in den drei Schlüsselmärchen, die uns als Vorlagen für unsere Albträume dienen, all ihren Mut zusammennehmen und aus diesem Mut heraus handeln mussten. König Midas musste Dionysos demütig um Hilfe bitten. Er musste auf seine Gabe verzichten und das, was er sich am sehnlichsten gewünscht hatte, dem Fluss übergeben. Der König der Löwen musste sich seinem bösen Onkel stellen, um den Thron zurückzugewinnen und für die Tiere in seinem Reich zu sorgen. Aschenputtel musste sich ein Herz fassen und zum Ball gehen, obwohl man ihr gesagt hatte, dass der Prinz sie niemals zu seiner Braut machen würde. Sie alle handelten und setzten damit dem lähmenden Albtraum ein Ende.

Nimm die Geschichte noch einmal zur Hand, die du für die Übung auf Seite 80 f. geschrieben hast und in der du Opfer, Tyrannen und Retter identifiziert hast. Schreibe sie neu und gib dir die Rolle des Helden, der sich einer Herausforderung stellt, seinen Mut zusammennimmt und handelt. Es spielt keine Rolle, ob das im Leben bereits geschehen ist oder nicht. Sobald das Drehbuch fertig ist, kannst du anfangen, es umzusetzen.

Denk bei der Neufassung deiner Geschichte bitte daran, auf die Standardcharaktere zu verzichten. So handelte zum Beispiel die Geschichte des Vaters, dessen Sohn vom Fußballtrainer auf die Bank verbannt worden war, von drei Menschen. Wenn er sich die Rolle des Helden zuschreiben möchte, muss er kreativ handeln. Er muss die anderen Beteiligten – seinen Sohn und dessen Trainer – auffordern, sich ebenfalls heldenhaft zu verhalten. Das heißt, sie müssen sich zu Menschen entwickeln, die sich ein Herz fassen und entsprechend handeln. Man braucht Mut, um akzeptieren zu können, dass man für eine Aufgabe nicht auserwählt wurde, weil man nun seine Fähigkeiten weiterentwickeln oder sich der Angst vor dem Versagen und der Möglichkeit stellen muss, dass man von allen gehasst wird. Oder weil man verstehen muss, dass die eigenen Gefühle oder die eines geliebten Menschen verletzt werden könnten. Dank der Neufassung des Drehbuchs können sich nun alle drei Charaktere mit der Aura der Tapferkeit umgeben, statt die abgedroschenen Rollen des Opfers, des Tyrannen oder des Retters spielen zu müssen.

Schließ die Augen, wenn du fertig bist. Stell dir die neue Szene vor. (Der Vater könnte sich zum Beispiel mit dem Trainer unterhalten und ihm dadurch die Kraft geben, seinem Sohn zu helfen.) Spüre, wie dein neues, heldenhaftes Handeln deinen Mut in dir aufsteigen lässt. Genieße das Gefühl, zu beobachten, wie auch die anderen Personen in dieser Geschichte Zugang zu ihrem Mut finden und entsprechend handeln.

Versuche nun, dir diese Szene einzuprägen. Du kannst die Neufassung zum Beispiel jeden Morgen laut durchlesen, sie dir anschließend kurz vorstellen und in deiner Fantasie durchleben. Auf diese Weise kann sich deine neue Geschichte allmählich in der physischen Welt manifestieren.

Wie ich bereits sagte, unterscheidet das Gehirn nicht zwischen Wirklichkeit, Vorstellung und Erinnerung. Wenn du dich an die Gefühle der Machtlosigkeit aus deiner Kindheit erinnerst, erweckst du sie in diesem Augenblick zu neuem Leben. Erinnerst du dich dagegen an Selbstvertrauen oder Mitgefühl, wirst du diese Empfindungen neu erschaffen. Die Vorstellung, eine Aufgabe zu bewältigen, veranlasst dein Gehirn dazu, die Nervenbahnen anzulegen, die den Erfolg ermöglichen. Indem du die neue, mutige Geschichte durchlebst, die sich vor deinem geistigen Auge abspielt, trainierst du dein Gehirn darauf, zu erkennen, dass du die Macht zu tapferem Handeln besitzt.

Aber vergiss nicht, dass dieser Traum keine rein geistige Schöpfung bleiben darf, wenn er etwas bewirken soll. Er darf keine bloße Fantasie oder müßige Vorstellung bleiben, sondern muss in deinem Herzen und in deiner Seele widerhallen, damit du die enorme Kraft deines Mutes nutzen und handeln kannst.

So träumst du mit der Kraft der Absicht

Absicht oder *Intention* ist eine weitere Bezeichnung für aktives, mutiges Träumen. Es ist das Feuer der Inspiration und die Leidenschaft des Wandels, die uns antreibt. Die Absicht ist die gewaltige Sehnsucht des Herzens nach einem geliebten Menschen, nach Gott, nach der Rückkehr an den Ort, an den wir gehören und an dem wir unsere Rolle im Schöpfungsmandala erkennen. Die Absicht ist der Mut der Seele.

Wenn wir Zugang zur Kraft der Absicht in unserem Herzen finden, spüren wir zunächst ein Gefühl des Friedens. In vielen spirituellen Traditionen heißt es, wir müssten diesen Frieden im Gebet oder der Meditation entdecken. (Sowohl das Gebet als auch die Meditation ist eine hervorragende Möglichkeit dazu, und beides hat seinen Platz in meinem Tagesablauf.) Wir können den »Ort der Stille« in unserem Inneren finden, an dem die Welt des Tuns der Stille weicht, an dem die Stille mit dem Göttlichen verschmilzt und nur noch die Unendlichkeit oder Gott existiert. Aber wir wollen nicht nur den eigenen inneren Frieden finden. Wir wollen ihn der ganzen Erde bringen.

Wenn du inneren Frieden besitzt, kommst du nicht von der Antikriegsdemonstration auf dem Marktplatz nach Hause und beschimpfst deinen Partner, weil er vergessen hat, Lebensmittel einzukaufen. Du regst dich nicht über die Gedankenlosigkeit und die Inkompetenz deiner Mitmenschen auf. Da die Friedensabsicht wie eine Flamme in deiner Seele brennt, kannst du in jedem Augenblick Gelassenheit beweisen, selbst wenn dein Magen knurrt und der Kühlschrank leer ist. Du lebst den Traum vom Frieden, siehst zu, wie er in deinem Leben Wirklichkeit wird, und ergreifst automatisch jede Gelegenheit, deine innere Ruhe auch in der Außenwelt zum Ausdruck zu bringen.

Die Absicht hat große Kraft, weil sie dem Kern des Universums selbst entspringt. Sie ist der eigentliche »Saft« der Schöpfung, der nach dem Urknall beinahe ganz aus unserer Welt verschwunden ist. Die Kraft, die unseren ganzen Kosmos aus einer Singularität entstehen ließ, nicht größer als ein Stecknadelkopf. Wir können auf die Energie dieser ursprünglichen Schöpfungsessenz zurückgreifen, um die Welt ins Dasein zu träumen, und dadurch große Heiler und Visionäre werden. Andererseits kann sie uns auch dazu verführen, dass wir sie zu unserem persönlichen Vorteil nutzen und auf Kosten anderer Reichtum und Macht erlangen.

Jeder Mensch kann die Kraft der Absicht nutzen. Die Schwierigkeit liegt im weisen Umgang damit. Die furchtbarsten Diktatoren und die am leidenschaftlichsten verehrten Heiligen bedienten sich ihrer. Sie hatten andere Bezeichnungen dafür und nannten sie *Glaube*, *Gebet* und *Gnade*. Die Absicht trieb Mutter Teresa dazu, sich um die Armen Indiens zu kümmern. Andererseits gestattete sie es auch Adolf Hitler, sich ein Vaterland und den schrecklichen Sturm der Gewalt vorzustellen, der die Welt seiner Vorstellung erschaffen sollte.

Wenn du die Absicht des Friedens in deinem Herzen bewahrst, wirst du ihre Kraft auch in schwierigen Situationen leichter zum Ausdruck bringen können. Zum Beispiel dann, wenn dich jemand angreift und versucht, dir die Schuld an seiner Wut zuzuschieben. Du wirst für alle unvorhergesehenen Möglichkeiten offenbleiben und darauf vertrauen, dass du den Mut finden wirst, integer zu handeln, kreativ zu sein und zu lieben. Die Absicht gestattet es dir, zu träumen und Zugang zu verborgenen Ressourcen zu finden. Daraufhin wird sich das Universum allmählich aktiv für dich einsetzen und dir den Zustand deines inneren Friedens widerspiegeln.

Die Willenskraft ist der Mechanismus, mit dem wir die Welt zwingen wollen, so zu sein, wie wir das gerne hätten. Die Absicht dagegen ermöglicht uns ein mutiges, schöpferisches Träumen. Und während der Wille die Dinge erst nach ihrer Manifestation richtigstellt und korrigiert, formt die Absicht sie noch vor der Entstehung. Beides ist wichtig, aber erst die Absicht ermöglicht uns das Träumen.

Zunächst kommt uns das absichtsvolle Träumen unnatürlich vor. Man hat uns gesagt, wenn wir wollten, dass etwas geschieht, müssten wir es schon selbst tun. Das heißt, wir müssten uns »dahinterklemmen« und uns an die Arbeit machen. Man hat uns von der Kraft des positiven Denkens erzählt und uns ermutigt, Affirmationen mit dem genauen Jahresverdienst oder dem Aussehen unseres Liebespartners zu wiederholen. Viele Menschen schwören auf Bestellungen beim Universum, als wäre das Universum die Große Kellnerin im Himmel. Oft ignorieren aber gerade diese Leute gern, wie oft das Universum einen Hamburger liefert, obwohl sie ein Filet bestellt hatten ... oder dass sie das Filet zwar bekamen, aber die Rechnung dafür nicht bezahlen konnten.

In den seltenen Fällen, in denen du das Universum mit deinem Willen dazu zwingen kannst, dir das Gewünschte zu liefern, funktioniert das nur deshalb, weil das zufällig einer starken seelischen Absicht entspricht. Deiner Seele ist es im Grunde egal, was auf deinem Teller liegt oder wie viel Geld du auf der Bank hast. Ihr ist es viel wichtiger, dass deine Gaben und Talente in der Welt zum Ausdruck kommen. Wenn du also die Absicht hast zu heilen, könntest du als Medizinwissenschaftler endlich ein Heilmittel gegen den Krebs entdecken und zu weltweitem Ruhm gelangen – und deine Seele ist glücklich.

Aber auch wenn dieselbe Absicht dazu führt, dass andere Menschen gerne in deiner Nähe sind, weil du sie durch dein Vorbild zur Unbeschwertheit inspirierst, wird deine Seele glücklich sein. Wie du siehst, braucht sie weder Ruhm, noch ist sie besonders wählerisch, wie der künstlerische Schöpfungsakt mit dem Universum vonstatten gehen soll. Sie will einfach nur die Gitarre zur Hand nehmen und mit dem Göttlichen zusammen improvisieren.

※

Gelegentlich kann der Verstand nützliche Orientierungshilfen geben und entscheiden, auf welche Weise die Absicht in der Welt zum Ausdruck kommen soll. Dennoch müssen wir es dem Traum gestatten, sich nach seinen Wünschen zu entfalten. Wir sollten offen bleiben und uns nicht zu sehr bemühen herauszubekommen, wie sich die Absicht genau manifestieren wird.

Als mich die Schamanen unter ihre Fittiche nahmen, wirkte ich vermutlich wie jeder andere junge Amerikaner, der fernab vom Alltag nach Einsicht in seine ganz persönlichen Dramen sucht. Das war Anfang der 1970er Jahre, und sicher suchten viele junge Männer und Frauen in Bluejeans in den uralten Städten Perus nach einer Antwort, von der sie glaubten, sie daheim in Omaha oder San Bernardino nicht finden zu können. Doch die Erdenwächter hatten einen Traum und wollten ihre Lehren im Westen verbreiten. Sie sahen in mir nicht nur einen weiteren Suchenden, sondern einen potenziellen Botschafter, der ihnen nützlich sein konnte. Sie hatten eine Absicht und erkannten ihre Chance, mich zu ihrem Sprachrohr zu machen. Sie hielten mich für einen gebildeten weißen Mann, der mit anderen gebildeten Weißen Umgang hatte. Zusammen würden wir eine Welt verändern können, die ihrer Ansicht nach in immer größere Gefahr geriet. Die Schamanen spürten, dass ich ihre Lehren vielen Menschen nahebringen konnte, die sie selbst niemals erreichen würden.

Doch trotz ihrer starken Absicht war ich mir nicht sicher, dass ich die Aufgabe übernehmen und ein westlicher Schamane werden konnte. Keine meiner Geschichten hatte mich darauf vorbereitet. Schließlich erzählte ich mir damals, ich sei der Sohn von Einwanderern und meine Familie hätte alles verloren, was ihr lieb und teuer gewesen sei. Ich sah, dass mein Vater arbeitslos war, obwohl er in Kuba gute politische Verbindungen gehabt hatte und ein wichtiger Mann gewesen war. Meine eigene berufliche Laufbahn schlug ich mit der Einstellung ein: »Wenn mein Vater seinen Platz in diesem neuen Land, in dem wir jetzt leben, nicht finden konnte, wird es wohl auch mir nicht gelingen.«

Als ich dann auf die Erdenwächter traf, hielt ich mich einfach für einen medizinischen Anthropologen, der für seine Doktorarbeit forschte. Und nachdem ich die Aufgabe übernommen hatte, ihre Weisheitslehren auf zeitgemäße und poetische Weise zum Ausdruck zu bringen, musste ich mich gegen meinen eigenen Berufsstand und gegen jene Akademiker wehren, die mir Unwissenschaftlichkeit vorwarfen. (Der Mann, der eine Kathedrale baute, machte sich unter seinen Steinmetzkollegen nicht viele Freunde.)

Später wurden meine Bücher allmählich an einigen Universitäten auf die Lektüreliste gesetzt, und ich trug dazu bei, eine Bewegung ins Leben zu rufen, die spirituelle Reisen nach Peru organisiert. Aber in erster Linie unterrichte ich heute westliche Schamanen – Männer und Frauen aus den Bereichen Gesundheitswesen, Wirtschaft und Bildung, welche die Energiemedizin in ihre Familien, ihre Organisationen und in die Welt hinaustragen. Die Möglichkeit zu alledem war bereits bei meiner ersten Begegnung mit den Erdenwächtern vorhanden, aber ich hatte mir dies alles gewiss nicht so vorgestellt. Wenn mir jemand gesagt hätte: »Das ist es, was du tun wirst«, hätte ich mich über diese unwahrscheinliche Entwicklung lustig gemacht.

Die Erdenwächter, mit denen ich arbeitete, verwirklichten ihre Vision und fanden einen Botschafter für die westliche Welt, da sie die Entwicklung nicht bis ins kleinste Detail selbst kontrollierten. Sie versuchten nicht herauszufinden, wer der beste Botschafter wäre, wo sie ihn finden oder wie sie ihn prüfen konnten, um sicher zu sein, dass er allen anderen Kandidaten überlegen war. Sie planten nicht bis ins Letzte, auf welche Weise sie die Informationen über die Traditionen der Erdenwächter verbreiten wollten. Sie hatten einfach die Absicht, der westlichen Welt ihre Weisheit nahezubringen, und als sich Gelegenheiten dazu boten, nutzen sie sie. Wie der Zufall es wollte und ohne dass ich es ahnte, war ich eine dieser wandelnden Gelegenheiten. Die Schamanen erkannten das, weil ihre Absicht klar und weder vom Willen noch vom Ego getrübt war. Sie forderten mich auf, mich an einer größeren Geschichte zu beteiligen, als ich sie mir je hätte ausdenken können ... aber auch das hatte ich erträumt.

Wenn man sich von dem Bedürfnis löst, den Ausgang bestimmen zu wollen, und sich stattdessen in den Dienst des sich entfaltenden Traumes stellt, kann sehr viel geschehen. Nelson Mandela zum Beispiel verbrachte 27 Jahre im Gefängnis, in denen er sich unentwegt auf seine Absicht konzentrierte, nach dem Apartheidsregime eine neue Ära in Südafrika einzuläuten. Er träumte davon, dass schwarze und weiße Südafrikaner die gleichen Chancen haben und gemeinsam ein Land aufbauen würden, in dem alle Menschen in Frieden, Gesundheit und

Wohlstand leben und ihre Kinder aufziehen konnten. Er hätte auch ständig daran denken können, wie unwahrscheinlich es war, dass er jemals aus dem Gefängnis kommen und es ihm gelingen würde, seine Mitbürger durch seine Taten zu beeinflussen. Stattdessen versenkte er sich ganz in den Traum.

Als die Jahre vergingen und zu Jahrzehnten wurden, ist es Mandela sicher immer schwerer gefallen, an seinem Traum festzuhalten und nicht in Panik und Verzweiflung zu verfallen. Doch weil er den Mut hatte zu träumen, verfügte er bei seiner Entlassung über eine enorme Stärke und die Kraft, andere zu inspirieren, als die Stunde endlich gekommen und Südafrika zum Wandel bereit war.

Unsere Mit-Träumer

Wir sehen uns gern als Nonkonformisten und meinen, wir seien allein auf weiter Flur. Darüber vergessen wir, dass wir von anderen Menschen umgeben sind, die sich an unserem Traum beteiligen und zu seiner Verwirklichung beitragen möchten. Deshalb bezeichnen auch viele Männer den Western *Zwölf Uhr mittags* als ihren Lieblingsfilm. Er erzählt die Geschichte eines Kleinstadtsheriffs im Wilden Westen (gespielt von Gary Cooper), der von seinen Mitbürgern, seinen Freunden und sogar seiner Frau im Stich gelassen wird, während er stoisch auf seine Chance wartet, das Richtige zu tun und den Feind der Stadt in die Knie zu zwingen. Er hält an seiner Überzeugung fest, obwohl sie niemand mit ihm teilt.

Wenn wir mutig sind, können wir das egoistische Bedürfnis aufgeben, der einsame Kämpfer zu sein. Wir können unsere

Schüchternheit überwinden und unseren Traum mit anderen teilen und verwirklichen. Vergiss nicht, dass wir alles erreichen können, solange wir keine Anerkennung dafür wollen. Unser Glaube, wir seien individuelle Wesen und von der unendlichen Matrix getrennt, ist eine Illusion und verhindert, dass wir absichtsvoll träumen. Immer wieder stellt das Ego uns ein Bein.

Auf der Ebene des Ego halten wir bis ins Kleinste an unseren Vorstellungen und Wünschen fest – ohne Rücksicht auf die Ideen aller anderen. Wir wollen, dass andere ihren Überzeugungen den Rücken kehren, unsere Werte übernehmen und so leben wie wir. Schließlich würden wir gern glauben, dass dies die Welt von ihren Problemen befreien wird. Doch das ist nicht das wahre Träumen. Vielmehr ist es der Versuch, das Universum zu zwingen, die Vision eines Besessenen zu verwirklichen.

Ein wunderbares Beispiel dafür ist Paul Wolfowitz, einer der Chefarchitekten des Irakkrieges und ehemaliger Weltbankpräsident. Wolfowitz war von der Vorstellung besessen, die Welt zu retten – zuerst, indem er dem Irak die Demokratie brachte, und dann im Kampf gegen die Korruption in Afrika. Aber während er diese Ziele verfolgte, gelang es ihm in Wahrheit, genau die Menschen vor den Kopf zu stoßen, denen er eigentlich helfen wollte. Vor allem, als er seinen Teil dazu tat, die Vereinigten Staaten in einen Krieg zu führen, den manche als den »Dritten Weltkrieg« bezeichnen – den sogenannten Krieg gegen den Terror. Dieser führte dazu, das Bild der Vereinigten Staaten in der Welt zu verändern und von dem eines weisen großen Bruders in das eines Tyrannen zu verwandeln.

Genau wie Wolfowitz glauben wir in unserer Arroganz, wir allein wüssten, was gut für die Menschen sei, und brauchten deshalb keine Partner zu sein. Aber wahrlich originelle Träume entstehen nur, wenn wir in Harmonie mit allen anderen Menschen und der Welt um uns herum sind. Dabei erkennen wir unsere Verbundenheit mit den anderen nicht nur, sondern mehr noch, wir erleben sie. Wir fühlen uns nicht mehr wie ein Wassertropfen, der vom Meer getrennt ist. Unsere Grenzen lösen sich auf, und wir verlieren den Punkt aus den Augen, an dem wir aufhören und der Ozean beginnt. Wir wissen, dass wir als Teil des großen Meeres die Kanten eines Felsen glätten oder eine Schlucht aushöhlen, aber wir brauchen keine Bronzeplakette mit der Inschrift: DIESE SCHLUCHT IST EINE GROSSZÜGIGE SPENDE VON _____.

In dieser Harmonie können wir uns durchaus unsere eigene Identität, unsere Vorlieben, Abneigungen und Meinungen bewahren. Aber wenn wir das Gefühl des Einsseins empfinden, sind sie nicht mehr besonders wichtig. Unsere individuellen Belange treten hinter das Gemeinwohl zurück. So wie das Herz dem ganzen Körper dient und doch eine eigenständige Einheit ist, können auch wir unsere Gaben, Talente und Fähigkeiten erkennen und nutzen, ohne uns selbstherrlich aufzublasen und alle dazu bringen zu wollen, es uns gleichzutun.

Um Zugang zur Kraft des Träumens zu bekommen, müssen wir nicht nur mit der Menschheit und ihrer Geschichte, sondern auch mit der Natur und der ganzen Schöpfung verbunden sein. Das Gefühl des Einsseins muss Flüsse, Bäume und Grillen einschließen. Unsere Geschichte muss sehr viel größer werden und Sterne und Galaxien umfassen. Wir müssen spüren, dass wir mit allen Dingen im Universum verbunden sind, damit die Energien der Absicht wie galaktische Winde durch uns hindurchfegen können. Eine Medizinfrau aus dem amerikanischen Südwesten beantwortete die Frage, wer sie sei, mit den Worten: »Die Winde bin ich, die roten Felsen bin ich, der funkelnde Stern am Nachthimmel bin ich.«

Viel zu oft lassen wir uns auf den Albtraum ein, Nonkonformisten sein zu wollen. Wir glauben, dort draußen gäbe es niemanden, der verstehen kann, was wir durchmachen, oder der unseren Traum mit uns teilt. Oder wir meinen, dass es zwar viele Menschen gibt, die sich uns anschließen könnten. Doch dann vertrauen wir nicht darauf, dass wir sie finden werden – weil es zu wenige sind, weil sie zu weit von uns entfernt wohnen oder nicht engagiert genug sind. So kommt es zur großen Isolation: Wenn das geschieht, sind wir von der Kraft der Absicht abgeschnitten, und unsere Träume verkommen zu einer bloßen Parodie des Möglichen, zu einem Schatten der Größe, die wir erreichen könnten.

Wir haben viele Ausreden dafür, weshalb wir unsere Wünsche nicht verwirklichen können. Eine der beliebtesten ist: »Das Problem sind die anderen. Wenn sie es so machen würden wie ich, gäbe es keine Probleme.« Mit der Zeit fühlen wir uns als Märtyrer, die edelmütig versuchen, die Welt zu retten, aber von niemandem geschätzt und sogar noch sabotiert werden.

Doch wenn wir das Gefühl haben, man würde uns nicht würdigen und wir stünden mit unserem Engagement so allein da wie Don Quixote oder der Sheriff in *Zwöf Uhr mittags*, dann ist das nur ein weiterer, von uns erschaffener Albtraum. Es ist unglaublich, dass wir uns in unserem angeblichen Informationszeitalter einreden können, von potenziellen Mit-Träumern getrennt zu sein. An der Basis vieler Bewegungen engagieren sich heute Männer und Frauen in den verschiedensten Winkeln der Erde, die einander noch nie gesehen haben und sich mithilfe der Technik verständigen. Und selbst lange vor der Erfindung dieser Technik fanden die Menschen einfallsreiche Möglichkeiten, um miteinander in Kontakt zu kommen und sich gemeinsam für ihren Traum einzusetzen. Die Generation der Babyboomer machte dem Vietnamkrieg auch ohne Handys, Internet oder SMS ein Ende. Und während der Weltwirtschaftskrise verließen die Arbeiter im Dust Bowl von Oklahoma ihre Häuser, um sich zusammenzuschließen und gegenseitig zu stärken, indem sie einander Mahlzeiten, Obdach und Hoffnung gaben.

Darüber hinaus machen wir uns meist zu viele Gedanken darüber, wie sich ein kollektiver Traum manifestieren soll, und verwenden sehr viel Energie auf die Frage, wer in welchem Komitee sitzen soll. Die Arbeiter in Oklahoma diskutierten nicht über Karl Marx' Theorien zur Vereinigung der Arbeiter, und sie grübelten auch nicht über die soziologischen und psychologischen Aspekte kollektiver Unternehmungen oder effektiver Kommunikationstechniken nach. In ihren Behelfslagern teilten sie einfach ihre Mahlzeiten miteinander, gaben Informationen weiter, wo möglicherweise Arbeit zu finden war, passten auf die Kinder der anderen auf und träumten von einer Welt, in der sie ihre Familien wieder ernähren und ihnen ein Zuhause geben konnten.

Wenn wir einen Vorsatz fassen und unseren Mut hervortreten lassen, finden wir Möglichkeiten, mit Menschen in Kontakt zu kommen, die unsere Vision teilen. Wir können darauf vertrauen, dass der Traum seinen Weg vom einen zum anderen finden wird, ohne bei jedem Gespräch dabei sein und kontrollieren zu müssen, wie alles vonstattengeht. Mitte des 20. Jahrhunderts etwa druckte ein Verleger aus Chicago eine Reihe von Eisenbahnfahrplänen in seiner Zeitung ab. Er wollte die afroamerikanischen Landarbeiter in den Südstaaten ermutigen, nach Norden in Städte wie Chicago zu ziehen, in den Fabriken zu arbeiten und auf diese Weise ihr Leben zu verbessern. Die Landbesitzer waren alles andere als erfreut darüber, dass dieser Mann die ständig schrumpfende Menge von Landarbeitern in den Norden lockte, und ließen die Zeitung in vielen Städten verbieten. Daraufhin stimmten sich die afroamerikanischen Eisenbahnarbeiter mit der Landbevölkerung im Süden ab und warfen Zeitungsbündel aus den Zügen, wenn diese langsam durchs offene Land fuhren. Die Landarbeiter standen bereit und verteilten die Zeitungen, wenn die weißen Landbesitzer nicht hinsahen.

Etwas Ähnliches geschieht in vielen Bereichen: Wenn wir uns etwas vornehmen, bilden die Menschen eine Aktionskette, ohne dass wir sie koordinieren müssten. Um mit anderen zusammen zu träumen, müssen wir uns von dem Bedürfnis lösen, als Urheber der Idee oder als derjenige anerkannt zu werden, der sie letztendlich in der physischen Welt umgesetzt hat. Vielleicht sind wir der Hundertsiebzehnte, der sich für eine Sache engagiert, und werden vergessen. Es interessiert nur unser Ego, ob wir die »Schlüsselrolle« gespielt haben oder ob irgendjemand weiß, was wir getan haben. Die Seele ist entzückt, dass unser Traum Wirklichkeit wird. Ihr ist es egal, ob die anderen wissen, was wir dazu beigetragen haben.

Quantenkommunikation

Eines der Hilfsmittel, das uns darin unterstützt, zusammen mit unseren Partnern einen Traum zu verwirklichen, ist die Quantenkommunikation. Wie die Quantentheorie zeigt, gibt es Möglichkeiten des Informationsaustauschs, die wir mit den Sinnen nicht erfassen können. Dennoch sind sie sehr real und erlauben es uns, Kontakt zu anderen aufzunehmen, um Träume zu träumen und zu verwirklichen, die uns Kraft geben. Diese Form der Kommunikation findet nicht nur in der Physik, sondern auch im Alltag auf der subatomaren Ebene statt. Nehmen wir zum Beispiel einen besonders schlauen Singvogel, die Blaumeise. Vor dem Zweiten Weltkrieg machte sie eine nützliche Entdeckung: Wenn sie mit dem Schnabel ein Loch in die Folie pickte, mit der die Milchflaschen verschlossen waren, die in England vor den Türen standen, konnte sie den auf der Milch schwimmenden Rahm schlürfen.

Anfangs hörte man nur selten, dass Vögel die Folien aufpickten, aber schon bald übernahmen Blaumeisen in ganz Großbritannien diese Angewohnheit. Es war, als hätte sich die Information in dem Augenblick verbreitet, in dem eine ausreichend große Zahl von Vögeln den Trick beherrschte. (Der Vorfall hat eine gewisse Ähnlichkeit mit dem »Prinzip des hundertsten Affen«. Es ist nach einem Vorfall mit Affen auf einer Insel benannt, unter denen sich rasend schnell die Information verbreitete, dass man Süßkartoffeln vor dem Genuss abspülen und auf diese Weise vom Sand befreien konnte. Schließlich sprang das Verhalten sogar zu Affen auf anderen Inseln über.)

Wegen der Nahrungsmittelknappheit im Zweiten Weltkrieg gab es in Großbritannien acht Jahre lang keine folienversiegelten Milchflaschen. Die sahneschlürfenden Blaumeisen machten einer neuen Generation Platz, die mit diesen Verschlüssen nicht vertraut war, da die Tiere nur eine durchschnittliche Lebenserwartung von fünf Jahren haben. Trotzdem fingen die Blaumeisen nach dem Krieg und sofort nach der Wiedereinführung der folienversiegelten Flaschen wieder scharenweise an, die Folien aufzupicken. Es ist, als hätte die Entdeckung der früheren Generation ihr genetisches Gedächtnis verändert.

Man konnte zwar auch Rotkehlchen beobachten, die diesen Trick beherrschten, aber es waren nie sehr viele. Es wird vermutet, das Sozialverhalten der Vögel könne einen wichtigen Hinweis auf die Lösung des Rätsels geben: Rotkehlchen leben in Paaren, während sich Blaumeisen in großen Scharen versammeln. Offenbar können sich Verhaltensanpassungen unter Blaumeisen extrem schnell verbreiten, da sie viel Zeit mit einer großen Gruppe von Artgenossen verbringen.

Für uns Menschen würde das bedeuten, wenn wir uns abkapseln, dauert es lange, bis uns der Fortschritt und neue Möglichkeiten zur Veränderung der Welt erreichen. Halten wir dagegen Kontakt zu einer größeren Gruppe und erfahren uns regelmäßig als Teil des Ganzen, können wir unser Wissen sehr viel schneller austauschen, einfacher lernen und einander besser helfen.

Vor einiger Zeit war ich zur Hauptverkehrszeit auf einer belebten Straße im Zentrum von Manhattan zu Fuß unterwegs. Ich sah, wie ein paar Meter vor mir ein Teenager wütend auf ein Mädchen, vermutlich seine Freundin, einschrie. Sogleich teilte sich das Meer aus gut gekleideten Geschäftsleuten, die auf dem Weg nach Hause waren, und es bildeten sich zwei Kreise: einer um ihn und einer um sie. Der junge Mann war ausschließlich von Männern umgeben, die allesamt die Brust herausstreckten und den Jungen aufforderten, sich entweder mit ihnen anzulegen oder sich zu beruhigen und sich so zu benehmen, wie sich das auf der Straße gehörte. Der andere Kreis bestand aus Frauen und einigen Männern und hatte sich schützend um das Mädchen geschlossen. Gleichzeitig fragten mehrere Personen sie besorgt: »Geht es Ihnen gut?«

Die Menge hatte ebenso schnell reagiert wie eine Vogelschar, die plötzlich die Flugrichtung ändert. Niemand hatte Angst gehabt, er könnte verletzt werden, oder gedacht: »Irgendjemand – natürlich nicht ich, aber *irgendjemand* – sollte etwas tun, bevor dem Mädchen was zustößt.« Stattdessen hatten die Männer und Frauen gehandelt, als hätten sie ihre gemeinsame Kraft gespürt. Es war ein beeindruckender Anblick, und ich kann mir vorstellen, dass sich die Beteiligten hinterher stärker fühlten, weil es ihnen gelungen war, schnell und entschieden zum Wohle aller zusammenzuarbeiten.

In Krisenzeiten bricht unser Instinkt durch, einander zu schützen und aufeinander zu achten. Aber wir müssen nicht erst auf einen großen, dramatischen Augenblick warten, um das wunderbare Gefühl der Stärke und der Verbundenheit mit etwas empfinden zu können, das größer ist als wir selbst. Das gelingt schon in winzigen Augenblicken. Wie das nächste Kapitel zeigt, müssen wir dazu lediglich die Perspektive wechseln.

Kapitel 4

Das Bewusstsein, die Wirklichkeit und die vier Wahrnehmungsebenen

Von dem Augenblick an, da man jeder Sache eine gespannte
Aufmerksamkeit widmet, wird oft ein einfacher Grashalm,
wird alles zu einer geheimnisvollen, Ehrfurcht
erregenden, unsagbar begeisternden Welt.
Henry Miller: *Plexus*

Das menschliche Gehirn kennt vier Bewusstseinszustände: (1) das normale Wachbewusstsein, (2) den Traum, (3) den traumlosen Schlaf und (4) den Zustand der luziden Klarheit beim Aufwachen oder Einschlafen. Wenn wir wach sind, befinden wir uns in einem bestimmten Bewusstseinszustand, den wir jedoch verlassen, sobald wir die Schwelle zum Schlaf überschreiten. Dies gilt nicht für die Erdenwächter. Sie bleiben auch während des Träumens bei Bewusstsein und können ihren Träumen jede gewünschte Richtung geben. Diese Männer und Frauen haben die Kunst gemeistert, auch während des Schlafs wach zu bleiben, und sie glauben, der überwiegende Teil aller Menschen würde tief schlafen, selbst wenn sie wach seien.

Wenn wir das gewünschte Leben und die erwünschte Welt ins Dasein träumen möchten, müssen wir die Fähigkeit meistern, in allen vier Zuständen bei Bewusstsein zu bleiben. Wir im Westen glauben, die Wirklichkeit nur im Wachzustand erfahren zu können. In den spirituellen Traditionen Indiens, Tibets und des amerikanischen Kontinents heißt es dagegen, das Gewahrsein sei im normalen Wachzustand alles andere als optimal und wir würden uns dabei in »Maya« (oder der Illusion) verfangen. Dort meint man, es gäbe bessere, überlegene Bewusstseinszustände. Praktiken wie Yoga, Meditation und schamanische Reisen können es uns nach einem ausgedehnten Training und guter Vorbereitung ermöglichen, diese Zustände zu erleben und sogar zu meistern. Trotz alledem haben die Sozialwissenschaften ungewöhnliche Bewusstseinszustände bis vor Kurzem als pathologische Fehleinschätzungen der Wirklichkeit betrachtet. Eine *Psychose* wird sogar häufig als Zustand definiert, bei dem jemand die Wirklichkeit verzerrt wahrnimmt, ohne sich der Verzerrung bewusst zu sein.

Der Zustand des Wachbewusstseins, den wir am meisten schätzen, ist keineswegs ideal. Wir verfangen uns in unserem Verstand und seiner Illusion vom Wesen der Wirklichkeit. Diese Illusion ist so stark und beherrschend, dass alle echten Wahrnehmungen ausgelöscht werden und wir in einem imaginären geistigen Dialog stecken bleiben, aus dem sich nur die wenigsten selbst befreien können. Dies ist der kulturelle Albtraum, zu dem wir alle erzogen werden und den wir nur durchschauen, wenn wir den Verstand allmählich zur Ruhe bringen.

Ich bin der Ansicht, dass normale Menschen schlafen und in einem Traum gefangen sind, der schon bald zu einem quälenden Albtraum wird ... worin die wirkliche Psychose besteht.

Die vier Wahrnehmungsebenen

Wir erkennen sie nicht, weil unser ganzes Umfeld darauf beharrt, der Alltag sei die »Wirklichkeit«. Erst wenn wir aus dem kulturellen Albtraum erwachen, wird uns klar, dass wir bislang geschlafen haben.

Mit konsequentem Training können wir eine tiefe Vision der inneren Funktionen des Bewusstseins erlangen und auf diese Weise eine Wirklichkeit erfahren, die über unsere begrenzte Weltsicht hinausgeht. Dieses Training dient der Verfeinerung unserer Wahrnehmung; es wird auch im Yoga und in der Meditation praktiziert und in diesem Kapitel näher erläutert.

Die Übungen auf den folgenden Seiten sollen dir helfen, einen Zustand der luziden Klarheit zu bewahren – ganz gleich, ob du wach bist, schläfst oder träumst. Ist dir schon einmal aufgefallen, wie schnell sich deine Träume nach dem Erwachen verflüchtigen? Im einen Augenblick befindest du dich in einer realen und scheinbar unvergesslichen Traumlandschaft, und im nächsten kannst du dich nicht einmal mehr daran erinnern, worum es in deinen Träumen ging. Die Pforten der Wahrnehmung schließen sich, und du bist wieder auf einen einzigen Bewusstseinsmodus beschränkt. Du wirst lernen, dass es höhere Bewusstseinszustände gibt, die alle niedrigeren Ebenen einschließen und in denen du mühelos zwischen dem Reich der Träume und dem Wachdasein hin und her wechseln kannst, ohne das Bewusstsein für einen der beiden Zustände zu verlieren.

Wenn wir uns im mutigen Träumen üben, sind alle vier Bewusstseinszustände daran beteiligt – wachen, träumen, jener luzide Zustand dazwischen und der traumlose Schlaf. Im Laufe eines Tages erleben wir jeden einzelnen davon, sind uns dessen aber meist nicht bewusst. Wir können schlafen, obwohl wir wach zu sein scheinen. Wir können tagträumen. Wir können mit völliger Klarheit Auto fahren – sogar dann, wenn wir von der Musik, die wir hören, ganz hingerissen sind. Und wir können fest schlafen und lebhaft träumen. Die Aufgabe besteht nicht darin, das normale Wachbewusstsein in den Traum hinüberzuretten, sondern umgekehrt: Wir müssen das Traumbewusstsein in den Wachzustand holen, damit wir erkennen: »Das Leben ist nur ein Traum.«

Jeder dieser vier Zustände hat eine besondere Funktion, wenn es darum geht, die Welt ins Dasein zu träumen, und wird einem der vier Tierarchetypen der Erdenwächter zugeordnet: *Adler, Kolibri, Jaguar* und *Schlange.* Der Adler entspricht dem traumlosen Schlaf oder der Stille, der Kolibri dem Traum, der Jaguar dem Augenblick der Klarheit zwischen Traum und Schlaf und die Schlange unserem normalen Wachbewusstsein.

Die Neurowissenschaftler wissen, dass während der verschiedenen Bewusstseinszustände unterschiedliche Gehirnregionen aktiv sind, und es können sogar alle vier Zustände gleichzeitig vorhanden sein. Das vielleicht verblüffendste Beispiel dafür ist der Delfin, bei dem stets eine Hälfte des Gehirns schläft, während die andere wacht. (Beim Delfin können niemals beide Gehirnhälften schlafen, da seine Atmung nicht automatisch funktioniert wie die des Menschen. Deshalb muss immer eine Gehirnhälfte wach bleiben, damit er weiteratmet.)

Wir funktionieren nur selten auf der höchsten und viel zu häufig auf der niedrigsten der vier Bewusstseinsebenen. Das Jaguarbewusstsein kann klar, logisch und verständlich sein, aber oft richten unerwünschte Gedanken und Gefühle ein Chaos darin an. Einstein sagte, man könne ein Problem niemals auf der Stufe seiner Entstehung lösen. Deshalb müssen wir lernen, auf eine höhere Bewusstseinsebene überzuwechseln und die Fähigkeiten und Gaben zu meistern, die den Bewusstseinszuständen eigen sind. Dazu müssen wir die vier Stufen des Gewahrseins verstehen, mit deren Hilfe wir mutig träumen und unseren Traum in der Welt manifestieren können. Je besser wir die Beziehung zwischen Gehirn und Bewusstsein begreifen, desto leichter erfassen wir auch, wie diese vier Wahrnehmungs- oder Bewusstseinsebenen zusammenspielen, wenn wir in der Welt tätig werden.

Der bewusste Verstand und das Gehirn

Der Neurowissenschaft zufolge ist das Gehirn der Sitz des menschlichen Bewusstseins. Wir wissen, dass es außerkörperliche Erfahrungen simulieren kann, wenn eine bestimmte Region der Großhirnrinde gereizt wird. Es kann uns sogar das Gefühl geben, ein Geschehen in weiter Ferne zu beobachten. Die Wissenschaftler ziehen nur selten in Betracht, dass wir vielleicht nicht nur deshalb meinen, über unserem Körper zu schweben oder Zeuge eines fernen Ereignisses zu sein, weil das Gehirn eine solche Illusion erzeugt, sondern weil derartige Dinge tatsächlich passieren. Die Vorstellung, diese Phänomene seien die Folge von Kurzschlüssen in unseren grauen Zellen, ist sehr viel leichter zu akzeptieren.

Jüngsten Studien zufolge soll sogar der Glaube an Gott eine harmlose Nebenwirkung gewisser Gehirnstrukturen sein, die sich aus Gründen des Überlebens entwickelt haben. Er ist sozusagen ein Zufall, wie die unbeabsichtigte Entstehung wunderschöner Säulen beim Bau eines gotischen Gewölbes. Einem Wissenschaftler kommt die Vorstellung, das Bewusstsein könne die zur Selbstbetrachtung nötigen Gehirnstrukturen absichtlich erschaffen haben, nun ja, rückständig vor. Dennoch wissen wir, dass das Denken die Gehirnstrukturen stark beeinflussen kann. So können zum Beispiel Menschen mit Hirnverletzungen, die dadurch motorische oder sprachliche Funktionen verloren haben, durch die Wiederholung bestimmter Bewegungs- und Denkübungen neue Nervenverbindungen bilden. In PET-Computertomografien zeigen die Gehirne buddhistischer Mönche, die schon seit vielen Jahren meditieren, Abweichungen von der Norm. Sie verarbeiten die Wirklichkeit anders als die Gehirne von Personen, die nicht meditieren. Wir verfügen eindeutig über die Macht, das physische Gehirn mit dem Verstand zu beeinflussen und zu heilen. Aber was war denn zuerst da – das Gehirn oder das Denken?

Spirituelle Traditionen stehen oft im Widerspruch zur Wissenschaft, da sie die Beziehung zwischen Körper, Geist und Spirit völlig anders betrachten. Sie lehren, der Geist oder das Bewusstsein sei die Kraft, welche die Materie erschaffe, und nicht umgekehrt. Den meisten spirituellen Traditionen zufolge entwickelte sich das Bewusstsein nicht aus einer intelligenzlosen Ursuppe; anders gesagt, der Geist entstand nicht aus geistloser Materie. Vielmehr braute der Spirit eine kosmische Suppe, aus der alles Leben entstand. Er schuf einen energetischen Bauplan, der eine physische Wirklichkeit manifestierte. Ein solcher Plan existierte für das Sonnensystem, für unsere Galaxie und für jedes Lebewesen, das es je gab. Die Griechen bezeichneten ihn als »Logos«, im Osten wurde er »Tao« genannt, und in einigen Religionen heißt er »Weltseele«.

Unser eigener energetischer Bauplan (die Seele) ist das leuchtende Energiefeld (LEF), das – wie unsere DNS – die Geschichten in sich trägt, wer wir sind und was wir erlebt haben. Statt die Informationen wie die DNS als chemische Verbindungen zu speichern, speichert unser leuchtender Bauplan sie als Licht und Schwingung. Die Astrophysiker wissen vielleicht am besten, dass Licht ein Informationsträger ist. All unser Wissen über ferne Galaxien erhalten wir von dem Licht, das aus der Weite des Raumes kommt und auf unsere Teleskope trifft. Die Energie, die unser eigenes Energiefeld erhellt, entsteht möglicherweise in unserer DNS. Forscher haben herausgefunden, dass sie Lichtblitze von ungefähr 100 Hertz abgibt, also hundertmal pro Sekunde aufleuchtet.

Das LEF ist unsere Software. Es enthält die Anweisungen, nach denen die DNS – die Hardware – die Proteine herstellt, aus denen unser Körper besteht. Die Wissenschaft weiß, dass sich unser genetischer Code aus lediglich vier Molekülen zusammensetzt, nämlich den organischen Basen Adenin (A), Cytosin (C), Guanin (G) und Thymin (T). Aus diesen vier Buchstaben entsteht die gesamte Poesie der Schöpfung, und möglicherweise ist die DNS die einzig wahre Lebensform auf diesem Planeten.

※

Die DNS ist jener Code, der die Informationen unserer genetischen Geschichte enthält und unserem Gewebe sowie unseren

Zellen sagt, wie sie sich teilen sollen. Auf eine ganz ähnliche Weise bedient sich auch das LEF eines Codes, um Informationen über unsere Vergangenheit zu speichern. Wie bei der DNS besteht auch dieser Code aus vier Symbolen. Die Schamanen verwenden dafür die Tiersinnbilder der Schlange, des Jaguars, des Kolibris und des Adlers.

Du kannst diese vier archetypischen Tiere als Stellvertreter der vier Ebenen deines LEF betrachten. Diese vier Energieschichten beinhalten Abdrücke, in denen zum Beispiel die Geschichte gespeichert ist, als du noch ein Kind warst und dein Vater dir sagte, dass du es nie zu etwas bringen würdest. Diese Information ist als holografisches Bild in deinem leuchtenden Energiefeld vorhanden. Je nach Ausmaß der Verletzung kann sich der Abdruck auf der Schicht des Kolibris, des Jaguars oder der Schlange befinden, das heißt auf der Ebene der Seele, des Geistes oder des Körpers. Die Ebene des Adlers ist immer frei von persönlichen Abdrücken, da sie die Stufe des Spirits ist.

Das LEF ist der Bauplan des Körpers. Du kannst einen anderen (und sogar dich selbst) heilen, indem du gewisse Codes aus der Information deines LEF entfernst. Sobald der energetische Bauplan bereinigt ist, wird der Mensch wieder gesund. Dabei arbeitest du auf der Ebene des Adlers und des Spirits, der schon vor der Energie und der Materie in der großen Leere existierte. Er ersann das Universum und begann, den Kosmos zu manifestieren. Er war wie ein Künstler, der auf einer himmlischen und beliebig veränderbaren Leinwand arbeitete. In den indigenen Traditionen, etwa bei den australischen Aborigines oder den amerikanischen Ureinwohnern, ist der Spirit untrennbar mit der Schöpfung verbunden. Er ist

Mutter und Vater, Eltern und Kind. Das Leben ist die Kunst; Planeten, Sterne und Erde sind das Mandala, und der Himmel ist sowohl das Gemälde als auch der Maler.

Die Erdenwächter würden den alten Griechen beipflichten, dass wahre Originalität und Kreativität nicht im menschlichen Geist und durch biochemische Reaktionen in den Gehirnzellen entstehen, sondern vom Spirit kommen. Die Griechen behaupteten, alle neuen Ideen würden dem Menschen von den Musen eingegeben – den Göttinnen der Inspiration. Er selbst sei auf Variationen des jeweiligen Themas beschränkt. Während die Musen den Tisch als einen Ort ersannen, an dem Menschen miteinander speisten, konnten bloße Sterbliche lediglich ein entsprechendes Möbelstück herstellen und sein grundsätzliches Design oder seine Funktion ein wenig abwandeln.

Wenn wahre Originalität und Kreativität einer Quelle entströmen, zu der jeder Mensch Zugang hat, die aber sehr viel größer als der Einzelne ist, dann beginnt der Prozess, mit dem wir die Welt ins Dasein träumen, in Wirklichkeit im Reich des Spirits, auf der Ebene des Adlers. Dort spüren wir, dass wir ein Teil der Unendlichkeit sind und die Macht und sogar den Auftrag haben, das Universum mit zu erschaffen.

Die vier Bewusstseinsebenen

Wir müssen nur mutig träumen, und schon wird sich die Welt unserer Vision gemäß verändern. Um jedoch träumen zu können, müssen wir auf allen vier Bewusstseinsebenen zur Tat schreiten.

So kannst du beispielsweise ein Gefühl des Friedens empfinden, während du in deinem herrlichen Garten auf einem Meditationskissen sitzt, während sich auf der anderen Straßenseite gerade jemand daran macht, dies zu ändern. Er wird gleich wütend durch dein Gartentor stürmen, weil du aus Versehen deine Mülltonne auf seinen Rasen gestellt hast. Im seligen Zustand der Meditation mag dir das eher unwichtig vorkommen, aber auf der körperlichen Ebene der Schlange ist der Angriff deines Nachbarn äußerst real und kann dir sowohl körperliche als auch emotionale Schmerzen bereiten.

Es gibt stets mehr als eine Wirklichkeit, und wenn du auf einer höheren Bewusstseinsebene arbeitest, musst du zugleich auch auf der physischen präsent sein. Es mag durchaus sein, dass du auf der erhabeneren Stufe des Kolibribewusstseins Frieden empfindest. Trotzdem darfst du darüber deine Umwelt nicht vergessen und musst aufpassen, wo du deine Mülltonne hinstellst. Wenn man sich um diese einfachen Dinge kümmert, statt auf der höheren Bewusstseinsebene zu bleiben und darauf zu warten, dass sich die Sache mit dem Müll von allein regelt, mag das wie Heuchelei wirken, als würdest du der Macht des Spirits misstrauen. Doch wenn du in der physischen Welt gedeihen willst, von der du ein Teil bist, musst du dir auch dann deiner Umgebung bewusst bleiben, während du dich darauf konzentrierst, Frieden zu schaffen.

Jesus erklärte, dass wir zugleich in mehreren Wirklichkeiten leben müssen, als er davon sprach, wie wichtig es sei, *in* der Welt zu sein, aber nicht *von* ihr, und die Frage nach den Steuerzahlungen an den römischen Staat mit den Worten beantwortete: »So gebet dem Kaiser, was des Kaisers ist, und Gott, was Gottes ist!« (Markus 12:17) Anders gesagt: Gott benötigt zwar keine regelmäßigen finanziellen Zuwendungen, aber wenn du deine Steuern nicht zahlst, könnte es passieren, dass du bald mit deinem Kissen auf dem Gehweg meditierst.

Ich hatte einmal einen Klienten, bei dem Herzerkrankungen in der Familie lagen. Es überraschte mich daher nicht, bei einer Heilbehandlung direkt über seinem Herzen einen dunklen Fleck in seinem LEF zu finden. Ich erklärte ihm, dass die Ärzte keine Herzprobleme gefunden hätten, weil der Abdruck in seinem LEF noch nicht bis zu seinem physischen Körper durchgedrungen sei, und es gelang mir, den Abdruck zu entfernen. Ich warnte ihn allerdings auch, dass er weiterhin Probleme in diesem Bereich haben würde, wenn er nicht bereit sei, die nötigen Veränderungen in seiner Lebensweise vorzunehmen: auf der Ebene der Schlange, indem er sich fettarm ernährte und sich mehr bewegte. Auf der Ebene des Jaguars, indem er Möglichkeiten fand, seinen emotionalen Stress zu verringern. Und auf der Ebene des Kolibris, indem er mehr Sinn und Erfüllung im Leben fand. Wenn er wieder gesund werden wollte, musste er auf allen Bewusstseinsebenen tätig werden.

Sehen wir uns die vier Ebenen nun genauer an.

Adlerbewusstsein

Das Adlerbewusstsein ist die höchste Wahrnehmungsstufe. Wie Hirnforscher sagen, produziert der Mensch in diesem Zustand vorwiegend *Deltawellen*, und sein Gehirn arbeitet so langsam und ruhig, dass sich die Nadel des EEGs (des Gerätes zur Messung der Hirnwellenaktivität) kaum bewegt. Unser

Gehirn erzeugt Deltawellen, wenn wir in die traumlose Tiefschlafphase eintreten, da wir uns dann an einem Ort jenseits der Worte und der Bilder befinden. Wir können ihn bewusst betreten, indem wir uns mit der göttlichen Energiematrix, dem LEF des Universums, verbinden und auf seine Weisheit, Kraft und Kreativität zugreifen. Die Buddhisten bezeichnen diesen Zustand als »Leere«, die Erdenwächter als »Ort der Stille«.

Der Adler schwebt hoch über dem Land. Er kann kilometerweit sehen und gleichzeitig eine Maus auf dem Boden erkennen, herabstoßen und sie mit seinen Klauen packen. Der Adler symbolisiert die höchste Wahrnehmungsstufe, auf der wir sowohl das Gesamtbild als auch die Details erkennen. Auf der Ebene des Adlers spüren wir, dass wir ein Teil der allsehenden und allwissenden göttlichen Kraft sind.

Die Ebene des Adlers ist das Reich des Spirits, der noch nicht manifesten Schöpfung. Sobald wir diesen Zustand erreichen, befinden wir uns in der Traumzeit, und das heißt: in Vergangenheit, Gegenwart und Zukunft zugleich. Wir sind jenseits der Zeit, wo alles möglich ist und sich auf die sogenannte Wirklichkeit auswirken kann. Auf der Stufe des Adlers können wir weit in die Zukunft und in die Vergangenheit blicken. Wir wissen Dinge, die wir bei normalem Bewusstsein nicht wissen können.

Hier können wir mit unserem Gewahrsein in den Strom der Zeit eintauchen und uns zum Beispiel zu dem Moment begeben, in dem sich die Muscheln im See angesiedelt und angefangen haben, das Phytoplankton zu fressen, was zu Fischsterben und Algenwachstum führte. Wir erkennen, was vor sich geht, bewerten es aber nicht als »Problem«. Wir nehmen einfach unsere ganze Umgebung wahr und verstehen, wie die Natur hier mit sich selbst interagiert. Uns wird klar, dass wir untrennbar mit den Muscheln, den Fischen, dem Wasser und den Algen verbunden sind. Im Zustand dieser Verschmelzung sehen wir nichts, was in Ordnung gebracht oder ausgerottet werden müsste, denn alles ist ein Teil dessen, »was ist«. Wir sind ein Teil der Welt in all ihrer Schönheit und Vielschichtigkeit. Wir erkennen keine Grenze zwischen uns, dem Spirit oder Schöpfer und der wunderbaren Schöpfung.

Auf der Ebene des Adlers sehen wir, wie sich unsere Zukunft aufgrund unserer bisherigen Entscheidungen im Leben entwickeln wird. Wir sehen den Tod, auf den wir zusteuern, und das Leben, das wir bis dahin führen werden. Wir geraten weder in Panik, noch überlegen wir, wie wir den Kurs ändern können – wir beobachten, akzeptieren und spüren, dass wir eins mit dem Zyklus aus Geburt und Tod, aus Erfindung, Zerstörung und Neuerfindung sind.

Auf dieser Ebene stellen wir möglicherweise fest, dass der Grund für unser derzeitiges Verhalten in der Zukunft liegt, da wir einen Herzinfarkt und einen frühen Tod erleiden werden. Dieses Schicksal zieht uns an und bringt uns auf einen Weg, auf dem wir unter anderem reichlich Fett und Zucker essen und ein bewegungsarmes Leben führen. Wenn wir wissen, dass dies unsere Zukunft sein wird, können wir beschließen, uns dieses Gewahrsein nach unserer Rückkehr auf eine der körpernäheren Bewusstseinsstufen zu bewahren, und wir verspüren allmählich den Wunsch, uns ein wenig mit unserem Anteil an der Schöpfung zu befassen.

Kolibribewusstsein

Der Kolibri hat einen extrem schnellen Stoffwechsel und braucht große Mengen Nektar. Zudem müssen einige Kolibriarten genügend Nahrung und Energie speichern, um den alljährlichen Vogelzug aus dem Norden der Vereinigten Staaten und aus Kanada bis nach Südamerika zu überstehen. Der Kolibri symbolisiert den Reisenden, und auf dieser Wahrnehmungsstufe wird uns klar, dass sich jeder Mensch auf seiner eigenen Reise befindet. Manche Menschen erfahren großes Leid. Andere müssen suchen und finden. Aber jeder Mensch kann sich im Rahmen seiner Reise auf Erkundungstour begeben und zu mehr Tiefe gelangen, während er sich immer stärker seiner spirituellen Natur und der einzigartigen Talente bewusst wird, mit deren Hilfe er eine schönere, bessere Welt ins Dasein träumen kann.

Hier arbeiten wir auf der Ebene des Herzens und der Seele. Wir konzentrieren uns nicht auf die vielen hundert Blumen, aus denen wir jeden Tag Nektar trinken müssen, um zu überleben. Stattdessen richten wir unsere Aufmerksamkeit auf die bevorstehende Reise. Mutig treten wir den scheinbar unmöglichen, 800 Kilometer langen Flug übers Meer an. Wir befürchten nicht, dass uns irgendwo über dem Golf von Mexiko die Kraft ausgehen könnte, machen uns keine Sorgen, ob wir genügend Reserven haben oder wo die nächste Blume steht. Wir finden ganz automatisch unseren Weg zu den Blüten, trinken ihren Nektar und konzentrieren uns auf unsere Absicht, den Schicksalsflug zu wagen.

Die Wahrnehmungsstufe des Kolibris wird der Seele zugeordnet, die weiß, dass in uns der Spirit wohnt. Hier nehmen wir Abstand vom Antikriegsprotest und stellen uns vor, wie der Friede aussehen wird, welche Rolle wir dabei spielen und wie wir mit unseren Gaben zu einer friedlichen Welt beitragen können. Wir nehmen Abstand von dem »Problem«, ein autistisches Kind zu haben, und stellen uns stattdessen vor, wie sein Leben und das aller Familienmitglieder (auch das unsere) im besten Fall aussehen könnte, damit wir dieses Leben nach und nach erschaffen können. Uns wird klar, dass Probleme Chancen sind, unsere Erfahrung mit dem Spirit zu vertiefen. Auf dieser Ebene formt die Absicht die Wirklichkeit. Sie ist der Ort, an dem wir Zugriff auf die Gaben des Herzens und der Seele haben, damit wir mutig träumen können.

Dieser Wahrnehmungsstufe entsprechen die *Thetawellen*. Sie entstehen im Gehirn, wenn wir nicht allzu tief schlafen, wenn wir träumen oder beim Fahren auf der Autobahn unseren Gedanken nachhängen. Es ist ein äußerst kreativer Zustand: Einfälle, die uns in den Stunden normalen Wachbewusstseins verwehrt bleiben, begegnen uns nun auf symbolischem Wege. Es ist das Reich der Metaphern, und wir begreifen, ohne über die Frage nachdenken zu müssen, warum der Maler eine einzige Blüte seines Stilllebens weiß gemalt hat, obwohl alle anderen blau sind.

Auf der Ebene des Kolibris erkennen wir, was wir mit dem Denken (Jaguar) oder den Sinnen (Schlange) nicht wahrnehmen können. Wir sehen Perfektion, weil wir wissen, dass die verschiedenen Ereignisse und Situationen zu einem herrlichen Bild verwoben sind. So betrachten wir zum Beispiel eine Scheidung als ein Ende und einen Anfang, eine Quelle des Schmerzes und der freudigen Freiheit. Oder wir begleiten einen Sterbenden und empfinden tiefe Trauer, aber auch Ehrfurcht und

Freude über die Schönheit seines oder ihres Übergangs von dieser Welt in die nächste.

Auf dieser Ebene können wir unsere Absicht, die Welt zu gestalten, mit unseren Visualisierungen lenken. Unsere Bilderwelt – der Traum, den wir vor unserem geistigen Auge entstehen lassen – geht mit der Gewissheit einher, dass alles genauso geschehen wird. Wir sind entzückt, dass unsere Vision ein eigenes Leben führen wird. So manches Mal tritt ein Maler mit einer Vorstellung an die Leinwand, was er malen möchte, und gibt sich dann doch der wunderbaren Entdeckung hin, dass ein ganz anderes Bild aus seinem Pinsel quillt. Ebenso können auch wir genießen, wie sich unser Traum auf seine eigene Weise und nach seinem eigenen Zeitplan entfaltet, uns überrascht und entzückt.

Jaguarbewusstsein

Im Amazonasgebiet gilt der Jaguar als Hüter und Wächter des Regenwaldes. Er ist der beste Jäger, tötet blitzschnell seine Beute und kann Situationen in einem einzigen Augenblick dramatisch verändern. Er hat keine natürlichen Feinde und lebt frei von Angst. Er ist verspielt, erkundet neugierig seine Welt und plant seine Jagd, damit ihm der Erfolg sicher ist. Aus diesen Gründen ordnen die Schamanen den Jaguar dem Bereich der Vorstellung zu, mit deren Hilfe wir forschen und planen und Situationen mit einem Perspektivenwechsel schlagartig verändern können. Dies ist die Ebene unserer Gedanken und Gefühle. Hier produziert unser Gehirn auch die *Alphawellen*, die mit Meditation und Entspannung, Klarträumen und dem luziden

Zustand des Gewahrseins beim Aufwachen und Einschlafen in Verbindung gebracht werden. Wir überlegen, wie wir unsere Visionen verwirklichen können, und ändern unseren Plan, um das Feuer der Leidenschaft am Brennen zu halten, während wir andere inspirieren.

Wenn wir auf der Ebene des Jaguars handeln, hilft uns das bei der Verwirklichung unserer Träume, da wir unsere Absicht mithilfe unseres Verstandes und unserer Gefühle umsetzen. Wir müssen uns allerdings davor hüten, auf dieser Stufe stecken zu bleiben. Schon Oscar Wilde sagte: »Tätigsein ist der letzte Ausweg jener, die nicht verstehen zu träumen.« Vergiss nicht, dass uns der Verstand, die Gefühle und das daraus entstehende unbewusste Handeln in einem Albtraum gefangen halten, in dem sich die Standardcharaktere des Opfers, des Tyrannen und des Retters tummeln.

Viel zu oft halten wir unseren Verstand für so klug, dass wir meinen, damit alle unsere Probleme lösen zu können. Oder wir überlassen unseren Gefühlen das Kommando und schneiden uns von den Empfindungen und Gedanken der anderen oder sogar dem Gesamtzusammenhang ab. Wir wollen immer recht haben und fragen uns gleichzeitig, warum wir so viele Konflikte und Probleme erleben. All das geschieht, wenn wir es unseren Träumen nicht gestatten, unsere Gedanken, unsere Gefühle und unser Handeln zu ordnen und zu leiten.

Schlangenbewusstsein

Die Schlange verkörpert die physische Ebene der Wirklichkeit. Sie fühlt und denkt nicht, sondern reagiert rein instinktiv. Sie spürt den Grashüpfer und verschlingt ihn ohne Erbarmen und ohne darüber nachzudenken, wie das Insekt seinen Tod erlebt. Die Schlange tut, was nötig ist – sie tötet und verdaut, schlängelt sich dahin und ruht. Sie plant weder ihren Weg noch die Jagd. Auf dieser physischen Ebene ist alles genauso, wie es aussieht: Ein Stein ist ein Stein, eine Drohung ist eine Drohung, und eine Mahlzeit ist eine Mahlzeit. Hier entstehen weder Gedanken noch Gefühle oder Metaphern. Alles geschieht instinktiv.

Die Bewusstseinsstufe der Schlange kann äußerst hilfreich sein, denn unsere Instinkte können uns wunderbar führen. Wenn wir darauf eingestimmt sind und uns mit dem scharfsinnigen Gewahrsein der Schlange in der physischen Welt bewegen, können wir Gefahren und Chancen riechen, Vertrauen oder Angst in anderen spüren und entsprechend reagieren. Sofern der Verstand nicht dazwischenfunkt, kann uns die Intuition eine große Hilfe dabei sein, eine Situation einzuschätzen und spontan zu tun, was getan werden muss.

Leider funktioniert der Instinkt bei vielen westlichen Menschen nicht mehr richtig. Wir vertrauen den falschen Leuten und vergraulen diejenigen, denen ehrlich etwas an uns liegt. Eine Freundin hatte zum Beispiel derart schlechte Instinkte, dass der einzige Psychopath auf einer Party sie immer unwiderstehlich anzog. Schon bei ihrer ersten Begegnung starrten sie sich verliebt in die Augen ... und zwei Wochen später hörte ich dann, dass der perfekte Mann sich als kompletter Blödmann entpuppt habe.

Wenn wir auf der Ebene der Schlange stecken bleiben, fehlt unserer Wirklichkeit die Grundlage eines strukturierenden Traumes. Dann gibt es nicht einmal eine Geschichte, die uns unsere Gefühle erklärt. Es wird nur gehandelt. Wenn unerwartet ein Fremder in unserem Garten steht, betrachten wir ihn als Bedrohung und handeln rein instinktiv. Um Teil der Gesellschaft sein zu können, müssen wir ein derartiges Verhalten natürlich in den Griff bekommen. Schließlich wird von uns erwartet, dass wir uns des gesunden Menschenverstandes bedienen und nicht automatisch auf jeden losgehen, der zufällig unser Grundstück betritt. (Zum Glück erlassen wir auf der Ebene des Jaguars Gesetze, die den Umgang zwischen den Menschen regeln und den Frieden wahren.)

Von oben nach unten

Man kann sich die vier Bewusstseinsebenen als Energiekörper mit unterschiedlicher Frequenz vorstellen. Die leichteste Ebene mit der schnellsten Schwingung hüllt die dichteren ein und ordnet sie wie russische Matroschka-Puppen an. Der Energiekörper des Spirits ist die Matrix des Universums, die den Menschen umschlingt wie eine Mutter ihr Kind. Diese Energiematrix entspricht der Wahrnehmungsstufe des Adlers. Die Seele ist das LEF, das vibrierende Lichtfeld, das als Bauplan unserer Gedanken, unserer Gefühle und unseres physischen Körpers dient. Das LEF umgibt unseren mentalen und emotionalen Körper, in deren Zentrum sich die dichte Energie des physischen Körpers befindet. Der Spirit erschafft die Seele. Diese bringt den Verstand, die Gefühle und die Persönlichkeit hervor, die wiederum den Körper nach ihrem Abbild formen. Der Körper kann diese Zusammenhänge nicht verstehen, und dem Verstand wird schwindelig bei dem Gedanken, dass er keine Kontrolle über all diese Wirklichkeitsebenen hat.

Jeder Energiekörper schließt die darunterliegenden ein, kann aber nicht durch sie definiert werden. Somit umfasst zum Beispiel die Seele Geist und Körper, lässt sich aber nicht durch sie erklären. Deshalb sind wir uns auf der Ebene des Kolibris auch all jener Dinge bewusst, die wir auf den Stufen des Jaguars und der Schlange wissen.

Diese Struktur lässt sich mit den vier Ordnungsebenen des Körpers vergleichen: den Zellen, dem Gewebe, den Organen und dem ganzen Geschöpf. Die Zellen eines Adlers fügen sich zunächst zu Geweben und dann zu Organen zusammen, aber die Magenzellen wissen ebenso wenig über die Jagd wie das Gewebe der Magenwände oder der ganze Magen. Sie spielen einfach ihre Rolle im Verdauungsvorgang. Nur der Adler versteht sich auf die Jagd nach Nahrung. Alle Stufen des Systems funktionieren perfekt, und doch können die unteren Ebenen nur funktionieren, wenn der Vogel jagt und frisst. Der Adler lässt sich nicht durch seine Zellen, sein Gewebe oder seine Organe beschreiben, obwohl er aus all diesen Dingen besteht. Die höheren Ebenen schließen die niedrigeren ein, können aber nicht durch sie definiert werden. Will man die Jagd verstehen, muss man sich auf eine höhere Bewusstseinsebene begeben.

Alle vier Bewusstseinsstufen verfügen über ihre eigene Art des Gewahrseins. Auf der körperlichen Ebene beschäftigen wir uns mit den vier Fs: Fressen, Fortpflanzen, Feinde vernichten und Fliehen. Hier werden wir von dem unbewussten Gedanken getrieben: *Ich töte/vermehre mich/fresse/laufe, also bin ich.* Auf der Verstandesebene beherrscht uns der Gedanke: *Ich denke, also bin ich.* Die Seele arbeitet mit dem Verständnis: *Ich bin, also bin ich.* Das ist die Ebene, auf der wir uns des Göttlichen in uns und um uns bewusst werden. Jahwe, der hebräische Name Gottes, bedeutet im Grunde: »Ich bin, der ich bin.« Dieser Seins- und Gewahrseinszustand hebt uns aus dem Bereich des bloßen Denkens, Fühlens und Sprechens heraus und führt uns an einen Ort, an dem nur Dichtung, Metapher und Kunst unsere Erfahrung erfassen können. Auf der Stufe des Adlers gibt es kein Ich, kein Einzelbewusstsein. Dort gibt es nur noch den Spirit. Das meinte der persische Dichter Rumi mit seinem Ausspruch: »*Ich* bin nicht mehr da, es gibt nur noch *dich*.«

Wenn wir mutig träumen, erklimmen wir die Stufe des Adlers, den Ort endloser Kreativität und wahrer Originalität. Anschließend kehren wir ins Kolibribewusstsein zurück, um der gewaltigen Kraft unserer Absicht eine Struktur zu geben. Auf der seelischen Ebene – auf der wir mit Dichtung, Metapher und Vision arbeiten – beginnen wir mit dem Träumen und sind für alle Entwicklungsmöglichkeiten unseres Traumes offen. Dank unseres Jaguarbewusstseins wissen wir, dass unsere Gedanken und Gefühle im Einklang mit unserem Traum stehen, und auf der Stufe der Schlange sind wir gezwungen, entsprechend zu handeln.

Auf jeder dieser Ebenen haben wir Zugang zu einer anderen Art von Mut, die uns helfen kann, das gewünschte Leben ins Dasein zu träumen. Um die Welt kreativ zu verändern, sind alle vier Bewusstseinsebenen nötig. Entsprechend gibt es auch vier Arten des Mutes, die uns ermöglichen, so zu handeln, dass wir tatsächlich etwas bewirken.

❋

Kapitel 5

Die vier Arten des Mutes

※

Es ist kurios,
dass körperlicher Mut auf der Welt
so häufig und moralischer Mut so selten ist.
Mark Twain

※

Wir Menschen sind eine höchst unerschrockene Spezies. Seit der Ankunft auf diesem Planeten finden wir Möglichkeiten, den Elementen zu trotzen und die Herausforderungen der Natur zu bewältigen, die unser Überleben bedrohen. Wir erforschen die Welt, um unser Leben länger und weniger stumpfsinnig zu machen. Gleichwohl haben wir ein sehr viel größeres Potenzial für Mut, als gegenwärtig zum Ausdruck kommt. Die Schwierigkeit liegt darin, dass unser Mut meist brachliegt, und selbst wenn wir ihn nutzen, greifen wir lediglich auf seine primitivste Form zurück. Körperlicher Wagemut hat sein Gutes, wird aber besonders von uns Westlern überbewertet. Dafür übersehen wir andere Arten von Mut, die heute sehr viel dringender benötigt werden – den Mut des Spirits (Adlermut), der Seele (Kolibrimut) und des Geistes (Jaguarmut – man kennt ihn auch unter der Bezeichnung *intellektueller*, *moralischer* oder *emotionaler* Mut).

Im Augenblick brauchen wir vor allem seelischen Mut. Letzten Endes wirken sich natürlich alle vier Arten des Mutes auf unsere Fähigkeit aus, das Leben zu verbessern, da sie alle einem bestimmten Bewusstsein entspringen, auf dem unser Handeln beruht. Mit dem Adlerbewusstsein verstehen wir, weshalb wir ausgerechnet in diese Familie und in dieses Leben hineingeboren wurden und was wir auf dieser Welt lernen und entdecken wollten. Mit dem Kolibribewusstsein zeichnen wir die Landkarten der Seele, mit deren Hilfe wir uns in unserem Leben zurechtfinden, und stärken uns für unsere große Reise. Mit dem Jaguarbewusstsein wählen wir die Situationen, Partnerschaften und Unternehmungen aus, die es uns gestatten, die Landkarten der Seele mit ganzem Herzen zu erkunden. Mit dem Schlangenbewusstsein vollbringen wir alles, was für die Reise nötig ist, und sorgen dafür, dass wir nicht vom Weg abkommen und uns verirren.

Dieses Kapitel wird uns helfen, die einzelnen Formen des Mutes gründlich zu erforschen, damit wir zu gegebener Zeit darauf zugreifen können.

Adlermut

Im Adlerbewusstsein sind wir mit der göttlichen Matrix verbunden und wissen, dass wir eins mit der unendlichen Kraft des Universums sind. Wirklich kreativ zu sein und uns von dieser Ebene – der des Spirits, der echten Originalität – inspirieren zu lassen, das ist die höchste Form von Mut.

Originalität bedeutet allerdings nicht zu überlegen, wie man eine bessere Mausefalle bauen kann. Es bedeutet, sich eine Welt vorzustellen, in der Mäuse und Menschen harmonisch zusammenleben und wir ein befriedigendes, nachhaltiges Leben in Fülle führen. Das ist nur möglich, wenn wir in den Mäusen nicht mehr unsere Gegner sehen und meinen, sie seien von unserer Welt getrennt ... Doch wenn wir uns im Adlerbewusstsein befinden, fällt uns das leicht.

Kürzlich las ich von einem kanadischen Jungen, der großen Adlermut bewies. Ryan Hreljac war erst sechs Jahre alt, als er in der Schule erfuhr, dass viele Menschen in Afrika kein sauberes Wasser haben und deshalb oft schon in jungen Jahren einer Krankheit erliegen. Ryan konnte nicht glauben, dass jemand einen ganzen Tag lang laufen musste, um eine saubere Wasserquelle zu finden. Er war zwar erst in der ersten Klasse, aber sein Entschluss stand fest: Er wollte eine Möglichkeit finden, einem afrikanischen Dorf einen Brunnen zu schenken. Er fragte seine Eltern, ob er im Haushalt helfen könne, um ein wenig Geld zu verdienen. Seine mageren Ersparnisse brachte er zu einer Hilfsorganisation, die Brunnen in Afrika baut. Dort war man von seinen Bemühungen so beeindruckt, dass man ihm versprach, jede Summe, die er ihnen brachte, zu verdoppeln.

Auf der ganzen Welt erschienen Zeitungsberichte über diesen großherzigen Jungen, und je bekannter die Geschichte wurde, desto mehr Menschen beteiligten sich an seinem Projekt, das unter dem Namen »Ryan's Well« bekannt wurde. Schließlich hatte Ryan genug Geld beisammen, um seinen Brunnen in Afrika bauen zu lassen. Seine Großherzigkeit inspirierte viele Menschen dazu, für diesen Zweck zu spenden, und seine Bemühungen schenkten schließlich noch viel mehr afrikanischen Dörfern einen Brunnen.

Wir sehen also, dass uns der Adlermut eine Perspektive eröffnet, die unser Alter und unsere Erfahrung übersteigt. Wir beteiligen uns nicht am Albtraum der Ohnmacht, sondern vertrauen darauf, dass wir die zur Verwirklichung unseres Traumes nötigen Ressourcen finden werden. Der Adler schenkt uns den Mut, uns dem Ungewissen zu stellen und daran zu glauben, dass sich schon irgendwelche Möglichkeiten bieten werden. Im Zustand der Kreativität verschwinden alle intellektuellen Filter, die uns erklären, weshalb etwas undurchführbar ist.

Musiker begeben sich beim Improvisieren auf diese Ebene des inspirierten Fließens: Sie befinden sich im selben kreativen Raum, ohne trennende Grenzen. Sie kommunizieren ohne Worte und oft sogar ohne Körpersprache unmittelbar miteinander. Sie haben keinen besonderen Plan, wie sich die Musik entfalten soll, sondern schaffen gemeinsam einen melodischen Fluss, der sie alle mit sich trägt. Wenn sie die Aufnahme hinterher abspielen, sind sie vielleicht überrascht, wie mühelos und natürlich das Zusammenspiel war – ähnlich mühelos und natürlich wie der Flug einer Vogelschar. Diese Musiker wussten ganz genau, was sie als Nächstes zu spielen hatten, ohne vorher jede Einzelheit zu planen.

Manche Menschen sagen von der kreativen Erfahrung auf der Stufe des Adlers, sie befänden sich dabei ganz und gar »im Fluss« oder in völligem Einklang mit dem, was sie tun. Da wir zusammen mit dem Göttlichen wirken, springt die Skulptur geradezu aus dem Stein, erscheint uns das Tennismatch mühelos und so weiter. Die Adlerkreativität ist frisch, originell und mutig. Wir brauchen keine Geschichte, um sie zu beschreiben, sondern können sie einfach in ihrer ganzen Launenhaftigkeit, ihrem Chaos, ihrem Durcheinander, ihrer Genialität und ihrer Schönheit genießen.

Das Geschenk des Prometheus

Um den Mut zu verstehen, der seinen Ursprung auf der Ebene des Adlers hat, ist es hilfreich, sich die Geschichte von Prometheus anzusehen, dem griechischen Titan, der symbolhaft die Inspiration, das Handwerk und die Kreativität verkörpert. Prometheus hatte sehr viel Mitgefühl mit den Menschen, da er sie zusammen mit Zeus geschaffen hatte. Er sah, dass die Menschen vor Kälte zitterten, dass sie ein kurzes, schweres Leben hatten, und sie taten ihm leid. Er wusste, wenn ihnen das Geschenk des Feuers zuteilwürde, das die Götter auf dem Olymp für sich behielten, könnten sie Wärme spüren und ihre Nahrung kochen. Außerdem könnten sie dann auch in der Nacht sehen, Metall erhitzen und Werkzeuge schmieden. Auf symbolischer Ebene steht das Feuer, das Prometheus der Menschheit bringen wollte, für Kreativität und Inspiration, da es verwandelt und erhellt. Es gestattet uns, originell zu träumen.

Prometheus stahl den Göttern das Feuer, brachte es den Menschen und zog damit den Zorn des Zeus auf sich. Der Götterkönig konnte den Menschen das Feuer nun zwar nicht mehr nehmen, aber er konnte immerhin Prometheus für seinen Ungehorsam bestrafen. Er kettete ihn an einen Felsen, wo jeden Tag ein Adler von seiner Leber fraß, die sich über Nacht erneuerte, damit die Folter weitergehen konnte. Der arme Prometheus erduldete sein Schicksal, bis ihn Herakles, der Sohn des Zeus, viele Jahre später befreite.

Prometheus machte den Menschen ein weiteres Geschenk – er schenkte ihnen den Mut, den Göttern zu trotzen und die Fähigkeit zu eigenem Denken und eigener Schöpfung zu entwickeln. In Wirklichkeit war es diese unverfrorene Tat, für die er so streng bestraft wurde, denn in den griechischen Mythen haben nur die Götter Schöpferkraft. Wenn Sterbliche sich auf ihr Terrain wagen, rauben sie ihnen im Grunde einen Teil ihrer Macht, weil sie selbst etwas erschaffen und versuchen, gottgleich zu werden. Auch andere patriarchische Religionen teilen diese Einstellung gegenüber Menschen, die Gott sein Recht streitig machen wollen: So wurden zum Beispiel Adam und Eva, die es wagten, sich für den Unterschied zwischen Gut und Böse zu interessieren, aus dem idyllischen Paradies vertrieben und von Gott bestraft. Doch mit diesem Akt des Widerstands begann der eigentliche Weg des Menschen, auf dem wir gezwungen waren, zu reifen und unser Urteilsvermögen zu entwickeln.

Die Macht der Kreativität

Im Bewusstsein des Adlers können wir unsere Kreativität nutzen, die unvorstellbar weit über die Grenzen unseres Verstandes und seiner Erfindungsgabe hinausreicht. Wenn unser Einfallsreichtum uns beispielsweise mehr Macht über Leben und Tod verleiht, indem wir es wagen, Stammzellen zu züchten oder die DNS zu reparieren, behaupten viele Menschen, wir würden »Gott spielen« – als wollte das Göttliche nicht, dass wir an seiner künstlerischen Leistung herumpfuschen. Mit der Kraft des Adlers können wir die engstirnigen, eifersüchtigen kleinen Götter herausfordern, die unser beschränkter Geist erschafft. Somit ist jeder Akt wahrer Kreativität eine Revolution, die uns von diesen wütenden kleinen Göttern befreit.

Im Alltag trotzt unsere Kreativität jenen Göttern, die unsere Gesellschaft verehrt und fürchtet: den Göttern der Gier, des Patriotismus, der Konformität, des öffentlichen Ansehens und so weiter. Wir huldigen ihnen, ohne uns dessen bewusst zu sein, und unterwerfen uns ihrer Tyrannei, solange wir in unserem Albtraum gefangen sind. Doch sobald wir kreativ leben und sie verbannen, fühlen sich die anderen Menschen sehr unbehaglich.

Vor nicht allzu langer Zeit geriet eine Wohnungsgenossenschaft in Aufruhr, da eines der Mitglieder in der Weihnachtszeit einen Kranz an die Tür gehängt hatte, der einem Friedenssymbol glich. Sollte dieses Symbol den Friedensfürsten ehren, oder sollte damit gegen den Krieg protestiert werden, was gegen eine der Regeln der Genossenschaft hinsichtlich politischer Äußerungen verstieß? Die Angelegenheit kam landesweit in den Nachrichten. Man stritt über die Bedeutung des Kranzes und darüber, was der »Gott« der Genossenschaft für eine Rolle spielte.

Alle großen Künstler wurden von den Göttern ihrer Zeit mit Missachtung gestraft, da diese das Originelle fürchteten und dachten, sie wüssten alles am besten. Albert Einstein zum Beispiel fand nach Abschluss seines Studiums an keiner Universität Arbeit, da ihm seine Professoren kein Empfehlungsschreiben geben wollten. Offenbar waren sie verärgert, weil er ihren Vorlesungen ferngeblieben war, um selbstständig zu arbeiten und sich mit sehr viel komplexeren Problemen zu beschäftigen, als sie lehrten. Er arbeitete vereinzelt als Hauslehrer für Kinder, bevor er endlich in einem Patentamt unterkam.

Vincent van Gogh musste sich von seinem Bruder Theo anhören, seine Gemälde ließen sich in Paris nicht verkaufen, da sie im Vergleich zu den Werken der äußerst beliebten Impressionisten so dunkel und düster seien. Und als Johnny Depp den Charakter des Captain Jack Sparrow für den Film *Fluch der Karibik* schuf, riefen Verantwortliche aus der Filmbranche bei ihm an und wollten wissen, was er sich dabei dachte – sie hielten seine Darstellung für völlig abwegig und glaubten, er würde den Film ruinieren. Der aber wurde ein solcher Kassenschlager, dass sogar zwei Fortsetzungen gedreht wurden. Depp selbst wurde für seine schauspielerische Leistung im ersten Teil der Serie für den Oscar nominiert.

In unserer Gesellschaft können wir kreatives Genie und großes Talent oft weder in Künstlern noch in Wissenschaftlern erkennen und behandeln sie wie eine Gefahr für unser System. In wissenschaftlichen Kreisen hört man nicht selten, dass es leichter sei, Gelder für die Erforschung der Fortpflanzungsgewohnheiten der Taufliege zu bekommen als für neue kreative Forschungsprojekte mit einer hohen Wahrscheinlichkeit des Misserfolgs. Niemand will für die Kreativität riskieren, das Gesicht zu verlieren. Wer es dennoch wagt, muss den Göttern der akademischen Welt, der öffentlichen Meinung und des allgemein anerkannten »guten Geschmacks« trotzen. Erfinder werden oft bestraft, weil sie wie Prometheus die bestehenden Regeln brechen. Galileo wurde von der katholischen Kirche unter Hausarrest gestellt, weil er behauptete, die Erde drehe sich um die Sonne. Vincent van Gogh verkaufte zeit seines Lebens nur ein einziges Bild und schoss sich nach seiner Bankrotterklärung eine Kugel in die Brust.

Wenn wir den eifersüchtigen, kleinlichen und tyrannischen Göttern unserer Kultur huldigen, verlieren wir unsere Originalität und unseren Zugang zu neuen Ideen. Heißen wir die Originalität hingegen mit dem Mut des Adlers willkommen, dann ersinnen wir eine Welt ohne starre Regeln, die festlegen, was große Kunst ist. Wir erfreuen uns am Ungewöhnlichen, Skurrilen und Unerwarteten und interessieren uns nicht für das, was sich unsere Nachbarn an die Tür hängen.

Der kreative Mensch ist ein Meister des Mutes. Er ruft als Einziger aus der Menge, dass der Kaiser nackt ist, wenn es sonst niemand wagt, die Stimme zu erheben. Er vermag dies, weil er sich und seinem Traum treu bleibt und keine Angst hat. Vielleicht ist er weder Tänzer noch Dichter, aber er lebt sein Leben wie ein Künstler. Er gibt sich der Kraft der Kreativität hin und sieht das Schöne überall.

Zu viele Menschen haben die Kreativität verloren, die sie als Kinder einmal besaßen. Im Märchen »Des Kaisers neue Kleider« offenbart ein Kind die Nacktheit des Kaisers und sagt furchtlos die Wahrheit. Kinder kennen kaum Angst – sie kennen die Götter der Gier, des öffentlichen Ansehens und der Konformität noch nicht. Deshalb zucken sie mit den Schultern, wenn jemand ihre Entscheidung infrage stellt, an einem heißen Sommertag Gummistiefel zum rosa Tüllröckchen zu tragen. Sie lassen es nicht zu, dass der logische Verstand oder die Besorgnis ihrer Fantasie in die Quere kommen. Als Jesus sagte, wir müssten werden wie die Kinder, um ins Himmelreich zu kommen, wollte er uns darauf hinweisen, dass wir uns der göttlichen Erfindungsgabe und Inspiration öffnen müssen, wenn wir Erfüllung, Freude und den Himmel finden wollen.

✺

Um kreativ zu sein, musst du den großen Eimer mit kaltem Wasser stehen lassen, den du immer dann über dich und das Feuer deiner Ideen kippst, wenn es interessant wird. Du darfst nicht mehr überlegen: »Wird sich jemand davon verletzt fühlen?« und: »Wer bin ich schon, dass ich Fragen stellen darf?« Stattdessen musst du dich fragen: »Was wäre, wenn?« Wie sähe dein Leben aus, wenn du nicht verheiratet wärst – oder wenn du nicht am Image der starken, unabhängigen Frau festhalten würdest, die keinen Mann braucht? Wie sähe deine Beziehung zu deinem Körper aus, wenn du ihn nicht mehr messen, vergleichen, dir Gedanken machen, dich schuldig fühlen würdest und von der Sorge um dein Äußeres besessen wärst? Du musst dir nicht den Kopf scheren, in Sack und Asche gehen und deinen Namen ändern, als gingest du in ein Kloster. Dennoch kannst du dich von den strengen Vorstellungen lösen, die du von dir hast, von der Art und Weise, wie die Menschen dich wahrnehmen sollen, und davon, wie dein Leben sein sollte.

Das erinnert mich an einen erfolgreichen Unternehmer in meinem Bekanntenkreis, der mit Mitte sechzig beschloss, Künstler zu werden. Er schied aus seinem Unternehmen aus und zog auf eine Mittelmeerinsel, wo »das Licht gerade richtig« war zum Malen. Obwohl er seit der Grundschule keinen Pinsel mehr in der Hand gehabt hatte, kaufte er sich Ölfarben und eine Staffelei. Die leere Leinwand war sein Lehrer. Am

Anfang kritzelte und pinselte er einfach drauflos. Aber im Laufe der Wochen entdeckte er, dass er ganze Landschaften in sich trug, die sich allmählich auf der Leinwand entfalteten.

Ein paar Jahre später wurden die Werke dieses Mannes in Galerien in ganz Europa ausgestellt. Aber auch heute entgegnet er auf die Frage, ob er einfach sehr talentiert sei und dieses Talent nur darauf gewartet habe, sich zu zeigen, immer noch, er habe kein »Talent« – nur sehr viel Liebe für das, was er tue. Er behauptet, dass er keine bestimmte Form oder Technik benutzt. Er lässt sich vom Pinsel wie in einem Tanz über die Leinwand führen und war nie glücklicher.

Kolibrimut

Im Kolibribewusstsein gehen wir das Leben von der seelischen Ebene an. So wie dieser winzige Vogel den Mut aufbringt, zu seiner gewaltigen Reise aufzubrechen, können auch wir unser Leben beherzt als Wachstums- und Entdeckungsreise, als spirituellen Reifungsprozess betrachten. Wir machen nicht viel Aufhebens um die Details unseres Fluges, denn wir sind zuversichtlich, dass wir unser Ziel erreichen werden – ganz gleich, wie das Wetter über North Carolina ist oder wie viele Rastplätze wir bei der Überquerung des Golfs von Mexiko finden.

Zieht man Form und Gewicht des Kolibris in Betracht, dann stellt sich heraus, dass er noch nicht einmal fürs Fliegen gemacht ist. Auch viele von uns haben das Gefühl, wir sollten nicht durch die Lüfte schweben. Wir halten es für unser Los, durch den Schlamm zu stapfen oder durch den Morast zu waten. Wir denken, wir hätten einfach nicht genügend Zeit oder Geld oder unsere »Flügel« seien nicht groß genug. Trotzdem kann sich jeder von uns auf eine große Reise begeben, wenn er beschließt, der Aufforderung des Lebens nachzukommen und dem Ruf zu folgen.

Es kann uns sehr schwer fallen, uns von den Alltagssorgen zu befreien und den Mut der Seele in uns aufsteigen zu lassen. Wir sind es gewohnt, überall Probleme in unserem Leben zu sehen und dann noch fleißiger nachzudenken und zu arbeiten, um sie lösen und glücklich werden zu können. Mein schamanischer Mentor sagte einst zu mir: »Alberto, du baust immer neue Sandburgen am Ufer der Lagune deines Lebens.« Er verglich mein Leben mit einem der Altwasser des Amazonas, die voneinander unabhängig und getrennt zu sein scheinen, in Wirklichkeit aber alle vom mächtigen Amazonas genährt werden. Anschließend fuhr er fort: »Und dann schießt das Wasser aus den Bergen herab, und der Fluss schwillt an und spült alle deine Träume und Pläne fort. Wenn du dein Leben ändern willst, musst du stromaufwärts gehen. Dort kannst du das Wasser mühelos mit deiner Hand ablenken.«

Er hatte recht. Ich änderte pausenlos meine Lebensumstände, weil ich dachte, mit der richtigen Arbeit oder der richtigen Partnerin würde sich meine Unzufriedenheit erledigen. Wenn es nicht funktionierte, suchte ich nach einer Erklärung, warum ich nicht glücklich sein konnte: Meine Frau unterstützte mich nicht; meine Kollegen respektierten mich nicht; aufgrund meiner Kindheit hatte ich ein schwaches Selbstwertgefühl. Ich listete viele Gründe auf, weshalb ich unglücklich war. Da ich mich vergeblich bemühte, die Dinge auf der Jaguarebene zu regeln, erkannte ich nicht, dass ich sehr wohl die

Macht hatte, Glück zu erschaffen. Ich musste lediglich etwas weiter stromaufwärts ansetzen. Nur so konnte ich die endlosen Bemühungen einstellen, mein Leben auf die Reihe zu bekommen, und die lange Liste der Aufgaben zu den Akten legen. Ich musste auf der Ebene des Kolibris mutig träumen, damit ich meinen Traum allmählich leicht und wie von selbst manifestieren konnte.

Kürzlich berichtete eine Klientin, sie hätte einen wunderbaren Mann kennengelernt. Gleich in der ersten gemeinsamen Nacht erzählte sie ihm ausführlich und weitschweifig die Geschichte ihres letzten Freundes. Damit wollte sie ihm klarmachen, weshalb sie eine intime Beziehung fürchtete. Als sie geendet hatte, sah sie überrascht, wie er aus dem Bett sprang, sich hastig verabschiedete und verschwand. Sie hat nie wieder etwas von ihm gehört.

Diese Frau wollte bei jedem neuen Schritt im Tanz der Intimität für ein sicheres Umfeld sorgen. Das ist verständlich. Ich aber riet ihr dazu, sich für den *Richtigen* zu entscheiden, ehe sie überhaupt in ihrem Schlafzimmer landeten. Damit meinte ich nicht, dass sie *den* Richtigen finden musste – als gäbe es nur den einen! Vielmehr sollte sie einen Menschen wählen, dem sie vertrauen konnte, damit sie weniger auf ihre Sicherheit bedacht war und sich stattdessen dem Abenteuer der Erfahrung hingeben und die Liebe entdecken konnte, als wäre es das erste Mal.

※

Der Kolibrimut kann uns die Macht verleihen, unsere Geschichten in mythische Heldensagen zu verwandeln. Wir betrachten das Leben als Entdeckungsreise und Wachstumsprozess und sehen uns selbst als entschlossene Kolibris, die darauf vertrauen, dass es ihnen auf ihrer Reise an nichts fehlen wird. Auf diese Weise erschaffen wir allmählich ein völlig neues Bild von uns, den Ereignissen in unserem Leben und ihrer Bedeutung. Auf dieser Ebene wagen wir es, Träume auszuspinnen. So kann aus der Geschichte eines Misserfolgs eine Erzählung von Wiedergeburt und Neuentdeckung werden. Die Saga eines Verlusts oder einer Krankheit kann sich in eine Schilderung der Aufnahme in den Stamm der Überlebenden verwandeln, die andere mit ihrer Weisheit durch eine solche Zeit führen. Selbst wenn wir sehr leiden, können wir unseren Kolibrimut finden. Wir können eine Geschichte erzählen, die unseren Schmerz lindert und uns an unsere große Widerstandskraft erinnert.

Wir Amerikaner haben viel Übung im Träumen auf seelischer Ebene: Wir haben die Bürgerrechte für alle, die Gleichberechtigung der Frau und eine kostenlose öffentliche Schulbildung für jeden erträumt. Unsere Verfassung und die Unabhängigkeitserklärung spiegeln ganz wundervoll die mutigen Träume unserer Seele. Zwar bedurfte unser Handeln des Öfteren der Korrektur, damit es im Einklang mit diesen Träumen stand. Aber dennoch fanden wir immer wieder zu ihnen zurück. Die Bürgerrechtsbewegung gewann enorm viel Kraft – und inspirierte viele Menschen, sich zu engagieren, obwohl sie damit ihren guten Ruf und sogar ihr Leben aufs Spiel setzten. Das war das Verdienst derjenigen, welche die wahre Absicht im Herzen trugen, dass alle Menschen frei sein und gerecht behandelt werden sollten. Angesichts der unglaublichen Ungerechtigkeit, die in Wirklichkeit herrschte, wurde ihnen klar, dass sich die bestehenden Gesetze und die Behandlung der Afroamerikaner keineswegs mit dem kollektiven Traum vereinbaren ließen. Diese Einsicht verlieh diesen engagierten Menschen den Mut, ihr Denken, Fühlen und Handeln zu ändern und zur Tat zu schreiten.

Auf der Ebene des Kolibris können wir sowohl persönliche als auch kulturelle Geschichten überarbeiten. Wir sind zum Beispiel nicht gezwungen, vom Krieg zu erzählen: vom Krieg gegen die Drogen, vom Krieg gegen den Terror oder vom Krieg gegen die Armut. Stattdessen können wir eine kollektive Ökologie ersinnen, in der chemische Rauschmittel überholt sind. Oder wir konzentrieren uns darauf, die Umstände zu beseitigen, die Hunger und Gewalt verursachen. Wir können Gärten der Fülle in jedem Winkel der Welt erträumen.

Muhammad Yunus, der Gründer der Grameen Bank und einer der Erfinder der Mikrokredite, wurde 2006 mit dem Friedensnobelpreis ausgezeichnet. Statt die lähmende Geschichte zu glauben, dass es immer Armut geben wird, hatte er die Vision, einzelnen Frauen zu helfen, indem er in ihre Unternehmungen investierte. Seine Bank verlieh kleine Summen, manchmal nur 100 Dollar, an Frauen in Entwicklungsländern. Er glaubte nämlich, auf diese Weise die Samen der Fülle zu nähren, die sie bereits in sich trugen.

Yunus und andere Anbieter von Mikrokrediten stellten fest, dass die Empfängerinnen der Gelder die Darlehen trotz ihrer bitteren Armut beinahe zu hundert Prozent zurückzahlten. Mit ihrem Wohlstand helfen sie inzwischen nicht nur sich und ihren Kindern, sondern beschäftigen auch andere Frauen. Diese Frauen haben ihre Macht erkannt und wissen, dass sie mit der Tilgung ihrer Darlehen Geschlechtsgenossinnen in ähnlichen Situationen helfen, der Armut zu entkommen.

Der Mut des Kolibris verlangt, dass wir uns von alten, verinnerlichten Symbolen verabschieden und neue finden. Wie können die aussehen? Wir müssen zu Papier und Bleistift greifen, ein wenig malen und die dabei entstehenden Zeichen des Wandels erkennen. Symbole können sich auch in Träumen und Tagträumen zeigen oder von einer Heilerin stammen, die ihrer Klientin einen Stein überreicht und sie bittet, ihn bei sich zu tragen, in die Hand zu nehmen und mit den Fingern zu reiben.

Ein Symbol hat nur dann eine Bedeutung, wenn es aus dem Herzen kommt, nicht aus dem Kopf. Die Symbole, mit denen wir uns umgeben, verraten, wer wir sind – und projizieren es in die Welt. Unsere Brille, der Stil unserer Schuhe, die Einrichtung unserer Wohnung und sogar unsere Mimik und unsere Art zu gehen gehören zu einer Reihe von Symbolen und verkünden: »Das bin ich.« Wenn wir uns in einer Phase des Umbruchs befinden, haben wir oft das Bedürfnis, unsere Schränke auszumisten, unser Aussehen zu verändern, in eine neue Wohnung oder eine neue Stadt zu ziehen ... allerdings dürfen diese Veränderungen nicht nur oberflächlich sein.

Mit anderen Worten, eine geschiedene Frau muss die symbolische Bedeutung dessen verstehen, dass sie ihr Hochzeitskleid zur örtlichen Rote-Kreuz-Sammelstelle bringt. Wenn sie es einfach weggibt und sich nicht gestattet zu empfinden, was der Abschied von diesem Symbol für sie bedeutet, wird es ihr nicht helfen, dieses Kapitel ihres Lebens abzuschließen. Der verlorene Traum, der Mensch, der sie einmal war ... all das, wofür ihr Hochzeitskleid steht, wird auch dann noch in ihrer Psyche gespeichert sein, wenn das Kleid selbst verschwunden ist. Vollzieht sie dagegen auf der Ebene des Kolibris einen symbolischen Akt, so verändert dies die Qualität und die energetische Schwingung ihres leuchtenden Energiefeldes, und die Heilung kann beginnen.

Man braucht sehr viel seelischen Mut, um zu erkennen, dass man sich keineswegs ein Versagen eingesteht, wenn man sich von einem alten Traum verabschiedet, sondern dass man heldenhaft ein neues Selbst zur Welt bringt.

Jaguarmut

Im Jaguarbewusstsein haben wir Zugang zu einer anderen, ausgesprochen nützlichen Form des Mutes – der des Verstandes und des Gefühls. Gelegentlich wird dies auch als »moralischer Mut« bezeichnet. Diese Art von Mut erlaubt es uns, die Dinge, die wir für gut und richtig halten, auch den Menschen gegenüber zu vertreten, die für unsere Überzeugungen nicht empfänglich sind. Moralischer Mut fordert von uns, Ablehnung und Spott zu riskieren, und steht oft im Widerspruch zu rein körperlichem Draufgängertum, das uns hilft zu tun, was zum Überleben nötig ist. Wenn wir über moralischen Mut verfügen, setzen wir vielleicht sogar die eigene Sicherheit aufs Spiel, um nach unseren wichtigsten Überzeugungen zu handeln. Dies ist der Mut der Feuerwehrleute, die in ein brennendes Gebäude laufen, obwohl ihr Instinkt sie davon abhält. Dieser Mut sorgt auch dafür, dass sich Liebende treu bleiben, selbst wenn es einmal nicht so gut läuft, statt nach Möglichkeiten zu suchen, sich aus der Beziehung davonzustehlen.

Der moralische Mut zwingt uns, unsere Schwächen und Neurosen zuzugeben. Sind wir zum Beispiel zwanghaft oder zu anspruchsvoll, dann können wir sowohl die Vor- als auch die Nachteile dieser Eigenschaften erkennen und uns bemühen zu verstehen, inwiefern sie uns sowohl nützlich als auch hinderlich sind. Wir können unsere Gefühle wahrnehmen und sie gleichzeitig in die richtige Perspektive rücken. Angenommen, wir wurden betrogen. Dann gestehen wir uns ein, dass es normal ist, wenn wir den Betrüger dafür leiden lassen wollen. Gleichzeitig benutzen wir unseren gesunden Menschenverstand und machen uns klar, weshalb es am besten ist, uns von der Wut zu befreien und die Angelegenheit hinter uns zu lassen. Moralischer Mut gestattet es uns, beide Seiten der Medaille zu sehen und uns vor Augen zu führen, dass das Verhalten anderer für gewöhnlich aus ihren eigenen psychischen Problemen und der zwanghaften Beschäftigung mit ihren Gefühlen resultiert. Es ist nicht so, dass sie uns verletzen wollen. Wir kommen ihnen nur bei ihren Dramen in die Quere.

Wenn es uns an Jaguarmut fehlt, konzentrieren wir uns ganz aufs Überleben, und es mangelt uns an Mitgefühl. Die Probleme der anderen sind uns egal. Wir wollen einfach sicherstellen, dass wir nicht leiden müssen. Auf der Ebene des Jaguars dagegen tun wir das Richtige, ohne Rücksicht auf Risiken oder Verluste. Es war dieser Mut, mit dem die New Yorker am 11. September die Angst beiseiteschoben und die Chancen nutzten, einander zu helfen: von dem Mann, der seinen behinderten Kollegen viele von Rauch erfüllte Stockwerke hinuntertrug und in Sicherheit brachte, über die Händler in Chinatown, die Slipper an Frauen in Stöckelschuhen verschenkten, damit sie schneller laufen konnten, bis hin zu dem Besitzer eines Fahrradgeschäfts, der seine Leihräder wildfremden Leuten überließ, damit sie nach Hause fahren konnten. Er bat sie lediglich, die Räder bei passender Gelegenheit wiederzubringen. An jenem Tag wurde die Besorgnis um die eigene Sicherheit oder die geschäftlichen Interessen vom Jaguarmut überwunden.

Die Jaguarebene verleiht uns auch emotionalen Mut. Manche Menschen sind zum Beispiel jahrelang verheiratet, ohne je wahre Intimität zu finden. Sie teilen nur die Aufgaben, den Sex und die Finanzen miteinander. Wenn wir über emotionalen Mut verfügen, offenbaren wir unserem Partner unsere Hoffnungen und Träume, unsere verletzlichen Seiten und unsere Selbstkritik. Wir öffnen uns, um nicht nur *ver*liebt, sondern *Liebe selbst* zu sein. Oft hält uns die Angst, keine Kontrolle zu haben, davon ab, unsere Gefühle ehrlich zuzugeben und eine neue Geschichte zu schreiben, zu der wir auch unseren Partner einladen können.

Der Jaguar lässt uns auch in den Genuss intellektuellen Mutes kommen. Wissenschaftler bedienen sich seiner, wenn sie sich von den herrschenden Dogmen und aktuellen Theorien lösen und neue Möglichkeiten erforschen – von Galileo, der sich ohne Rücksicht auf die Lehren der katholischen Kirche im Mittelalter mit der Beziehung der Planeten zur Sonne beschäftigte, bis hin zu einem modernen Wissenschaftler, der darauf beharrt, dass die Erforschung der »Nichtlokalität« (der Fähigkeit, Ereignisse aus der Ferne zu beeinflussen) keineswegs verrückt sei. Der Jaguarmut hilft allen Menschen, neue Informationen in ihr Weltbild zu integrieren. Dabei spielt es keine Rolle, ob es sich um eine wissenschaftliche Entdeckung oder um etwas handelt, was ein Mann soeben über seine Liebespartnerin erfahren hat und was seiner langjährigen Einschätzung ihres Charakters widerspricht.

Das folgende ist eines meiner Lieblingszitate. Es stammt aus einer Vorlesung des Physikers und Nobelpreisträgers Richard Feynman: »Das eben ist meine Aufgabe, Sie zu überzeugen, *nicht* davonzulaufen, nur weil Sie es nicht begreifen. Sehen Sie, auch meine Physikstudenten verstehen es nicht. Und zwar, weil *ich* es nicht verstehe. Niemand begreift es.« Mit anderen Worten, der Mensch hält gern an vorgefassten Meinungen fest. Sogar Einstein sagte, die ersten Arbeiten zur Quantenmechanik ähnelten dem »Täuschungssystem eines höchst intelligenten Paranoikers«. Aber im Zustand des Jaguarmuts brechen wir aus eingefahrenen Denkbahnen aus und versuchen, die Dinge mit anderen Augen zu sehen.

*

Künstler haben die wunderbare Fähigkeit, sich von Vorurteilen zu lösen, sich zu öffnen und die »falsche« Farbe zu verwenden oder die »falsche« Musik zu komponieren. Ray Charles war einer der talentiertesten Musiker unserer Zeit. Er machte seinen Managern oft einen Strich durch die Rechnung, weil er sich immer neuen Musikstilen zuwandte, statt weiterhin die Musik zu komponieren oder zu spielen, die sie gewöhnt waren (und die sie zu verpacken und einem ausgewählten Publikum zu verkaufen wussten). Die Manager stöhnten, wenn er nicht mit dem Erwarteten, sondern mit einer Handvoll Country-Blues-Stücken oder Rhythm-and-Blues-Melodien zur Tür hereinkam. Aber Charles wollte sich in keine Schublade stecken lassen. Er wollte nicht das tun, wovon alle glaubten, dass es funktionierte. Deshalb konnte er wahrhaft originelle Kunst hervorbringen.

Die Fähigkeit, die Regeln zu brechen und kreativ zu sein, geht schnell verloren, sobald wir ins Teenageralter kommen und so sein wollen wie unsere Altersgenossen. Seltsamerweise erzeugt dieser Anpassungsdruck das Bedürfnis, ein Teil der Masse und dennoch »einzigartig« zu sein, obwohl wir uns genauso anziehen, genauso sprechen und genauso bewegen wie alle anderen. Werbetexter verwenden gern Slogans wie *Nur für dich gemacht* oder *Du bist einzigartig*, um uns irgendein Produkt zu verkaufen, das uns von unserem Nachbarn abheben soll. Weil uns der Jaguarmut fehlt, verlieren wir die kindlichen Fähigkeiten zu staunen, zu träumen, uns an der Absurdität zu erfreuen und erfinderisch zu sein.

Ich erinnere mich daran, dass ich als Kind mit den Nachbarskindern Spielsachen bastelte, an denen wir oft mehr Spaß hatten als an den LKWs oder den Cowboyfiguren, die mir meine Mutter zu Weihnachten schenkte. Am liebsten denke ich an eine einfache Felge zurück, die von einem kaputten Fahrrad stammte und die ich mit einem Stecken die Straße entlangtrieb.

Aus der Jaguarperspektive betrachtet, führt unser Verlangen nach Einzigartigkeit zu einem Leben in Feigheit. Aus dieser Perspektive erkennen wir unsere Ähnlichkeit mit anderen und verstehen, dass wir gemeinsam auf dieser Erde sind – dass wir Brüder und Schwestern sind. Erst wenn uns klar wird, dass wir nichts Besonderes sind, können wir wirklich originell werden: Dann können wir den Mut aufbringen, dieselben Dinge zu betrachten wie alle andern und doch anders darüber zu denken.

Das Jaguarbewusstsein kann uns wieder offen und begeisterungsfähig machen. Aber wir brauchen Mut, um kreativ zu handeln und nicht einfach untätig zu bleiben und uns vorzustellen, wie unser Leben aussehen würde, wenn wir kühn genug wären, unsere Vision zu verwirklichen. Wenn uns der Mut fehlt, kann es passieren, dass wir uns in unseren Fantasievorstellungen verlieren, uns groß in Szene setzen und über all die außerordentlichen Dinge sprechen, die wir gerne täten und wären, ohne diese Pläne je in die Tat umzusetzen. Ja, wir dürfen träumen, aber wenn die Seele außen vor bleibt, können sich diese Träume leicht in Albträume verwandeln. Wir brauchen das Kolibribewusstsein, um zu erkennen, dass die Auffassungen unseres Verstandes und die starken Gefühle, die bisweilen unser Denken beherrschen, unseren Träumen auf der Jaguarebene Grenzen setzen.

Hier ein Beispiel: Dein Wunsch, Rockstar zu werden, hatte seinen Ursprung darin, dass hübsche Mädchen deinetwegen mit den Wimpern klimpern sollten. Daraus entwickelte sich dein Ehrgeiz, eine Reihe teurer Sammlergitarren zu besitzen, die du an die Wand hängst und mit denen du vor deinen Freunden angibst. Aber es sind nie genug, um dich wirklich wie ein Rockstar zu fühlen. Wenn du den Mut des Herzens besitzt, wird dir klar: Es hat ebenso viel mit Rock 'n' Roll zu tun, wenn man eine Organisation originell und mitfühlend führt oder sein Kind mit Ehrlichkeit und Integrität erzieht, wie wenn man vor kreischenden Fans ein Solo hinlegt. Du tauschst falschen Mut gegen echte Tapferkeit und leere Symbole der Rebellion gegen echte Revolution.

Somit verlangt der Jaguarmut von uns, uns der begrenzten Auffassungsfähigkeit unserer Gedanken und Gefühle bewusst zu werden und wachsam zu bleiben, damit wir uns nicht in Träumen verfangen, die eigentlich Albträume sind.

Schlangenmut

Unsere Kultur preist das Schlangenbewusstsein. Ihm entspringen zum einen unsere praktische Orientierung und Überzeugungen wie: »Alles ist machbar« und »Wer nicht hören will, muss fühlen«, zum anderen die Sturheit, mit der wir darauf beharren, »die Dinge beim Wort zu nennen« und »zu sagen, wie es ist«, aber auch unsere Forderung nach einer Antwort auf die Frage: »Bist du für oder gegen uns?« (als ob es keine anderen Möglichkeiten gäbe). In diesem Zustand identifizieren wir ein Problem, tun das Nötige und erreichen unser Ziel ... Fertig. Ende der Diskussion. Zwecklos, genauer hinzusehen.

Wir haben gelernt, dass die körperliche Kühnheit, die dem Schlangenbewusstsein entspringt – die Entschlossenheit, alles Nötige zu tun, um zu überleben –, die Vereinigten Staaten groß gemacht hat. Damals in der Schule lehrte man uns Amerikaner, unser Land sei von Männern und Frauen geschaffen, die sich mutig aufmachten, das Grenzland zu erobern: Sie kultivierten die Prärien und Sümpfe und rodeten die Wälder, die ihnen im Weg waren. Dabei hielten sie nur von Zeit zu Zeit kurz inne, um einen angreifenden Rotluchs oder einen feindlichen Indianer zu erschießen. Wir waren von diesen Geschichten tief beeindruckt, und der Gedanke, dass in unseren Adern das Blut tapferer Pioniere floss, die jedes Land besiedeln konnten, erfüllte uns mit Stolz. Es war beruhigend zu wissen, dass wir über ein derart eindrucksvolles Erbe an Kühnheit verfügten.

Leider mussten wir feststellen, dass dies nicht ganz den Tatsachen entsprach. Natürlich besaßen die Pioniere körperlichen Mut. Sie setzten ihr Leben aufs Spiel, um ihre Vision zu verwirklichen, und es zahlte sich aus. Oft waren diese Menschen aber nicht die edlen jungen Wilden, als die sie in den John-Wayne-Filmen dargestellt werden. Die Pioniere waren sehr stark voneinander, von der Regierung der Vereinigten Staaten (die das Land den darauf lebenden amerikanischen Ureinwohnern abnahm), von Immigranten als billigen Arbeitskräften und oft sogar von Sklaven abhängig, um sich ansiedeln und schließlich ganze Imperien aufbauen zu können. Den meisten von ihnen fehlte der Mut der höheren Ebenen, nicht immer nur ans eigene Überleben zu denken, sondern eine Welt zu erträumen, in der jeder Mensch in Wohlstand und Glück leben konnte, ohne dass ein anderer die Rechnung dafür zahlen musste, indem er sein Land aufgab oder mörderische körperliche Arbeit verrichtete.

Man hielt uns auch dazu an, Inspiration in den nach wie vor beliebten Geschichten zu finden, in denen die Hauptfigur vom Tellerwäscher zum Millionär wird, wie sie der Bestsellerautor Horatio Alger im 19. Jahrhundert schrieb. Einer seiner typischen Helden war der entschlossene Junge, der all seinen körperlichen Mut zusammennimmt und stundenlang an einer Straßenecke steht, um so lange zu rufen: »Zeitung zu verkaufen!«, bis er heiser ist. Irgendwann bekommt er einen besseren Job und bringt viele Stunden damit zu, sich die materielle Sicherheit eines großen Hauses und eines respektablen Mittelklassedaseins zu erarbeiten. Ein solcher junger Mann hat Erfolg, weil er bereit ist, seine ärmliche Vergangenheit hinter sich zu lassen, an den amerikanischen Traum zu glauben und in ein neues Leben hineingeboren zu werden.

Dieser Archetyp ist immer noch Bestandteil unserer Kultur: Wir verschlingen Geschichten über Millionäre, die aus dem Nichts einen Erfolg schaffen, sich von ihrem psychischen Ballast befreien und sich selbst neu erfinden. Wir würden so gerne glauben, jeder Mensch könne wie die Helden in Horatio Algers Romanen – und unabhängig von seinem Hintergrund – aus eigener Kraft zu Wohlstand gelangen, den Kampf ums Überleben vergessen und bis ans Ende seiner Tage glücklich und zufrieden leben.

Leider werden Träume dieser Art fast immer zu Albträumen, da alte Wunden den Erfolg vereiteln. Es mag durchaus gelingen, mithilfe unseres körperlichen Mutes Reichtum oder einen guten Ruf zu erlangen. Aber das von uns Geschaffene ist so zerbrechlich wie eine Sandburg am Strand. Ebenso wie viele Pioniere und viele Helden Algers lassen wir die höheren Formen des Mutes ungenutzt, mit denen wir ein erfüllenderes Leben für uns und unsere Welt erträumen können. Stattdessen begnügen wir uns mit der falschen Sicherheit des Geldes, der Macht und der gesellschaftlichen Stellung.

Wenn wir über moralischen Mut verfügen, können wir uns für die Menschen einsetzen, die misshandelt wurden oder für die der amerikanische Traum nie Wirklichkeit wurde. Mit emotionalem Mut können wir ehrlich zu uns und anderen sein und ein integres Leben führen. Dann müssen wir nicht in einen Albtraum hineingleiten, in dem wir nur noch überleben wollen, koste es, was es wolle. Intellektueller Mut erlaubt es uns, den Status quo infrage zu stellen, ein dogmatisches Denken abzulehnen und auf unserer Kreativität zu bestehen – selbst wenn andere unsere Originalität fürchten.

Der Kolibrimut ermöglicht es uns, unsere Absicht mit unserem Traum in Einklang zu bringen. Der Adlermut öffnet uns für wirklich neue Ideen, die uns vom Spirit eingegeben werden. Sogar der Schlangenmut hat beim Träumen seinen Platz – obwohl wir uns nicht mehr in den Schneesturm hinauswagen, den Stall finden und die Kuh melken müssen. Wenn wir einen Traum zum Leben erwecken wollen, ist auch sehr viel körperliche, instinktive Arbeit nötig. Allerdings muss der Schlangenmut von den höheren Ebenen beeinflusst und angeleitet werden.

Eine meiner Klientinnen etwa träumte von einem besseren Leben für ihre Familie – weit weg von ihrer derzeitigen Bleibe in Manhattan. Sie sehnte sich nach mehr gesellschaftlichem Zusammenhalt, mehr körperlichen Freiräumen und einer engeren Beziehung zur Natur. Sie sah sich an einem Ort, an dem sie all das verwirklichen konnte, ohne so hart wie bisher für ihren Lebensunterhalt kämpfen zu müssen. Das war ihr Traum auf der Ebene des Kolibris.

Auf der Ebene des Jaguars überlegten sie und ihr Mann, wie sie ihre berufliche Karriere an dem neuen Ort fortsetzen konnten. Sie blieben auf der Jaguarstufe, um ein neues Haus zu suchen, das ihren Wünschen entsprach, und um den Umzug zu organisieren – die Umzugskisten zu besorgen, das Klebeband zur Hand zu nehmen und die Abschiedspartys zu planen. Gleichzeitig sprachen sie ehrlich über ihre gemischten Gefühle bezüglich dieser Veränderung.

Als der Umzugstag näher rückte, wurde ihnen klar, dass sie mehr besaßen, als sie einpacken konnten, wenn sie die Stadt rechtzeitig verlassen und wie geplant bei den Auspackhelfern am Zielort eintreffen wollten. Nachdem sie alle Möglichkeiten, zusätzliche Helfer zu bekommen, ausgeschöpft hatten, versetzten sie sich ins Schlangenbewusstsein und überließen den Instinkten das Kommando. Sie gingen bis an die Grenzen ihrer Kraft, um die Kisten zu packen, zu stapeln und von Hand zu Hand in den Umzugswagen zu laden. Sie arbeiteten stundenlang und unterbrachen die Arbeit nur, um kurz in ihre Muskeln hineinzuspüren oder bei Bedarf eine kleine Pause einzulegen.

Schlangenmut zu haben heißt, eine Sache durchzuziehen und die Arbeit zu Ende zu bringen. Da sich meine Klientin und ihr Mann von der Ebene des Jaguars fernhielten, gerieten sie weder in Panik, noch überforderten sie sich körperlich. Sie verschwendeten auch keine Zeit darauf, über ihre katastrophale Situation zu jammern. Sie blieben auf der Ebene der Schlange und konnten deshalb alles Nötige rechtzeitig erledigen, damit ihr Traum Wirklichkeit wurde.

❋

Jeder Energiekörper schließt alle darunterliegenden ein. Dieses Prinzip gilt auch für die vier Bewusstseinsebenen, und deshalb vereinigen die höchsten Formen des Mutes alle niedrigeren Stufen in sich. Wenn es dir also an moralischem, intellektuellem, emotionalem und körperlichem Mut fehlt, hapert es auch am Mut des Spirits (und vielleicht sogar am Mut des Herzens und der Seele). Sie alle greifen ineinander. Wenn du wahrhaft mutig träumst, wirst du auch beherzt handeln.

Im nächsten Teil des Buches wirst du erfahren, wie du dank der vier Ebenen des Bewusstseins und des Mutes jeden Tag und jeden Augenblick weiterträumen kannst – ungeachtet deiner Umstände.

❋

TEIL II

Vom Traum zum beherzten Handeln

Kapitel 6

Mut in Aktion

※

Mut ist nicht immer ein lautes Gebrüll. Manchmal
ist es auch die leise Stimme am Ende des Tages,
die spricht: »Morgen versuche ich es wieder.«
Mary Anne Radmacher

※

An einer entscheidenden Stelle im Film *Der Zauberer von Oz* tritt der furchtsame Löwe, der seinen Mut nicht finden kann, dem furchterregenden Zauberer mutig entgegen und offenbart, dass der vermeintlich »großartige und mächtige Oz« in Wirklichkeit nur ein schwacher kleiner Lügner ist. Trotz seines zweifellos mutigen Handelns – und der Erkenntnis, dass derjenige, den er am meisten fürchtet, noch viel aufgeregter ist als er selbst – glaubt der Löwe erst dann an seinen Mut, als ihm der Zauberer einen eindrucksvollen Orden überreicht.

Wie der furchtsame Löwe handeln auch wir bisweilen mutig und neigen anschließend dazu, unsere Taten schnell zu vergessen oder sie gering zu schätzen, wenn sie nicht vom lauten Gebrüll des Lobes und der Wertschätzung anderer begleitet sind. Bleibt die Bestätigung für unser Tun aus, finden wir uns bald nicht mehr so mutig. In diesem Augenblick beginnt das Universum, uns eine Realität der Feigheit widerzuspiegeln, und wir werden wahrscheinlich unser mutiges Handeln nicht mehr wiederholen.

Die meisten Menschen finden es mutig, wenn jemand die offensichtliche Gelegenheit nutzt, rettend einzugreifen, weil ein anderer etwa bei einem Unfall Hilfe braucht. In Wirklichkeit haben wir jeden Tag die Chance, mutig zu handeln. Manchmal kommt es zum Beispiel darauf an, dass wir eine unangenehme Wahrheit aussprechen, die ans Licht gebracht werden muss. Oder wir müssen die Kraft finden, mit der Tradition zu brechen und trotz unseres Unbehagens und der Möglichkeit des Widerstands, der Vorwürfe und der Schuldzuweisungen durch andere kreativ zu handeln. Mit solchen mutigen Taten können wir eine neue Wirklichkeit erträumen. Leider unterschätzen wir gern ihre Bedeutung und wischen sie schnell beiseite.

Wenn du je der Nestbeschmutzer oder derjenige warst, der dem Tyrannen gegenübertrat oder der Norm trotzte, weil du dir selbst treu bliebst, statt die Erwartungen anderer zu erfüllen, hat dich der Mangel an Applaus und Unterstützung vielleicht verärgert und verletzt. Ohne Ehrenmedaille oder öffentliches Lob hast du dir am Ende vielleicht sogar eingeredet, deine Tat sei gar nicht so wichtig gewesen ... aber das war sie.

Engstirnige Vorstellungen, Mut müsse etwas Großes, Dramatisches sein, das die Welt rettet und zu Konfettiparaden inspiriert, halten dich davon ab zu erkennen, dass du im Alltag Dinge tun kannst, die dir Kraft geben und tatsächlich etwas in der Welt bewirken. Vielleicht hast du erst vor Kurzem zu deinem Partner gesagt: »Es tut mir leid. Als du wütend geworden bist, habe ich mich verteidigt, weil ich mich angegriffen fühlte.« Du dachtest: »Ich könnte diesen Kerl mit einer einzigen cleveren Bemerkung fertigmachen, aber das werde ich nicht tun«, und hast dich dafür entschieden, es nicht zu einem Streitgespräch kommen zu lassen, sondern ihn zu einer anderen Form des Dialogs einzuladen. Oder du hast deine Angst vor Zurückweisung überwunden und darauf bestanden, dass deine Gruppe ihren großartigen Plan zur Lösung eines Problems, das sie in Panik versetzt, noch einmal überdenkt. Dieses scheinbar unbedeutende Tun beruht auf Leidenschaft, Integrität und Kreativität und ist sehr viel wichtiger, als man dich glauben machen will.

Natürlich ist es keine große Hilfe, wenn wir es mit dem Eigenlob übertreiben und vom Ruhm einer einzigen kühnen Tat zehren, die uns damals als Student gelang. Dennoch ist es sehr wichtig, dass jeder Mensch *alle* seine mutigen Taten anerkennt und schätzt, wie unbedeutend sie auch sein mögen, da sie eine außerordentlich große Befriedigung schenken und uns zu weiterem mutigen Handeln inspirieren. Erst wenn wir erkennen, dass wir zu unserer vollen Größe herangereift sind und unsere Menschlichkeit auf rechte Art und Weise leben, wird uns wahre Erfüllung zuteil.

Viele von uns behaupten, sie seien auf einer spirituellen Suche. In Wirklichkeit sehnen wir uns oft nur nach einem warmen, kuscheligen Gefühl im Bauch, das uns wohltut und uns glauben macht, wir seien gute Menschen. Eine solche Zufriedenheit ist in der Tat angenehm, aber für diese Suche brauchen wir nicht viel Mut. Außerdem dient sie nur uns selbst. Mut ist nichts, wonach wir streben oder was wir uns wünschen. Er ist keine weitere Errungenschaft, die wir unserem spirituellen Lebenslauf hinzufügen können, um andere (und uns selbst) zu beeindrucken. Vielmehr ist er etwas, worin wir uns täglich, ja sogar stündlich üben sollten – ganz gleich ob uns irgendjemand Beifall spendet oder auch nur bemerkt.

Es ist niemals sinnvoll, die Bestätigung für den eigenen Mut außerhalb von sich zu suchen. Das verhindert nur, dass man das Adler- und das Kolibribewusstsein erreicht. Es hält uns in einer Geschichte mit dem Titel gefangen: »Keiner weiß mich zu würdigen«, in der wir das Opfer sind. Vergiss das Lob der Menge und zolle dir selbst Anerkennung für dein Tun. Nimm dir die Zeit, das Gefühl der Freude, des Stolzes und der Macht zu genießen, das du in diesen kurzen Augenblicken erzeugst. Und lass diese Gedanken und Gefühle dann wieder los, damit du bereit bist, die nächste Gelegenheit zu mutigem Handeln zu ergreifen.

Wenn ein Basketballspieler einen Korb wirft, klatscht er kurz in die Hände, fühlt sich großartig und sucht mit den Augen sofort wieder den Ball und die nächste Chance, um Punkte zu machen oder einem Mitspieler zu helfen. Falls er nicht umgehend weiterspielt, wird ihm die Freude an seinem Erfolg schnell vergehen, wenn er sieht, wie die andere Mannschaft auf die eigene Spielfeldseite läuft und punktet.

Nimm die Augen nicht vom Ball, spiel weiter und sei offen für das, was als Nächstes passiert. Verliere dich nicht in den Gedanken an deine tapfere Tat. Träume mutig, statt dich auf das Verlangen des Ego nach Sicherheit und Ansehen einzulassen.

Würdige die unbesungenen Helden

Selbst wenn wir mutige, kreative Taten würdigen, beschränken wir uns dabei meist auf eine einzige Person. Wir schenken ihr unsere ganze Anerkennung und vergessen, dass sie nur deshalb so handeln konnte, weil andere sie unterstützt und ermutigt haben. Geblendet von unseren individualistischen Werten, übersehen wir die Leute hinter unserer Ikone der Tapferkeit: Wir erinnern uns zum Beispiel an Anne Frank. Aber kennen wir auch die Namen der Menschen, die sie in ihrem Schlupfwinkel versteckten, ihr Essen, Nachricht und Hoffnung brachten und dabei das eigene Leben aufs Spiel setzten? Wie viele von uns denken wohl darüber nach, was Mutter Teresas eigene Mutter getan haben muss, um eine Tochter mit einem so stark entwickelten Mitgefühl großzuziehen. Und wer denkt schon an die anderen Freiwilligen, die den Orden der »Missionarinnen der Nächstenliebe« nach ihrem Tod weiterführten?

Unsere Kultur würdigt niemals alle Beteiligten – und jeder Mensch sehnt sich nach Bestätigung, Akzeptanz und Lob. Deshalb rangeln wir um die beste Position und hoffen, die Anerkennung für einen gemeinsamen Akt des Mutes einheimsen zu können. Wenn unsere Beherztheit übersehen wurde, müssen wir uns von dem Bedürfnis lösen, die Anerkennung der anderen zu bekommen. Außerdem bringt es rein gar nichts, wenn wir uns der allgemein üblichen Nichtachtung der unbesungenen Helden anschließen, indem auch wir mit Lob geizen und sagen: »Wenn mir schon niemand sagt, wie tapfer ich bin, wieso sollte ich dann einen großen Wirbel um das machen, was andere tun?«

Jeden Tag träumen Menschen überall um uns herum mutige Träume, während sie unauffällig ihre Arbeit verrichten. Wir übersehen den Mut unseres Kollegen, der ehrenamtlich bei einem Ferienlager für Jungen hilft, obwohl er sich auch um seine alternde Mutter kümmern muss. Wir murren über die Polizei, wenn wir wegen eines geringfügigen Verstoßes gegen die Straßenverkehrsordnung angehalten werden. Dabei vergessen wir, dass derselbe Beamte sich möglicherweise auch um die gefährdeten Jugendlichen seines Bezirks kümmert, um zu verhindern, dass sie sich dem Verbrechen zuwenden.

Nachrufe erzählen die Geschichten mancher Mitbürger, die wir niemals kennengelernt haben. Sie zogen durchs Land, um für die im Zweiten Weltkrieg versehrten Soldaten zu singen und Klavier zu spielen oder Selbsthilfegruppen für Eltern zu leiten, die genau wie sie ein Kind verloren haben. Es ist ganz erstaunlich, wenn man entdeckt, wer da ein paar Häuser weiter gewohnt und das Leben der Menschen verändert hat, ohne dass wir wussten, wie mutig er war. Wenn wir uns etwas Zeit nehmen und uns umsehen, sind wir vielleicht verwundert über die edelmütigen Taten, von denen wir nichts wussten – oder von denen wir zwar wussten, die wir bislang aber stets für selbstverständlich hielten.

Wenn wir vom mutigen Handeln anderer profitieren, sind wir unter Umständen zwar durchaus dankbar, vergessen aber oft, die Betreffenden zu würdigen. Dabei können wir den Mut anderer mit wenigen Worten ins rechte Licht rücken: »Es war wirklich mutig von dir, etwas zu sagen. Das war großartig«, »Große Hochachtung, dass du den schwierigeren Weg gewählt hast und einem Streit aus dem Weg gegangen bist«, oder: »Ich bewundere dich für das, was du für Papa getan hast. Ich weiß, wie schwer es für dich war, dich für ihn einzusetzen und dafür zu sorgen, dass er die Hilfe bekommt, die er braucht.«

Wenn du also siehst, dass dein Partner deinem Kind ein guter Vater ist, solltest du ihn loben und deine Dankbarkeit zum Ausdruck bringen. Falls es sich dabei um deinen Exmann handelt, solltest du dich von der Geschichte mit dem Titel lösen: »Dieser Blödmann hat unsere Kinder doch nie zu würdigen gewusst«, oder den zynischen Gedanken verbannen: »Wird auch langsam Zeit ... obwohl es sicher nicht lange anhält.« Tauche stattdessen in den neuen Traum ein und nimm daran teil. Jeden Tag haben wir die Gelegenheit, Mut und Kreativität zu würdigen und zu manifestieren. Unterstütze andere mit Lob und dem Angebot, ihnen bei ihren Bemühungen zu helfen. Du wirst sehen, bald wird man auch dir Mut machen. Versuche, ernst gemeintes Lob zu schätzen und zu spenden, das nicht von dem Bedürfnis motiviert ist, andere zu manipulieren oder etwas zu bekommen. Anders gesagt, wenn du Zeuge einer mutigen Tat wirst, solltest du in deinem geschäftigen Leben kurz innehalten, dich an diesem Beispiel der Tapferkeit und der Integrität erfreuen und es anschließend auch entsprechend würdigen.

Wenn wir uns angewöhnen, mutiges Handeln einfach zu übergehen, verfangen wir uns auf der Ebene des Jaguars in unseren Geschichten und auf der Ebene der Schlange in unseren Ängsten. Sobald wir aber auf der Ebene der Seele träumen, werden wir sehen, dass wir unsere Chancen zu mutigem Handeln automatisch nutzen.

Wisse, dass Träume keine Ziele sind

Das, was du auf seelischer Ebene träumst, unterscheidet sich erheblich von mess- und greifbaren Zielen, die in der Zukunft liegen. Das Jaguarbewusstsein wird dir helfen, konkrete Ziele zu formulieren, etwa: »Ich möchte mein Studium wieder aufnehmen und in drei Jahren meinen Abschluss machen«, oder: »Ich möchte, dass meine Gedichte veröffentlicht werden.« Ein Traum dagegen wäre etwas wie: »Ich werde mein Leben lang weiterlernen. Ich werde mich von starren, dogmatischen Überzeugungen lösen. Und ich werde meinen Kindern eine gute Mutter sein«, oder: »Ich werde Gedichte schreiben und wie ein Dichter leben, der um sich herum nur Schönheit sieht.«

Wenn du träumst, hast du jeden Tag die Gelegenheit, deine Vision durch dein Handeln zu manifestieren. Die Ziele ergeben sich dann wie von selbst, und du bist flexibel, wenn es darum geht, sie zu erreichen. Du beharrst nicht mehr darauf, dass du dich erst dann gut fühlen kannst, wenn deine Gedichte veröffentlicht sind oder du dein Diplom in Händen hältst.

Wenn du mutig träumst, wirst du feststellen, dass Ziele Nebensache sind. Am wichtigsten ist es dir, im Jetzt zu leben. Du feierst die erreichten Meilensteine und schmiedest Pläne, arbeitest aber nicht zwanghaft auf ein bestimmtes Ziel hin. Du vergisst nicht, dass beim Träumen die Reise, nicht das Ziel im Vordergrund steht. Wenn du dich deines seelischen Mutes bedienst, wirst du allmählich automatisch alles Nötige tun, um deine Vision Wirklichkeit werden zu lassen. Du wirst auf deinen moralischen, intellektuellen, emotionalen oder körperlichen Mut zurückgreifen. Du wirst ebenso leicht in deinen

Traum hineinschlüpfen wie in deine Schuhe und wirst ihn geradewegs aus deinem Kopf in die Welt hinaustragen, um ihn zu manifestieren.

Angenommen, du bist müde oder fühlst dich schwach und erschöpft. Du beschließt, deinen Körper besser zu behandeln. Wenn du auf der Jaguarebene bleibst, wirst du dir in Sachen Gewichtsverlust und Bewegung gewisse Ziele setzen. Du nimmst dich zusammen und bist wild entschlossen, eine bestimmte Zahl auf der Waage zu sehen. Du schwörst dir, dreimal die Woche ins Fitnessstudio zu gehen und jeweils vierzig Minuten zu trainieren. Oder du entsagst Zucker und weißem Mehl. Du quälst dich wegen des Stücks Geburtstagskuchen, das man dir auf der Party deines Kindes in die Hand gedrückt hat, und fühlst dich schuldig, wenn du dich nicht aufraffen kannst, vom Sofa aufzustehen und zum Training zu gehen. Dieses Gefühl versuchst du dann dadurch zu lindern, dass du dir eine extragroße Portion genehmigst, um dich zu trösten. Sobald du merkst, dass du deinen Zielen nicht näher kommst, machst du dir Vorwürfe und nimmst dir vor, deine Willenskraft neu zu entfachen und es noch einmal zu versuchen.

Wenn du dagegen auf der Ebene des Kolibris träumst, fasst du den Entschluss, in einem gesunden Körper zu leben. Daraufhin wird dein LEF beginnen, Schwingungen des Wohlbefindens zu erzeugen. Allmählich werden sich deine Gefühle, Gedanken und Taten deiner Absicht annähern. Du wirst feststellen, dass du von deinem Gymnastikkurs begeistert bist, dass du dich mit deinem Körper verbunden fühlst und mehr Appetit auf frische Nahrungsmittel als auf Fastfood hast. Wenn du an einem Schnellimbiss hältst und einen

Hamburger mit Pommes isst, weil es nichts anderes gibt, bringst du anschließend deine Gedanken, deine Gefühle und dein Handeln ganz automatisch wieder in Einklang mit deiner Absicht und triffst beim nächsten Mal eine gesündere Entscheidung.

Du wirst jeden Tag an deinem Traum arbeiten und dich sanft korrigieren, sobald sich Gedanken einschleichen wie: »Aber ich nehme nicht schnell genug ab«, oder: »Ich hasse Sport.« Diese Bedenken gehören zur Jaguarebene, auf der du Geschichten schreibst, die dann in der Enttäuschung enden. Auch wenn du träumst, wirst du vermutlich noch gedanklich urteilen, wirst diese Urteile aber schnell wieder richtigstellen.

Schließlich wirst du mithilfe des Adlerbewusstseins am Gesamtzusammenhang festhalten können, dass du Gesundheit erschaffen und deinen Körper respektieren willst. Kreativ überwindest du alle Hindernisse, die du auf der Ebene des Jaguars wahrnimmst. Du erinnerst dich daran, dass du wie der Kolibri auf einer Reise bist, die allerlei Wendungen nimmt, und dass keiner von uns in jeder Sekunde seines Lebens in völligem Einklang mit seiner Absicht ist.

Strebe nicht nach Perfektion

Wenn wir im Kopf in unseren Geschichten stecken bleiben, verlassen wir uns auf Helden, die uns als Vorbilder an Perfektion dienen. Sobald wir allerdings feststellen, dass auch sie nur Menschen sind, sind wir enttäuscht. Wir wünschten, sie wären Symbole der Makellosigkeit, idealisierte Halbgötter, keine

Strebe nicht nach Perfektion

menschlichen Wesen. Denn wenn wir ihre Schwächen übersehen, ist das eine bequeme Ausrede und entschuldigt unser eigenes Verhalten. Dann reden wir uns nämlich ein, dass wir unmöglich dasselbe Maß an Perfektion erreichen können wie unsere überlebensgroßen Helden. Wir sagen Sätze wie: »Ja, bin ich etwa Mutter Teresa? Oder Jesus am Kreuz?«, und rechtfertigen unser alles andere als mitfühlendes Verhalten mit den Worten: »Hey, ich bin nun mal kein Heiliger.«

Wir wollen nicht hören, dass Martin Luther King außereheliche Affären hatte oder John Lennon zwar schrieb, mit Liebe sei alles möglich, aber selbst kaum Kontakt zu seinem ältesten Sohn hatte. Schließlich erinnert uns das daran, dass auch mit Makeln behaftete Menschen Großes leisten können, was wieder die bohrende innere Frage laut werden lässt: »Und was ist mit mir? Warum leiste *ich* nichts Großes?«

Wir müssen unsere positiven Eigenschaften nicht auf prominente Persönlichkeiten projizieren, sondern können unsere Fähigkeit annehmen, kühn und originell zu sein. Die Makel unserer Helden schmälern ihre mutigen Taten keineswegs, und wenn wir uns die eigenen Schwächen eingestehen, werden wir feststellen, dass sie uns weder erdrücken noch lähmen oder davon abhalten, mutig zu handeln.

Jeder von uns kann Großes leisten, selbst wenn er oft ungeduldig, arrogant, reizbar oder ängstlich ist. Nicht einmal der Dalai Lama kann stets zu perfektem Mitgefühl fähig sein. Mag sein, dass er sich nicht über die Angestellte im Reservierungsbüro der Fluglinie beschwert, weil sie versehentlich seinen Flugplan durcheinandergewürfelt hat, wie das die meisten anderen Menschen täten. Aber ich stelle mir gerne vor, dass auch er Momente hat, in denen er wütend wird und urteilt. Außerdem wissen wir, dass sogar Jesus einmal ein paar Tische umstieß und einen erstklassigen Wutanfall hinlegte, als sein Ärger und seine Frustration die Oberhand gewannen.

Wir brauchen nicht noch mehr mythologische Helden. Nichts ist lähmender als die Vorstellung von Perfektion, denn sie gibt uns das Gefühl, dass das Ziel unerreichbar ist. Weshalb sollten wir uns dann überhaupt bemühen? Wir müssen uns vielmehr ehrlich eingestehen, was es heißt, ein Mensch zu sein: Dass es unser Schicksal ist, am Ziel der Perfektion zu scheitern, dass wir aber zu kleinen, beachtlichen Taten voller Mut und Größe fähig sind.

Wir sollten niemanden für makellos halten und uns stattdessen davon inspirieren lassen, dass sich unsere Helden – die gefeierten wie die unbesungenen – immer wieder auf Kurs brachten, sobald sie merkten, dass ihr Verhalten nicht ihrer Absicht entsprach. Wenn wir einfach sagen: »Genug davon! Und weiter auf dem Weg!«, ist das ein Akt des Mutes und bricht den Bann.

Wenn du nach Perfektion strebst, wirst du irgendwann den Mut verlieren und in den Albtraum zurückfallen. Du hörst auf, mutig zu träumen, und fühlst dich als Opfer mangelnder Chancen, deines trägen Stoffwechsels, deines niedrigen Gehalts, deiner Neigung zur Depression oder einer anderen Hürde, die deinen Fortschritt zu bremsen scheint. Dir werden unzählige Gründe einfallen, weshalb deine Ideale unerreichbar sind, und du vergisst, dass du selbst den Traum lenkst. Löse dich von den Argumenten, weshalb du das gewünschte Leben nicht führen kannst, und mache dir bewusst, was in diesem Augenblick in deinem Leben stimmt – unabhängig von den Umständen und deinen Schwächen. Gib das Bedürfnis auf, perfekt und über jeden Tadel erhaben zu sein. Dieser Fall wird niemals eintreten.

Um deine Stimmung zu verbessern und ein Gefühl der Macht und der Kontrolle über dein Leben zu gewinnen, kannst du Folgendes tun: Beschließe jeden Tag damit, dich an drei Dinge zu erinnern, für die du dankbar bist. Finde heraus, welche Rolle du bei ihrer Manifestation gespielt hast. Angenommen, du ertappst dich bei dem Gefühl, dass dein Leben nicht so ist, wie du es gerne hättest. Versuche nun mit dieser einfachen Übung, deine Fähigkeit zu mutigem Träumen zu erkennen und dir darüber klar zu werden, auf welche Weise du dein Umfeld und deine Mitmenschen heute beeinflusst hast.

Verzichte auf Großartigkeit

In einer Gesellschaft, in der Individualität überbewertet wird, hält man uns dazu an, uns von der Masse abzuheben, einzigartig und anders zu sein. Das bedeutet, dass wir mit den anderen Menschen um uns herum darum wetteifern müssen, die Nummer eins zu sein. Das ist nicht leicht. Wir stecken in diesem aufreibenden Wettstreit fest und sehnen uns nach Großartigkeit, donnerndem Applaus und der Bestätigung unserer enormen Bedeutung für die Welt. Denk daran, das Bedürfnis nach Großartigkeit wurzelt in der Illusion, die Billigung der anderen würde uns Sicherheit geben. Diese falsche Vorstellung ist der Kern unseres Strebens nach Ruhm, an dem so viele westliche Menschen leiden: Wir sind überzeugt, eine besondere Mission zu haben, was uns und den anderen eines Tages schon noch klar werden wird.

Viele meiner Klienten haben nur eine Sorge: »Was soll ich mit meinem weiteren Leben anfangen?« Sie fragen sich, ob sie eine besondere Berufung haben, was ihre wichtigste Mission in den verbleibenden Jahren sein sollte. Ich zögere, die offensichtliche Antwort zu geben: »Nichts.« Ich weise sie vorsichtig darauf hin, dass sie sich zuerst von dem Wunsch befreien müssen, etwas Besonderes zu sein. Erst dann können sie sich eine Berufung ausdenken und lernen, mutig und kreativ den Kurs ihres Lebens zu bestimmen. Bis dahin werden sie außerhalb von sich einem »Ruf« lauschen, der nur von innen kommen kann.

Unser Mut hilft uns, nicht mehr »der Allerbeste« sein zu müssen. Stattdessen können wir uns darauf konzentrieren, so gut zu sein, wie es uns eben möglich ist. Wenn wir mutig sind, ist es uns egal, ob die Nachbarn uns dafür loben, wie wunderbar wir sind. Unser Eifer, ein Kreuzritter oder Messias zu sein, verschwindet. Wir finden den moralischen Mut, nach unseren Prinzipien zu leben. Wir finden den intellektuellen Mut, neue Ideen zu verfolgen. Und wir finden den emotionalen Mut, ehrlich zu uns und anderen zu sein. Wir sehnen uns nicht mehr danach, von bewundernden Fans umgeben zu sein. Mit Adlermut bleiben wir uns selbst treu und leben unser Schicksal von ganzem Herzen. Allmählich verschwinden unsere Bedürftigkeit und das Gefühl des Mangels, das den Wunsch nach Großartigkeit nährt.

Jeder von uns kennt Menschen, die ein unbedeutendes Leben führen und trotzdem glauben, jetzt – in diesem Leben – das Schicksal ganzer Nationen beeinflussen zu können. Einer meiner Freunde glaubt zum Beispiel felsenfest, die Formel für das Ende des Hungers in Afrika zu besitzen, wenn ihm nur jemand zuhören würde. Und jeder Taxifahrer in Manhat-

Verzichte auf Großartigkeit

tan wird dir sagen, was in dieser Stadt nicht stimmt und wie *er* die Sache regeln würde.

Zuweilen sind diese Menschen so ernsthaft und selbstgerecht, dass es zum Verzweifeln ist. Sie sind in dem großartigen Albtraum gefangen, edle Retter zu sein. Damit hindern sie sich selbst daran, zu erkennen, wie sie die Welt auf eine demütige, stille Art und Weise verändern können. Sie übersehen die kleinen, mutigen Taten der anderen oder beharren darauf, das sei alles Augenwischerei und Zeitverschwendung. Sie werden stur, wenn die Welt ihre Forderungen nicht erfüllt. Sie mühen sich ab und versuchen, ganz genau zu kalkulieren, wie sie sich eine Machtbasis schaffen können, und planen wie besessen ihre Strategien.

Im Gegensatz dazu stehen bei den Männern und Frauen, die tatsächlich die Macht haben, ganze Nationen zu beeinflussen, für gewöhnlich Ideen im Vordergrund, die oft auf stille und unerwartete Weise Wirklichkeit werden. Sie wollen die Welt nicht im Alleingang verändern, sind bescheiden und gern bereit, über sich selbst zu lachen, weil ihnen der Anschein von Macht und Ansehen wenig bedeutet.

Als Thomas Jefferson Präsident der Vereinigten Staaten war, rang sein Stab die Hände, weil er die Besucher des Weißen Hauses gern in Hausschuhen und Morgenmantel begrüßte und keine standesgemäße weiße Perücke sein wirres rotes Haar bedeckte. Er behauptete, er hätte zu viel zu tun, um sich um derartige Details zu kümmern. Auch Benjamin Franklin war ein großer Staatsmann und spielte eine wichtige Rolle bei der Gründung der Vereinigten Staaten. Dennoch machte er gerne Witze über seine Vorliebe für den Wein und die Damenwelt.

Diese Männer nahmen sich selbst nicht allzu ernst, aber sie glaubten leidenschaftlich an ihre Vision von einer neuen Art Staat und übernahmen die Verantwortung für Gründung und Pflege der neuen Demokratie. Weder Jefferson noch Franklin versuchten, alles bis ins kleinste Detail zu managen oder gegnerische Stimmen zum Schweigen zu bringen. Sie nahmen andere Meinungen zur Kenntnis, hörten anderen Menschen zu und waren bereit zuzugeben, dass sie nicht alles wussten – was ja auch den Tatsachen entsprach. Beide hatten erhebliche persönliche Schwächen: Jefferson lehnte die Sklaverei ab, obwohl er selbst Sklaven hatte und eine langjährige sexuelle Beziehung zu einer seiner Sklavinnen unterhielt. Er ließ sogar zu, dass die Kinder aus dieser Verbindung jahrelang in Sklaverei lebten. Benjamin Franklin hatte eine schwierige Beziehung zu seinem Sohn, der seine Erwartungen enttäuschte. Doch trotz ihrer Schwächen versteckten sich Jefferson und Franklin nicht hinter ihrem glanzvollen Ansehen oder gaben vor, mehr als nur Menschen zu sein.

Grandiose Reformer werden zu kleinlichen Tyrannen. Sie sind so sehr in ihr Image verliebt, dass sie sich über abweichende Meinungen hinwegsetzen und das Schicksal vieler riskieren, um die Illusion vom »großen Retter« zu nähren. Jeder Mensch kann im eigenen Leben zum Diktator werden. Deshalb müssen wir aufmerksam und wachsam bleiben, um nicht darauf zu beharren, die Welt habe uns zuzuhören und zu gehorchen, weil dies das Beste für sie sei. Es ist sehr viel lohnender, derjenige zu sein, der still und leise unbezahlte Überstunden macht, um einem Menschen zu helfen, der in Schwierigkeiten steckt oder leidet – aber auch derjenige, der bei der nächsten Personalversammlung aufsteht und den Geschäftsführer fragt: »Sie führen die Rekordgewinne unseres Unternehmens auf den hervorragenden Kundenservice zurück. Wie hoch wird also die Gehaltserhöhung für die Angestellten ausfallen?«

Es gibt eine äußerst wirkungsvolle Methode, grandioses Denken zu verhindern: Wir müssen auf die Symbole in unseren Träumen achten. Sie offenbaren uns, was unser bewusstes Denken nicht sehen will.

Erkenne und entschlüssle die Symbole in deinen Träumen

Die Träume, die sich während des Schlafs abspielen, enthalten viele Symbole, die von deinem Unterbewusstsein geschaffen wurden. Du musst sie entschlüsseln, um ihre Botschaft zu verstehen. In der Psychologie heißt es zum Beispiel, dass Wasser meist für die Gefühle und der Keller eines Gebäudes für das Unterbewusstsein steht. Zudem könnten Bilder eine Art »optischer Wortspielerei« sein. Wenn dich also im Traum die Route des Busses der Linie 15 verblüfft, könnte das ein Zeichen dafür sein, dass dir das Verhalten deines 15-jährigen Sohnes Sorgen macht.

Wenn du dir irgendeiner Sache in deinem Leben nicht bewusst bist, um die du dich eigentlich kümmern solltest, werden bestimmte Themen immer wieder in deinen Träumen auftauchen. Vielleicht landest du regelmäßig in derselben Boutique, in der alle Designerstücke heruntergesetzt sind, aber nichts passt. Möglicherweise stellst du auch fest, dass du ständig vor irgendetwas davonläufst – etwa vor einem Monster, einem Verrückten oder einem wütenden Hund. Dein Unterbewusstsein erzeugt diese Symbole in deinen nächtlichen Träumen, um dich wachzurütteln. Du kannst sie ignorieren, aber sie werden nicht verschwinden.

Im Westen interessiert uns die Bedeutung eines Symbols. Mir dagegen kommt es mehr darauf an, welche Stimmungen, welche Gefühle und welches Gewahrsein ein gewisses Sinnbild oder eine Vorstellung weckt. Für gewöhnlich interpretieren wir diese seelischen Bilder mit dem Verstand, also auf der Jaguarebene, wo das Wasser und der Keller eine besondere Bedeutung haben. Das kann sehr hilfreich sein. Auf diese Weise kann uns das Unterbewusstsein klare Anweisungen geben, die uns im Leben sehr viel weiterhelfen. Ebenso wichtig ist es allerdings, die Träume auf der Kolibriebene zu belassen, ohne sie sofort zu analysieren, und in den wachen Stunden Ausschau nach dem Traumsymbol oder –thema zu halten. Die Bedeutung des Symbols wird dann nicht vom analytischen Verstand, sondern von unserer natürlichen Umgebung und der Zufälligkeit der Ereignisse offenbart, die C. G. Jung als Synchronizität bezeichnete.

Wenn mir zum Beispiel träumte, ich würde ein Schiff mit Proviant für eine Reise mit zwei Freunden beladen, dann würde ich in den folgenden Tagen die Augen nach diesen Symbolen offenhalten: nach einer Reise oder einem Neuanfang, nach zwei Verbündeten, nach Möglichkeiten, für mich selbst zu sorgen (Proviant), oder nach dem Beginn eines neuen Projektes. Sähe ich eines dieser Zeichen in meinem Leben, würde ich in Gedanken sofort eine Verbindung zu meinem Traum herstellen. Auf diese Weise überwinde ich die Barriere zwischen Tag- und Nachtträumen, setze die Kraft unbewusster Energie

Erkenne und entschlüssle die Symbole 189

in meiner Psyche frei und stelle im Wachzustand den Zugang zu diesen Ressourcen her.

Auch wenn du wach bist, ist dein Leben voller Symbole, die dir immer wieder begegnen und Botschaften aus deinem Unterbewusstsein bringen. Diese Zeichen können dich am helllichten Tag auf Chancen, aber auch auf eine gewisse Tendenz hinweisen, der edle Retter sein zu wollen, dich im Recht zu wähnen und dich als Tyrann aufzuspielen oder dich zu bemitleiden. Deshalb solltest du immer wieder auf die Wahrnehmungsstufe des Kolibris zurückkehren. Dann wirst du die mächtigen Symbole in deinen Träumen am Tag und in der Nacht nicht nur erkennen, sondern sie allmählich auch leichter verstehen, ohne übermäßig darüber nachdenken zu müssen. Und wenn du dann im Traum verfolgt wirst, versuchst du nicht nur herauszufinden, wer oder was dir im echten Leben auf den Fersen ist. Du entscheidest dich auch dafür, dich nicht als Opfer äußerer Umstände zu sehen. Dann wird das, was dich verfolgt, sowohl in deinen Träumen als auch im Wachdasein von dir ablassen.

Kürzlich träumte ich, ich befände mich in einem Gebäude mit einer eingestürzten Mauer und ginge mit meiner kleinen Tochter durch die Trümmer. Wir kamen an einen Tisch mit einer Kasse. Sie war offen, und ich wusste, dass dies unser Geld war. Wir fingen an, die Scheine herauszunehmen, und ich sagte meiner Kleinen, dass sie die Münzrollen nicht vergessen dürfe, da wir dieses Haus an einem anderen Ort wiederaufbauen müssten.

Oberflächlich – aus der Jaguarperspektive – betrachtet, könnte man dies für das Thema des Traumes halten: »Nimm das Geld und lauf, ehe alles über dir zusammenbricht.« Als ich etwas tiefer blickte, wurde mir allerdings klar, dass ich zwischen mehreren Deutungen wählen konnte. Eine offensichtliche Möglichkeit war es, den Traum wörtlich zu nehmen, ihn auf der Ebene der Schlange zu interpretieren, mein Geld zu nehmen und irgendwo im Wald eine Hütte zu bauen. Ich aber entschied mich für eine Interpretation auf der Ebene des Kolibris, die ich auch beherzigen wollte. Ich würde dem gesammelten Wissen, das jedem Erdenwächter anvertraut wird, ein neues Zuhause geben, da die Wände des alten Hauses einstürzten, das diese Weisheit bislang geschützt hatte.

Es gibt nur sehr wenige schamanische Gesellschaften, die vom westlichen Konsumdenken noch nicht verdorben sind. Selbst die Bewohner der abgelegensten Winkel des Amazonasgebiets erkennen das Coca-Cola-Symbol. Der Traum wollte mir also mitteilen, dass ich sowohl die finanzielle als auch die familiäre Unterstützung haben würde, um mich an der Schaffung einer neuen spirituellen Heimat für die Weisheit der Erdenwächter zu beteiligen. Meine Tochter zeigte mir, dass ich dies für künftige Generationen tat. Gleichzeitig wurde ich davor gewarnt, mich in einer grandiosen Vision zu verfangen, in der ich der edle Retter einer indigenen schamanischen Tradition war. Denn dann könnte das Haus über mir zusammenstürzen.

Wenden wir uns nun der Entschlüsselung deiner eigenen Traumbotschaften zu.

Die Symbole deiner Wachträume

Es ist ebenso leicht, die Symbole in unserem Wachdasein zu finden, die gerade die stärkste Wirkung haben, wie uns an die

Erkenne und entschlüssle die Symbole

Träume der Morgenstunden zu erinnern. Viele Bilder sind universell, andere entspringen unserer Kultur und unserer persönlichen Erfahrung. Jeder kennt die Bedeutung bestimmter symbolischer Handlungen, wenn zum Beispiel bei einer Demonstration eine amerikanische Flagge verbrannt wird oder jemand eine Richard-Nixon-Maske trägt. Im eigenen Leben entlocken uns oft die Symbole die stärkste emotionale Reaktion, die für eine unserer Geschichten stehen.

Wird dir in deinem Wachtraum ein bestimmtes Symbol bewusst, kannst du deinen emotionalen Mut zusammennehmen, dein Unbehagen überwinden und seine Bedeutung finden. Intellektueller Mut wird dir helfen, dein Denken zu verändern und alte, schwächende Überzeugungen abzulegen. Mit dem Mut der Seele aber kannst du erträumen, was du dir wirklich wünschst. Werde dir dieser Symbole bewusst und gewöhne dir an, sie zu entschlüsseln und die Zusammenhänge und Umstände zu registrieren, in denen sie das nächste Mal auftauchen. Dann ist es gut möglich, dass du erwachst und bislang verborgene Wahrheiten erkennst.

Wofür steht ein bestimmter Prominenter, über den du urteilst und klatschst? Für deine unerfüllten Träume oder deine Wut darüber, dass du nicht unbegrenzt viel Zeit, Geld und Freiheit verplempern kannst? Was bedeutet die Zahl 100 auf der Waage? Was will dir die Beule an deinem Auto sagen? Untersuche heftige Reaktionen auf die Symbole deiner wachen Stunden, und du wirst merken, ob du in einem Albtraum gefangen bist und vergessen hast, wie man mutig träumt.

Du kannst jetzt eine Geschichte schreiben, die dir mehr Kraft verleiht als die Mär vom »dicken, unglücklichen Menschen«, dem »finanziellen Versager« oder dem Menschen, »der nicht genügend gewürdigt wird und einfach nicht ›genug‹ hat, um ein glückliches Leben führen zu können«. Und du wirst nicht mehr gleich mit den Zähnen knirschen, wenn jemand fragt: »Na, immer noch Single?« Falls du den Mut hast zu träumen, kannst du dich von deinen alten Vorstellungen lösen, was dich vermeintlich glücklich oder unglücklich macht, und dir etwas ausdenken, das dir mehr Kraft verleiht.

Symbole der Grandiosität

Mutter Teresa sagte, es gebe keine großen Taten; man könne nur kleine Dinge mit großer Liebe tun. Aber statt ihren Worten und ihrem Vorbild nachzueifern, wollen wir viel zu oft die nächste Mutter Teresa *sein* – ohne die entsprechenden Opfer zu bringen. Wir wollen nicht einfach etwas in der Welt bewirken, ganz gleich, was es ist, und die Augen für alle sich bietenden Gelegenheiten offenhalten. Da verkünden wir lieber: »Ich will eine Milliarde Dollar verdienen, um die Welt zu retten!« Schließlich bedeutet eine Milliarde Dollar sehr viel Macht.

Wir gelangen zu der Überzeugung: Wenn wir ein sinnerfülltes Leben führen wollen, reicht es nicht, einem einzigen Kind eine gute Mutter oder ein guter Vater zu sein oder das Leben von ein paar Menschen zu berühren, die ihre letzten Tage in dem Hospiz verbringen, in dem wir ehrenamtlich tätig sind. Wir wollen einen großen Zeitungsartikel, in dem man rühmt, wir hätten den ganzen Kummer der Welt höchstpersönlich mit Genie, Hingabe und harter Arbeit zum Verschwinden gebracht. Und wenn das Buch eines anderen auf der Bestsellerliste landet oder die

Tochter eines anderen zur Ballkönigin gewählt wird, sind wir neidisch, weil diese Menschen über die Symbole der Macht und der Bedeutung verfügen, nach denen wir uns sehnen.

Jedes Mal, wenn du feststellst, dass du dir grandiose Ziele setzt und auf Erfolgssymbole fixiert bist, ist das ein Hinweis darauf, dass du auf der Jaguarebene festsitzt und nach der falschen Sicherheit des Ruhmes, der Macht und der gesellschaftlichen Anerkennung strebst. Menschen, die tatsächlich eine bessere Welt ins Dasein träumen, haben große Freude an kleinen Werken. Sie sind froh, ihren kleinen, stillen Beitrag zur Welt leisten zu dürfen, und lassen sich nicht davon entmutigen, wie viel noch getan werden muss, um der Armut, der Gewalt und der Zerstörung des Planeten ein Ende zu machen. Da sind zum Beispiel die südamerikanischen Dorfpfarrer, die sich abmühen, ihren einheimischen Schäfchen zu helfen, trotz des Drucks aus Rom, sich strikt an die Ziele der Kirche zu halten. Oder die alte Dame, die ihre Nachbarn unermüdlich auffordert, den Rasen nicht mit Unkrautvernichtungsmittel zu spritzen, sondern zu natürlichen Alternativen zu greifen.

Wenn du auf der Ebene der Seele träumst, erkennst du Gelegenheiten und findest den Mut zu handeln, statt verzweifelt aufzugeben. Du wirst auch nicht zynisch, zuckst mit den Schultern und sagst: »Ich kann da nicht mitmachen. Ich bin viel zu beschäftigt«, oder: »Das ist doch keine große Sache«, und: »Sicher wird sich ein anderer um dieses Problem kümmern.« Hinzu kommt, sobald du mutig träumst, findest du die nötigen Ressourcen, damit du etwas in der Welt bewirken kannst. Ob du nun eine Milliarde Dollar, kreative Ideen, Mit-Träumer oder den Mut brauchst, am Status quo zu rütteln.

Willst du diese Milliarde Dollar dagegen verdienen, um endlich ein glückliches, erfülltes Leben führen zu können, handelt es sich bei deinem Wunsch um einen Tagtraum, der niemals Wirklichkeit werden kann. Du verhinderst seine Realisierung, weil dein Ziel an Bedingungen geknüpft ist. Träume kennen keine Bedingungen. Träume, und du akzeptierst die Umstände. Jeden Tag bewirkst du etwas in der Welt – ganz gleich, in welcher Situation du dich befindest oder welche Möglichkeiten du hast.

Ziele haben ein klar definiertes Ende, das Träumen hingegen ist eine Lebensweise. Die Visionen der Seele werden von der Leidenschaft genährt, und deshalb finden sich auch ohne Zwang oder Willenskraft Möglichkeiten für ihre Verwirklichung. Einige meiner Klienten sind äußerst wohlhabend, und ich habe festgestellt, dass diejenigen, die geschäftlich besonders erfolgreich sind, nicht des Geldes wegen arbeiten, sondern um ihrer Leidenschaft und ihrer Kreativität Ausdruck zu verleihen. Diese Begeisterung bringt ihnen dann das Geld. Sie leben in Fülle – einer Fülle von Ideen, einer Fülle von Dankbarkeit, Freude, Neugier und Staunen.

Die folgende Übung wird dir zeigen, wie du erwachen und die Symbole der Grandiosität erkennen kannst, an die du dich klammerst – und wie du den Mut finden kannst, dich von ihnen zu lösen.

Übung: So kannst du auf Symbole der Grandiosität verzichten

Frage dich: »Was glaube ich zu brauchen, um damit zu zeigen, wie unglaublich wichtig ich bin?« Einen teuren Wagen? Eine berufliche Stellung, die andere ehrfürchtig staunen lässt? Eine Rolex? Eine klasse Frau, einen reichen Mann oder ein Kind, das an einer Eliteuniversität studiert? Die neuesten Informationen zu einem strittigen Thema? Den skandalösesten Klatsch? Eine beißende Art, die andere einschüchtert? Ein schreckliches Kindheitstrauma, das dir dein Selbstwertgefühl geraubt hat? Denk daran, das Symbol deiner Grandiosität kann ein Gegenstand, eine Marke oder ein Verhalten sein, das deiner Ansicht nach zum Ausdruck bringt, dass du ein besonderer Mensch bist, der Respekt, Mitleid oder Bewunderung verdient.

Versuche, wie ein Mönch zu leben und eine Weile auf dein Symbol der Grandiosität zu verzichten, um zu spüren, wie es sich anfühlt. Wenn du deine Bedeutung an deiner Attraktivität und deiner Klugheit misst, dann kleide dich unauffällig, nimm an einer Versammlung teil und bemühe dich, Fragen zu stellen. Du selbst trägst nur etwas bei, wenn du gefragt wirst. Zähme dein Verlangen, sarkastisch zu werden oder andere mit Hinweisen auf deine berufliche Position, deine wichtigen Bekannten oder das angesagte Viertel zu übertrumpfen, in dem du wohnst. Wenn du dich wichtig findest, weil du viel für die Gemeinschaft tust, solltest du eine Weile die weniger glamourösen Pflichten übernehmen und die glanzvollen Auf-

> gaben anderen überlassen. Falls du dich tatsächlich unbedeutend und unwichtig fühlst, solltest du versuchen, der Gruppe von einer großen Tat zu erzählen, an der du dich versucht hast.
>
> Achte auf ein Gefühl des Unbehagens. Urteile nicht, sondern nimm es einfach wahr. Frage dich: »Woher kommt es?« Lass die Antwort aufsteigen und lächle über dein Festhalten an der Grandiosität. Nimm dir nun vor, dich von deiner Angst vor Missbilligung zu lösen.

Übe dich in Achtsamkeit

Um die alltäglichen Gelegenheiten zu mutigem Handeln zu erkennen, müssen wir uns in Achtsamkeit üben. Das bedeutet einfach, dass wir die Aufmerksamkeit auf das richten, was gerade geschieht. Achtsamkeit heißt, keinen Gedanken daran zu verschwenden, was gestern geschah oder morgen sein könnte. Stattdessen widmen wir unserer augenblicklichen Beschäftigung unsere ungeteilte Aufmerksamkeit.

In unserer Kultur ist es oft gar nicht so leicht, sich in Achtsamkeit zu üben. Sie bestärkt uns darin, uns weiter von Reizen überfluten zu lassen und herumzuhetzen, statt einen Gang zurückzuschalten und ruhig, achtsam und nachdenklich zu werden. Wer aber achtsam ist und sich ganz und gar im Jetzt befindet, lebt in Anmut und Würde. Diese Menschen sind ehrlich in Bezug auf ihre Bedürfnisse, sie haben keine Angst und müssen deshalb nicht unzählige Dinge kaufen, um Gefühle der Unsicherheit zu lindern oder die Wirtschaft anzukurbeln. Achtsame Menschen lassen sich nicht so leicht manipulieren oder einschüchtern, damit sie sich den Plänen egoistischer Führungspersonen beugen. Aus diesem Grund fällt es machthungrigen und größenwahnsinnigen Tyrannen nicht leicht, ihnen Angst zu machen. Ich finde es amüsant, dass das englische Wort *conspiracy* (dt. Verschwörung) vom lateinischen *conspirare* kommt, was »zusammen atmen« bedeutet. Menschen, die sich in Achtsamkeit üben, werden seit je von Tyrannen gefürchtet, da sie die Regeln brechen und am Status quo rütteln. Die Achtsamkeit ermöglicht es ihnen, auf die Weisheit der Kolibriebene zuzugreifen und mutig zu träumen.

Du kannst die Gewohnheit der Achtsamkeit leichter entwickeln, wenn du dir vornimmst, jeden Tag etwas zu tun, das deinen Jaguargeist davon abhält, sich in alle Richtungen zu zerstreuen und an jedem Baum zu schnuppern. Die regelmäßige Meditation eignet sich hervorragend zur Schulung der Achtsamkeit. Setz dich auf ein Kissen und versuche, deinen Atem zur Ruhe zu bringen, um allmählich Abstand vom raschen Strom deiner Gedanken zu gewinnen. Beobachte deinen Atem und deine Gedanken, die an dir vorüberziehen wie Wolken, die ständig die Form verändern. Du wirst feststellen, dass sie im Grunde gar nicht so wichtig sind.

Achtsames Gewahrsein setzt voraus, dass du voll und ganz in deinem Körper, auf dem Kissen, im Zimmer, in diesem Augenblick gegenwärtig bist. Dieses Gewahrsein greift auf deinen Alltag über, und du erkennst besser, wann du dich in einen Schlafwandler verwandelst. Du merkst, dass ein Teil von dir murmelt: »Sieh nur, wie ich wieder das Opfer spiele«, sobald du dich in einer Geschichte verfängst. Das erinnert dich an deine Absicht, mutig zu leben. In diesem Augenblick wird dir klar, dass du dich mühelos von der alten, abenteuerlichen Geschichte trennen kannst, statt sie weiter auszuschmücken, und dieses Gewahrsein katapultiert dich blitzschnell aus dem Jaguarbewusstsein in die Traumwelt des Kolibris.

Wenn du nicht viel für traditionelle Meditationsübungen übrighast, gibt es andere Möglichkeiten, dich in Achtsamkeit zu üben. Du kannst zum Beispiel einfach ein paar Minuten still an deinem Schreibtisch sitzen, atmen und deine Gedanken betrachten. Du kannst körperliche Übungen machen, die den schnellen Strom der Gedanken bremsen und dafür sorgen, dass du tiefer atmest und mehr geistige Klarheit findest. Du kannst auch regelmäßig Tagebuch schreiben, um deinen Verstand darin zu schulen, in der Gegenwart zu bleiben.

Wenn du merkst, dass du dich gegen alle Übungen sträubst, die dich zwingen, langsamer und bewusster zu leben, liegt das vielleicht daran, dass dein Verstand unbedingt einen unbewussten Gedanken oder eine Erinnerung verdrängen will, die schmerzhaft für dich wären. Ich kenne eine Organisationsexpertin, die folgende Erfahrung gemacht hat: Ihr ist aufgefallen, dass Klienten, die immer beschäftigt sein müssen und ständig auf dem Sprung sind, diese fiebrige, hektische Atmosphäre oft nur erzeugen, um einem ungeheuer schmerzhaften Gedanken, zum Beispiel einer verdrängten Missbrauchserinnerung, zu entfliehen.

Gestatte dir, nicht mehr davonzulaufen. Erkenne, welchen Dingen du ausweichst, damit du dich ihnen stellen kannst.

Erfülle die Seele mit deiner Absicht

Je achtsamer du wirst und je besser du die Symbole in deinem Leben verstehst, desto klarer wird dir, wenn sich dein Handeln nicht mit deiner Absicht deckt. Steht dein Verhalten im Widerspruch zu deinem Traum, liegt das vielleicht daran, dass die Idee oder der Wunsch von deinem Verstand ersonnen wurde und keine wahre Absicht auf seelischer Ebene dahintersteht. Vielleicht wirst du auch abgelenkt, bleibst auf den unteren Bewusstseinsstufen stecken und vergisst all das, was du erkennen kannst, wenn du dich auf der Ebene des Kolibris oder des Adlers befindest.

Rituale können dir helfen, deine Seele mit deiner Absicht zu erfüllen. Du musst sie nur in dem ehrlichen Wunsch vollziehen, die Bewusstseinsstufe zu wechseln. Erlaubst du dir dagegen, im Jaguarbewusstsein zu verharren, dann wirst du dir Sorgen machen, wo du stehen, was du sagen und was du tun sollst. Du erwartest, dass die Zeremonie deine Gefühle und deine Wahrnehmung verändert, ohne dich ihrer Kraft zu öffnen. Das trifft zu, ob du bei einer katholischen Messe, einer jüdischen Bar-Mitzwa oder einer schamanischen Zeremonie bist – oder vor dem gemeinsamen Abendessen mit dem geliebten Partner eine Kerze entzündest. Richtig vollzogene Rituale erschließen einen offenen Raum, über den du Zugang zu einem höheren Gewahrsein bekommen kannst. Stehen dagegen die Details und der Erfolg des Rituals im Vordergrund, wird es zu einer leeren Zeremonie.

Angenommen, du hetzt und drängelst, damit sich alle zu einer bestimmten Zeit um den Festtagstisch versammeln und ihre Mahlzeit hinunterschlingen, ehe das Baseballspiel beginnt. Dann sollte es dich nicht überraschen, dass die alljährliche Familienzusammenkunft wieder alle kaltlässt und auch in diesem Jahr keine Verbundenheit entsteht. Wenn du mit einer konkurrenzbetonten Einstellung zu deiner Yogastunde gehst und stolz darauf bist, dass du länger in einer Stellung verharren kannst als alle anderen, wirst du weder ein tieferes Gewahrsein deines Körpers noch einen stärkeren körperlichen Energiefluss spüren. Vermutlich wirst du dir nur einen Muskel zerren und niedergeschlagen aus dem Kurs schleichen.

Stell dir nun vor, du würdest dich dem Augenblick hingeben und dich öffnen, damit die Kreativität des Universums durch dich und die Menschen in deiner Umgebung wirken kann. In diesem Fall werden Rituale dir helfen, dein Bewusstsein zu verändern und deine Seele mit deiner Absicht zu erfüllen. Dabei spielt es keine Rolle, ob du sie allein oder mit anderen vollziehst, da du dir grundsätzlich fest vornehmen solltest, offen und spontan zu sein.

Das erinnert mich an ein Pärchen in meinem Bekanntenkreis. Sie baten einen befreundeten Amateursänger um einen Beitrag zu ihrer Hochzeitszeremonie. Er sollte alle Anwesenden dazu bringen, gemeinsam ein beliebtes Lied zu singen, das davon handelte, dass man für die Menschen sorgt, die man liebt. Der Sänger war nervös und setzte falsch an, aber schon bald fielen ein paar Leute ein, und er fand zur richtigen Tonlage zurück, sang voller Selbstvertrauen und mit sehr viel Gefühl. Am Ende des gemeinsamen Singens waren die Anwesenden so gerührt von der Harmonie der Stimmen, in der sich alle – zusammen mit dem frisch vermählten Brautpaar – aufgehoben fühlten, dass sie in Applaus ausbrachen. Manchmal

Erfülle die Seele mit deiner Absicht

ist das Beste an einem Ritual ein »Fehler«. Er rüttelt alle Leute wach und erinnert sie an den Sinn der Zeremonie. Er vertreibt jede Selbstgefälligkeit, die dazu führt, dass Menschen zwar anwesend, aber nicht mit dem Herzen dabei sind.

Wenn du die Seele mit deiner Absicht erfüllen willst, musst du erwachen und deine Kreativität auf der Ebene des Kolibribewusstseins erkennen. Dort entstehen Rituale, Dichtung und Metaphern, als wollten sie auf magische Weise zum Ausdruck bringen, was du im Herzen trägst. Die folgende Übung kann dir helfen, deine Kreativität wiederzufinden und Zugang zu diesem Bewusstsein zu bekommen.

Übung: Haikus des Lebens

Das Haiku ist ein Gedicht, das für gewöhnlich aus drei Zeilen besteht. Die erste und die letzte Zeile setzen sich aus je fünf, die mittlere aus sieben Silben zusammen. Gegenstand der Dichtung ist meist die Natur, die dem Menschen das Gefühl geben kann, eins mit dem Göttlichen zu sein. Es folgen ein paar Gedichtbeispiele.

Das erste Haiku habe ich selbst geschrieben:

*Lenz – der Pfirsich blüht,
frische Fährten am Morgen,
neues Leben keimt.*

Das zweite stammt von dem japanischen Dichter Bufu:

Ach, was kümmert's mich,
welche Wege sie nehmen,
diese Herbstwolken!

Das letzte wurde von der Dichterin Chine verfasst:

Hell leuchtet es auf,
so leichthin, wie es verblasst:
ein Leuchtkäferchen.

Nun versuche selbst, ein paar Haikus über die Natur zu schreiben, aber mach es nicht zu Hause, in deiner geheizten Wohnung, und während du auf die Orchidee starrst, die du auf deinem Computer als Bildschirmschoner eingestellt hast. Geh hinaus in die Natur und setz dich – zum Beispiel auf eine Bank im Garten oder im Park. Vergiss jeden Gedanken an die Liste unerledigter Aufgaben oder an die schreckliche Situation, in der sich die Welt, deine Arbeit oder deine Gesundheit im Augenblick befinden. Betrachte die Bäume, das Gras, die Vögel und die Insekten und schreibe ein paar Gedichte. Löse dich von Urteilen wie: »Das kann ich nicht«, oder: »Ich habe kein Talent fürs Schreiben.« Tu es einfach.

Lies deine Haikus ein paarmal durch, wenn du fertig bist. Spüre die Poesie, die darin liegt, und löse dich von Beurteilungen aller Art.

Schreibe nun drei Haikus über einen beliebigen Bereich deines Lebens, in dem du nicht die geringste Kreativität verspürst oder nur wenig Mut zum Ausdruck bringen kannst.

> Schreibe drei Gedichte über die angespannte Beziehung zu deinem Vater oder deiner halbwüchsigen Tochter. Widme sie deiner stickigen Parzelle im Großraumbüro. Mach deine schlechten Essgewohnheiten oder die Zigarettenschachtel, die du unter dem Autositz versteckt hast, zu einem Gedicht.
>
> Hier geht es darum, den Humor und die Poesie zu finden, die in deiner Hässlichkeit und deinem Selbsthass verborgen sind. Dies ist der erste Schritt, um deinen Mut zu finden: Akzeptiere, was ist, ohne zu urteilen. Wenn es dir gelungen ist, kannst du den nächsten Schritt tun und eine neue Geschichte schreiben, die den Titel trägt: »Meine Reise aus der dunklen Unterwelt der Angst und der Konformität.«

Sei kreativ, wann immer du kannst. Dazu musst du nicht unbedingt Kunstwerke wie Gedichte, Lieder oder Gemälde erschaffen. Aber wenn du dich bemühst, originell zu leben und für deine Möglichkeiten offen zu sein, wirst du zum Träumen angeregt.

Jeder Mensch kann ein wahrer Nonkonformist sein, der dieselben Dinge betrachtet wie alle anderen und sie doch ein wenig anders sieht. Kinder tun das ganz automatisch: Sie erkennen in abstrakten Kunstwerken oder alltäglichen Ereignissen oft überraschende Dinge, weil sie so frisch und originell reagieren.

Die Erdenwächter wissen: Wenn wir mutig leben, eine bessere Welt ins Dasein träumen und uns wahrer Originalität öffnen wollen, müssen wir uns in drei wichtigen Disziplinen üben. Diese drei Disziplinen helfen uns, uns nicht zu verurteilen, uns mit unserer Absicht zu verbinden und ganz automatisch und mühelos mutig zu handeln. Die drei Kerndisziplinen, denen ich die nächsten Kapitel dieses Buches widmen werde, heißen: (1) Übe dich in Wahrhaftigkeit, (2) säubere deinen Fluss und (3) sei jeden Augenblick bereit zu sterben.

※

Kapitel 7

Übe dich in Wahrhaftigkeit

Du kannst die Wahrheit nur finden, wenn du dich selbst auf die Suche machst, denn die geschichtlichen Wahrheiten sind die Wahrheiten anderer. Aber die Wahrheit ist wie eine Fata Morgana in der Wüste. Wir sollen ihr nicht nachjagen, wir sollen sie erschaffen. Wahrheit ist eine Einstellung, ein Akt der Macht, der dein ganzes Handeln durchdringt. Ein kluger Mensch erfüllt jeden Augenblick damit.
Alberto Villoldo: *Dance of the Four Winds*

Die Disziplin, mit der wir uns auf den nächsten Seiten beschäftigen werden, ist eine der großen Lehren der Erdenwächter. Sie besagt: Wenn wir uns in Wahrhaftigkeit üben, wird alles, was wir sagen, wahr. Was wir sagen, geschieht, weil unser Wort golden ist. Üben wir uns nicht auf diese Weise, wird all unser Reden und Handeln zur Lüge.

Wahrhaftigkeit verlangt Wachsamkeit, Ehrlichkeit und Akzeptanz für uns und andere. Sie beginnt mit der Achtsamkeit und damit, dass wir nicht so tun, als wären unsere kleinen Feigheiten bedeutungslos. Ohne Achtsamkeit sind wir wie Schlafwandler. Mit Achtsamkeit merken wir, wenn uns etwas nicht behagt, und können der Wahrheit mit Fragen wie: »Warum fühle ich mich so unwohl?«, »Welcher Gedanke macht mich unglücklich?« und »Welches beunruhigende Gefühl empfinde ich gerade?« auf die Spur kommen. Zur Wahrhaftigkeit gehören wichtige Übungen wie das Nichturteilen und die Transparenz. Sie helfen uns verstehen, wie wenig Kontrolle wir im Grunde über unser Leben haben – und dass der Spirit stets die Zügel in der Hand hält.

Immer wenn du eine unangenehme Wahrheit meidest, wird das Leben deine Aufmerksamkeit darauf lenken, indem es dich in Situationen bringt, die von dir verlangen, das Versteckspiel zu beenden. Falls du diese Signale bewusst ignorierst, kann dein Körper dich wachrütteln. Eine Geschichte, die entstand, als du einer schmerzlichen Erkenntnis aus dem Weg gingst, wird in deinem Unterbewusstsein vergraben und hinterlässt einen Abdruck in deinem LEF. Irgendwann wird sie ihre Energien als körperliche Erkrankung manifestieren.

Dieses Schicksal können wir uns ersparen, wenn wir uns bewusst dafür entscheiden, unsere Geschichten umzuschreiben. Alle unsere Krankheiten sind potenzielle Erinnerungen daran, dass wir unsere Geschichten neu schreiben und uns auf eine höhere Bewusstseinsstufe begeben müssen. Wenn wir das tun. wird uns klar, dass es für alle unsere Probleme eine spirituelle Lösung gibt. Denn auf der Ebene des Adlers und des Spirits werden alle Erkrankungen zu Chancen, etwas zu lernen.

Wenn du ängstlich oder wütend bist, kannst du diese Gefühle manchmal sehr stark körperlich empfinden. Dein Puls wird schneller, deine Muskelspannung nimmt zu, dein Atem wird flacher, unter Umständen werden deine Hände feucht, und möglicherweise zitterst du sogar vor Wut oder

Angst. Körperliche Empfindungen dieser Art sind Teil der primitiven, instinktiven Stressreaktion, die dir die Kraft geben soll, einen gefährlichen Feind zu bekämpfen oder einer Situation zu entfliehen, ehe du Schaden nimmst.

Aber in der modernen Welt redet uns das Jaguarbewusstsein ein, jede wahrgenommene Bedrohung sei höchst gefährlich. Die Urmenschen verspürten das Bedürfnis, sich zu verteidigen oder davonzulaufen, wenn ein Höhlenbär auf sie zugestürmt kam. Wir haben dasselbe Bedürfnis, wenn man uns als verantwortungslos und inkompetent bezeichnet oder der Mensch, mit dem wir ausgehen, sagt: »Ich glaube, jeder von uns sollte auch mal mit anderen Leuten ausgehen.« Wenn wir uns in Wahrhaftigkeit üben, müssen wir uns zwar nur selten einem Höhlenbären stellen. Es kann sich aber durchaus so anfühlen.

Wenn dich jemand ein wenig zu lange mustert und du dir sicher bist, dass er oder sie dich missbilligt, kann es schwer sein, nicht in alte Geschichten zurückzufallen. Schließlich fühlst du dich angegriffen und willst dich wehren. Aber du kannst lernen, dir der körperlichen Reaktion auf die vermeintliche Bedrohung bewusst zu werden, und deine Gedanken, deine Gefühle und dein Verhalten bewusst verändern.

Wenn die Stressreaktion zum Dauerzustand wird, lebst du in Furcht und siehst alles durch die Augen des Jaguars. Deine Angst hält dich davon ab, Wahrhaftigkeit zu praktizieren, denn dazu musst du dich in Furchtlosigkeit üben und dein Adlerbewusstsein entwickeln. Doch sobald du bestimmte Gewohnheiten regelmäßig schulst – indem du zum Beispiel langsam atmest, während eines hitzigen Streits den Raum verlässt, um dich zu sammeln, oder bewusst besonnene Gedanken einübst wie: »Ich frage mich, warum ich mich gerade bedroht fühle« –, kann das dein Bedürfnis dämpfen, anzugreifen oder zu fliehen, und dich aus dem reaktiven Jaguarbewusstsein herausreißen.

Im Amazonasgebiet wird dies »den Jaguar vom Baum holen« genannt, denn ein erschreckter Jaguargeist verhält sich wie eine Katze, die hoch oben auf den Ästen sitzt und jeden anfaucht, der sich ihr nähert. Die Schamanen bringen die Stressreaktion mit energetischen Mitteln wieder in die neutrale Ausgangsposition. Uns gelingt das, indem wir Achtsamkeit praktizieren.

Halte dich an Nichturteilen und Transparenz

Sobald wir aufmerksam wahrnehmen, wie wir in bestimmten Situationen reagieren, können wir uns von den Geschichten lösen, die uns an unsere Urteile binden und zum Beispiel folgendermaßen lauten: »Wenn ich mich so danebenbenehmen kann, bin ich gewiss kein liebenswerter Mensch«, oder: »Sie ist kein guter Mensch, wenn sie sich mir gegenüber so verhalten konnte.« Wir erkennen, dass hässliche Situationen Menschen Schmerzen zufügen können. Aber wir können auch schlicht zu dem Schluss kommen, dass eine Sache schrecklich ist, ohne sofort über die beteiligten Opfer, Retter oder Tyrannen ein Urteil zu fällen.

Die Praxis des Nichturteilens lässt uns die größeren Zusammenhänge erkennen. Wir bemerken die Angst des Tyrannen hinter seinen aggressiven Attacken. Wir erkennen den mangelnden Mut des Opfers und seine Mittäterschaft durch Stillschweigen und Duldung der Situation. Und wir verstehen, dass es dem Retter in erster Linie um sich und sein Bedürfnis geht, der rechtschaffene Held zu sein. Sich in Wahrhaftigkeit üben heißt, innezuhalten, einen Schritt zurückzutreten und eine Situation von jeder Warte aus zu betrachten, um ein besseres Verständnis für das Gesamtgeschehen zu bekommen, ohne dass der Blick von persönlichen Vorurteilen getrübt wird.

Im Judentum (und im frühen Christentum) gibt es eine Sünde namens *loshon hora*, bei der es um die Verbreitung von Klatsch und Tratsch geht. Laut *loshon hora* kommt es einem Fluch gleich, wenn man ohne konstruktive Absicht schlecht über andere spricht. Zudem ist es ebenso verwerflich, dem Klatsch zu lauschen, wie ihn selbst zu verbreiten, da man auch durch Zuhören aktiv daran beteiligt ist. Allerdings muss man nach jüdischem Gesetz die Wahrheit über einen Menschen sagen, selbst wenn sie hässlich oder schmerzlich ist, sofern man dadurch verhindern kann, dass ein Unschuldiger zu Schaden kommt. In diesem Fall soll man nur die Fakten darlegen und sich eines Urteils enthalten, da dies nur Gott fällen darf. Wenn du also nicht gerade verhindern willst, dass jemand anders Schaden nimmt, solltest du besser schweigen und nicht schlecht von anderen sprechen – wie stark die Versuchung auch ist.

Sobald du die Gesamtzusammenhänge kennst und weißt, dass jeder Mensch seinem eigenen Weg zur spirituellen Reife folgt, kannst du dich leichter von dem Bedürfnis lösen, alles und jeden zu beurteilen. Dann kannst du dich in Wahrhaftigkeit üben und der Mensch sein, der du wirklich bist: Du kannst deinen Werten treu bleiben und integer und mutig handeln.

Das gilt auch für die Praxis der Transparenz. Transparenz bedeutet, dass du die anderen sehen lässt, wie du wirklich bist, und nichts zu verbergen hast. Vor Kurzem sah ich eine Nachrichtensendung, in der eine Politikexpertin von einem Anrufer gebeten wurde, sich mit ihren bekannt ätzenden Kommentaren über einen politischen Gegner ein wenig zurückzuhalten. Die Dame unterbrach den Anrufer mit sarkastischen Bemerkungen, versteckte sich hinter einer großen Sonnenbrille, warf in einem fort das Haar zurück und versuchte aggressiv, das Thema zu wechseln. Obwohl sie sich bemühte, nonchalant zu wirken, ließen ihre Körpersprache und ihre Versuche, die Kritik abzuwehren, keine Zweifel daran, dass sie sich unsicher und entblößt fühlte.

Es ist schon seltsam. Je mehr wir unsere Schwächen und unsere Unsicherheit verbergen wollen, desto deutlicher werden sie für andere sichtbar. Wir glauben, wir könnten uns so gut verstellen, dass wir alle anderen – und sogar uns selbst – zum Narren halten, aber wir versagen kläglich und leiden umso mehr, je länger wir es versuchen.

Wenn du mutig bist, kannst du dich in Transparenz üben. Du musst nicht mehr versuchen, mächtig, einflussreich, demütig oder weise zu wirken. Du kannst einfach der Mensch sein, der du bist – ohne dein wahres Wesen für alle anderen hinter einer Maske zu verstecken. Öffne das Visier, lass die Wirklichkeit durchscheinen und schäme dich weder deiner Fehler und Schwächen noch deiner Stärke und deiner Macht. Du kannst deine Menschlichkeit furchtlos zeigen, denn du vermagst ebenso wenig wie alle anderen zu verhindern, dass du manchmal töricht, gierig, egoistisch, gefühllos oder ängstlich bist. Transparent werden bedeutet auch, dass du deine Schönheit

Halte dich an Nichturteilen und Transparenz

und deinen Mut aufscheinen lässt, damit andere sie sehen können. Wenn du das trainierst, musst du nicht mehr hektisch herumlaufen und versuchen, deinen guten Ruf zu wahren oder für Status und Sicherheit in der materiellen Welt zu sorgen. Du akzeptierst dich jetzt, in diesem Augenblick, und lässt deine Schönheit erstrahlen, damit deine Eleganz und deine Anmut andere dazu inspirieren, ihre eigene Herrlichkeit zu sehen.

Sobald du dich nicht mehr vor dir selbst versteckst, tauchst du in den Fluss der Kreativität ein. Dann kannst du dein Denken, Handeln und Fühlen bewusst verändern. In diesem Augenblick kannst du neu geboren und erlöst werden. Du musst dich nicht weiter quälen und auf Erlösung durch einen Gott in der Höhe hoffen. Wenn du nämlich nichts mehr vor dir verheimlichst, befreist du dich von schädlichen Gedanken, Gefühlen und Verhaltensweisen. Das soll nicht heißen, dass du für deren Folgen nicht geradestehen musst. Es heißt lediglich, dass der Prozess der Erlösung und der Wiedergeburt beginnt, sobald du zulässt, dass du gesehen wirst – ganz gleich, welche Geschichte du dir erzählst. Deine Taten sind bereits Vergangenheit, deshalb kannst du vorwärtsschreiten und in genau diesem Augenblick dein ganzes Verhalten verändern. Dann wirst du den Mut und den Antrieb finden, den von dir angerichteten Schaden wiedergutzumachen.

Um dich in Transparenz zu üben, musst du dich der höchsten Stufen des Mutes bedienen und auf der Ebene der Seele träumen. Um Wahrhaftigkeit zu praktizieren, musst du erkennen – und akzeptieren –, dass alles, was du um dich herum erschaffen hast, ein Trugbild ist.

Verzichte auf die Illusion von Sicherheit und Kontrolle

Alles, was uns umgibt und was wir erschaffen haben – unsere Macht und unser Status, unser Glauben, wir lebten kühn und kreativ, und das Gefühl der Sicherheit –, ist eine Lüge. Wir denken uns all das aus, um uns in der Vorstellung wähnen zu können, wir hätten den Albtraum unter Kontrolle. In Wirklichkeit ist unsere ganze Existenz nur eine Geschichte. Sie entspringt unserem Wunsch, den Mythos zu schaffen und zu nähren, wir wären in Sicherheit und hätten unser Leben voll und ganz in der Hand.

Wir wollen glauben, dass wir in dieser Welt sicher sind und unser eigenes Schicksal schmieden, doch das ist nicht wahr. Jeder Mensch ist Teil des fließenden Lebensstroms, der ihn trägt, wohin der Spirit es will. Zusammen mit dem Spirit leiten wir das Wasser hierhin und dorthin und können beeinflussen, wie wir uns und unsere Welt wahrnehmen. Aber was die Fakten unseres Lebens betrifft, hält der Wille des Spirits die Zügel in der Hand. Wir glauben an die Illusion der Kontrolle, um die Ängste der Schlangen- und der Jaguarebene zu lindern, aber wir lassen uns nie lange täuschen. Das Universum erinnert uns oft daran, dass im Grunde niemand die Kontrolle hat, ganz gleich, was er tut. Ich zum Beispiel ernähre mich gesund, treibe täglich Sport und meditiere. Dennoch ist mir klar, dass ich trotz aller möglicher Vorsichtsmaßnahmen nicht garantieren kann, dass ich niemals gesundheitliche Probleme bekomme. Selbst Menschen, die man als »Gesundheitsfanatiker« bezeichnet, können an Krebs, Herzproblemen, multipler Sklerose und anderen schweren Leiden erkranken

Verzichte auf die Illusion von Sicherheit und Kontrolle 213

... und natürlich passieren immer wieder Unfälle. (Entsprechendes gilt übrigens auch für die Chancen, die sich uns zu den unmöglichsten Zeiten bieten.)

Gleichzeitig müssen wir verstehen, dass es unsinnig ist, wenn wir uns von unseren Zukunftsängsten davon abhalten lassen, die richtigen Entscheidungen für unsere Gesundheit und Sicherheit in der materiellen Welt zu treffen. Wir dürfen uns nicht von dem Umstand überwältigen und lähmen lassen, dass wir nur eine begrenzte Zeit auf Erden haben. Wenn wir das zulassen, wird die Angst so groß, dass wir das Haus nicht mehr verlassen und keinerlei Risiken mehr eingehen.

Um kühn und kreativ zu leben und mutig zu träumen, müssen wir weder auf vernünftige Gewohnheiten noch auf unsere Krankenversicherung verzichten. Allerdings müssen wir wissen, dass wir auf manche Dinge keinen Einfluss haben. Es gibt zum Beispiel keine Beziehungsversicherung, und die Wahrheit ist, dass die Liebe manchmal einfach aufhört und wir trotzdem immer offen für sie sein müssen. Es gibt auch keine Versicherung gegen Spott, und dennoch müssen wir unsere Wahrheit verkünden – auch auf die Gefahr hin, dass sich irgendjemand über uns lustig machen könnte. Wenn wir uns einreden, wir könnten unser Leben bis ins Kleinste regeln und Kummer und Unheil aller Art vermeiden, bleiben wir auf den unteren Bewusstseinsstufen stecken und versuchen verzweifelt, ein Bollwerk gegen das Unglück zu errichten.

Wenn wir uns in Wahrhaftigkeit üben, müssen wir bereitwillig in Betracht ziehen, dass all unsere Worte und Taten eine Lüge sind, mit der wir das Nest schützen wollen, das wir uns in der physischen Welt gebaut haben: unseren gesellschaftlichen Ruf, unsere Ehe, unsere Karriere, unser Haus, unsere Kreditwürdigkeit und so weiter. Je stärker wir an der Illusion von Sicherheit und Kontrolle festhalten, desto schwerer finden wir Zugang zu unserer kreativen Quelle. Sobald wir uns von der Vorstellung verabschieden, die Kontrolle über unser Leben zu haben, verstehen wir allmählich, dass wir schon immer von der Hand des Spirits geführt wurden. Wir waren uns dessen nur nicht bewusst. Dann können wir das Steuer wieder demjenigen überlassen, der seit eh und je den Kurs bestimmt. Das heißt nicht, dass wir unser Schiff nicht mehr selbst lenken und die Segel nicht mehr selbst setzen müssten. Es bedeutet vielmehr, dass wir nicht mehr gegen die Winde ankämpfen müssen. Letztlich beugen wir uns genau wie Jona der Aufforderung des Spirits, nach Ninive zu gehen, und folgen dem Ruf dorthin.

Wie oft belügen wir uns in der Frage, wer wir eigentlich sind, damit wir uns mit unserer Identität sicher fühlen und uns vor der harten Arbeit drücken können, uns unseren Misserfolgen zu stellen. Wenn wir den eigenen Verlautbarungen glauben, ähneln wir der Raucherin, die behauptet, sie würde sich fast nie eine Zigarette anzünden – bis auf die nach dem Essen … und, nun ja, die vor dem Schlafengehen … und die Schachtel, nach der sie greift, wenn sie wirklich Stress hat, aber das ist ja nicht immer der Fall und zählt im Grunde nicht … Wir sind wie der Mann mit dem Autoaufkleber TUE GUTES, der einen anderen schneidet und ihm den Parkplatz wegnimmt.

Akzeptiere, wer du bist. Lache über deine Macken. Zeige anderen dein wahres Ich, keine falsche Fassade, die sie glauben machen soll, du wärst ein Mensch, der du nicht bist. Bitte nimm dir kein Beispiel an einem meiner Bekannten. Dieser superreiche Herr erzählt wirklich jedem, vom Kellner bis zum Taxifahrer, wer er ist und wen er kennt. Er fühlt sich nur in seiner Geschichte wohl und versteckt deshalb sein wahres Ich.

Dann gibt es da noch eine Freundin. Sie ist eine exotische, alleinstehende Schönheit, die nichts von Angst oder Unehrlichkeit hält. Wird sie gefragt, womit sie ihren Lebensunterhalt verdient, erwidert sie mit unbewegter Miene: »Ich bin im Dienstleistungsgewerbe ... Zurzeit putze ich Häuser.« Es macht großen Spaß, den Gesichtsausdruck ihrer Gesprächspartner zu sehen und zu beobachten, wie die Männer sie nach dieser Enthüllung mit fadenscheinigen Ausreden auf Partys stehen lassen. Offenbar wollen sie nicht mit einer Frau ausgehen, die »nur ein Dienstmädchen« ist.

Wenn du dich in Wahrhaftigkeit übst, machst du dir keine Gedanken über Äußerlichkeiten und fürchtest dich nicht vor Bloßstellung. Dir ist klar, dass »reicher Mann« und »Dienstmädchen« nur Geschichten und nicht besonders hilfreich sind, wenn es darum geht zu beschreiben, was für ein Mensch du heute bist. Du bist so viel mehr als das, was du tust oder erreicht hast.

Sobald du mutig in den Spiegel blicken und dich in all deiner Schönheit und Hässlichkeit betrachten kannst, wird sich dein Spiegelbild allmählich verändern.

Übe dich in Wahrhaftigkeit – mit intellektuellem Mut

Du kannst dich nur in Wahrhaftigkeit üben, wenn du den intellektuellen Mut hast einzuräumen, dass du nicht alles weißt. Ein einfaches Beispiel dafür wäre es, vor einer Gruppe zuzugeben, dass du in einer politischen Angelegenheit noch unentschlossen bist, da du dich erst einmal eingehender über das Thema informieren willst. Es ist dir auch nicht peinlich, und du schämst dich nicht, wenn die anderen deswegen auf dich herabsehen. Letzten Endes musst du mutig genug sein, *dir selbst* einzugestehen, dass du nicht mehr in der Hand hast als die paar Fakten, die du gesammelt hast. Dann ist Wahrheit nicht mehr die Suche nach Menschen, die die Welt durch dieselbe Brille sehen wie du und denen du bedenkenlos zustimmen kannst. Sie wird vielmehr zu einer Haltung, einer Geste, die du in jeden Augenblick und jede Begegnung einbringst. Du suchst sie nicht mehr, sondern erfüllst jede Situation damit – wie unangenehm das auch sein mag.

Wir leben in einer Welt, in der wir unaufhörlich von Meinungsmachern bestürmt werden. Noch bevor wir einen Augenblick Zeit hatten, um die Grundinformationen zu verarbeiten, sagen sie uns schon, was wir denken sollen. Die Medien wissen, dass wir intellektuell feige sind und uns nach der falschen Sicherheit einer soliden, vertretbaren Sofortmeinung sehnen. Vor einiger Zeit schaltete ich einen Sender ein, der rund um die Uhr Nachrichten sendet. Ich sah nur ein leeres Podium, auf dem in Kürze ein Politiker sprechen sollte. Unterdessen spekulierte der Sprecher eifrig, was wohl passieren würde, wenn der Politiker dieses und nicht jenes sagte, und was nächste Woche geschehen könnte, wenn ein anderer darauf dieses oder jenes erwiderte. Die Vermutungen wurden immer absurder. Die Kamera offenbarte derweilen die Diskrepanz zwischen der Wirklichkeit, dass nichts geschah, und der Illusion, dass wir uns alle besser fühlen würden, wenn wir die möglichen Ereignisse einigermaßen absehen könnten.

Übe dich in Wahrhaftigkeit – mit intellektuellem Mut

Leider versuchen viele Menschen, andere dadurch herabzusetzen, dass sie irgendeine obskure Tatsache aus dem Ärmel ziehen, welche die Überlegenheit ihrer Position zu beweisen scheint. Es ist verführerisch, in diese Form von unehrlichem Diskurs zu verfallen: Wir reden uns schnell ein, wir würden den Gesamtzusammenhang kennen, obwohl uns meist eine entscheidende Information oder eine wichtige Perspektive fehlt. Wir geben weder im Beruf noch in unseren Beziehungen gern zu, dass uns einige Fähigkeiten abgehen und andere der Auffrischung bedürfen. Stattdessen erfinden wir Ausreden, werden feindselig und sarkastisch, um die Menschen in unserer Umgebung einzuschüchtern, damit sie sich nur nicht mit uns anlegen.

Wir verwenden Fachjargon, um klüger zu wirken, als wir sind. Wir schließen uns sogar mit anderen zusammen, die ebenfalls ihre Lücken haben und genauso unsicher sind wie wir. So bilden wir eine geschlossene Front gegen denjenigen, der den intellektuellen Mut besitzt zu sagen: »Ich glaube, wir machen hier einen Riesenfehler.« Aus diesem Grund konnte das US-Militär auch Toilettensitze für 600 Dollar bestellen, und Krankenhäuser konnten 12 Dollar für ein Pflaster oder eine Aspirintablette in Rechnung stellen. Wer sich in Wahrhaftigkeit übt, gibt als Erster zu, dass eine Sache überdacht werden muss. Er räumt als Erster ein: »Damit ich eine gute Entscheidung treffen kann, brauche ich mehr Informationen oder muss erst noch das eine oder andere lernen.«

Übe dich in Wahrhaftigkeit – mit emotionalem und moralischem Mut

Der emotionale und moralische Mut ermöglicht es uns, ehrlich zu unseren Gefühlen zu stehen und die Verantwortung für unser gesamtes Handeln in unseren Beziehungen zu übernehmen. Er verlangt, dass wir mutig und verletzlich lieben. Wenn wir uns nicht um diese Art von Mut bemühen, werden wir zu schamlosen Heuchlern, die ihre Unaufrichtigkeit nicht sehen wollen. Dazu kommt es, weil es ausgesprochen unangenehm sein kann, Unterschiede zwischen unserer Absicht und unserem Verhalten einräumen zu müssen.

Ein Beispiel aus meinem Leben: Früher lebte ich in einem reichen Vorort im Südosten der Vereinigten Staaten. Dort machte ich die Bekanntschaft eines Pärchens, dessen Familien schon seit Generationen in dieser Gegend lebten. Ihre Eltern und Großeltern hatten nur Weiße, Christen oder echte Südstaatler in ihre gesellschaftlichen Kreise aufgenommen. Die neue Generation wollte nun mutig sein, die alten Regeln brechen und auch Menschen die Hand reichen, die ihre Vorfahren rundheraus abgelehnt hätten. Allerdings wollten sie im Grunde gar keine neue, offenere Nachbarschaft mit einem entsprechenden Country Club ins Dasein träumen – sie fanden einfach schön, wie sich das anhörte.

Meine Frau und ich wurden zum Abendessen in ihren Country Club eingeladen. Während der Mahlzeit lächelten unsere neuen Freunde breit und erzählten, dass man normalerweise fünf Jahre auf eine Mitgliedschaft warten und 60 000 Dollar Aufnahmegebühr zahlen müsse. In unserem Fall seien sie allerdings bereit, in beiden Punkten eine Ausnahme zu

Übe dich in Wahrhaftigkeit – mit intellektuellem Mut 219

machen. Ich fragte natürlich, weshalb sie uns ein solch großzügiges Angebot unterbreiteten. Sie erwiderten, das läge daran, dass wir beide hellhäutig seien, obwohl meine Frau Jüdin sei und ich aus Kuba stammte. So könnten wir ihnen helfen, den Mitbürgern zu zeigen, dass dieser Country Club auch Angehörigen anderer ethnischer Gruppierungen offenstehe. Gleichzeitig würde es die anderen Mitglieder nicht so sehr vor den Kopf stoßen, als wenn sie etwa einem afroamerikanischen Pärchen die Mitgliedschaft anböten.

Nach dieser Enthüllung waren meine Frau und ich sprachlos. Unsere Nachbarn waren ganz offenbar der Ansicht, sie hätten einen besonders schlauen Kompromiss gefunden. Für uns dagegen waren sie Heuchler. Da ich sowieso nicht der Country-Club-Typ bin, wollte ich ihnen noch etwas auf den Zahn fühlen, wie wohl ihnen tatsächlich dabei wäre, mich als Mitglied zu haben, und erzählte ihnen alles über meine Arbeit mit den Amazonasschamanen. Offenbar kamen unsere sogenannten Freunde zu dem Schluss, meine Frau und ich seien ein wenig zu schillernd, um in ihre Gemeinschaft zu passen. Wir wurden nie wieder gebeten, Mitglieder zu werden.

Wenn wir uns in Wahrhaftigkeit üben, stecken wir nicht nur einen Zeh in den Fluss – wir springen in die tosenden Fluten und werden pitschnass dabei. Angst, Kompromisse, halbe Sachen gibt es nicht. Wenn wir nur ein klein wenig Wahrhaftigkeit praktizieren, enden wir als Heuchler.

Heutzutage wird es immer schwieriger, mit Heuchelei durchzukommen. Wir glauben vielleicht, unsere Privatsphäre sei sicher, oder meinen, der Kleinstadtklatsch könne uns nichts anhaben. Andererseits leben wir in der Zeit von Internetportalen wie YouTube, in denen jemand unser Verhalten mit einem

Handy filmen und Minuten später ins Internet stellen kann, wo jeder es sehen kann. Das erschwert es allen Menschen, unehrlich zu sein und sich weiter in die Tasche zu lügen. Umso erstaunlicher ist es, dass manche Leute im Fernsehen vehement leugnen, etwas gesagt oder getan zu haben, das überall im Internet zu sehen und bereits Millionen von Menschen bekannt ist.

Es kann in der Tat hilfreich sein, Videoaufnahmen von sich selbst zu sehen. Anschließend fällt es einem nämlich sehr viel schwerer, die Illusion aufrechtzuerhalten, man sei keineswegs steif, selbstgefällig oder unsicher. Aus ebendiesem Grund sehen wir meist nur ungern Bilder von uns, da sie oft unserer subjektiven Meinung von unserem Erscheinungsbild widersprechen. Die überflüssigen Kilos, die Falten, die gestressten Blicke und eine Körpersprache, die verrät: »Ich bin nicht glücklich«, lassen sich sehr viel schwerer leugnen, wenn wir ein Foto von uns sehen.

Aber du brauchst weder Spiegel noch Fotos oder peinliche YouTube-Videos, um dir deines Verhaltens bewusst zu werden. Sieh dir einfach die Resultate an und höre auf diejenigen, die andeuten, dein Verhalten decke sich nicht mit deiner Absicht. Achte auf das, was du tust – ob du nun fährst, als gehöre die Straße dir, oder beharrlich beteuerst: »Aber nein, kein Problem, ich bin nicht ärgerlich«, wenn du innerlich vor Wut schäumst.

Vergiss nicht, ein integres Leben zu führen

Wie du siehst, bedeutet ein emotional und moralisch mutiges Handeln, den eigenen Werten treu zu sein. Wenn du ein integ-

Übe dich in Wahrhaftigkeit – mit intellektuellem Mut

res Leben führen willst, musst du diese Werte kennen. Vielleicht wurdest du nach strengen Regeln erzogen, was richtig und was falsch ist, und warst ziemlich schockiert, als du zum ersten Mal dein schützendes Umfeld oder den dir vertrauten Bereich verlassen hast und einem Menschen mit völlig anderen Werten begegnet bist.

Ich möchte diesen Punkt mit einer Geschichte aus der Zeit illustrieren, als ich noch ein junger Mann war und im Amazonasgebiet forschte. Ich war mit ein paar Freunden bei einer Gruppe von Regenwaldbewohnern zu Gast, die uns zu Ehren ein großes Fest gaben. Wir dachten, sie wollten uns damit für die mitgebrachten Geschenke danken.

Ein etwa 12-jähriges Mädchen kümmerte sich besonders beflissen um einen meiner Begleiter. Sogar nachdem er sich in seinem Zelt schlafen gelegt hatte, schaute sie immer wieder vorbei und bot ihm an, zu ihm ins Zelt zu kommen und ihm frisches Wasser oder alles andere zu bringen, was er brauchte. Ihre ständige Aufmerksamkeit beunruhigte ihn so sehr, dass er schließlich unseren Führer weckte und ihn fragte: »Was ist hier los? Warum will dieses Mädchen mir ständig etwas bringen?« Der Führer sprach mit ein paar Dorfbewohnern und kehrte mit der Nachricht zurück, dass wir soeben einer Hochzeitsfeier beigewohnt hätten. Überraschung! Mein Freund war der Bräutigam!

Mein Freund und ich waren zutiefst entsetzt, dass er durch die Teilnahme an dem Fest versehentlich dieses Mädchen geheiratet hatte. Wir packten mitten in der Nacht unsere Sachen und machten uns mit unserer Gruppe eilends aus dem Staub. Hinterher fühlten wir uns elend, weil wir dem armen Mädchen eine große Demütigung zugefügt haben mussten, und bezahlten ihr den Besuch der Schule in einem nahe gelegenen Ort. Über zehn Jahre später traf ich sie zufällig wieder. Es stellte sich heraus, dass sie noch einmal geheiratet und mehrere Kinder bekommen hatte. Aufgrund der Sprachkenntnisse und der Bildung, die sie dank unserer Unterstützung erworben hatte, diente sie nun als Vermittlerin zwischen ihrem Volk und der Außenwelt.

In meiner Welt war es undenkbar, dass eine 12-Jährige mit einem Fremden verheiratet wurde. Deshalb war mir auch nie der Verdacht gekommen, dass meine Freunde und ich bei diesem Fest mit den Eingeborenen in eine Ehe einwilligen könnten. Als Anthropologe weiß ich aber auch, dass jede Kultur Werte hat, die sie für universell hält. Das kann den Umgang mit Menschen erschweren, die nach völlig anderen Regeln leben. Wenn wir uns also in Wahrhaftigkeit üben, sollten wir stets nach einer Möglichkeit suchen, die sowohl die eigenen Werte *als auch* die des anderen respektiert.

Wir fühlen uns nicht wohl dabei, wenn wir feststellen, dass unsere Werte von denen der anderen abweichen. Dieses Gefühl vermeiden wir oft dadurch, dass wir in den eigenen Kreisen bleiben. Wir finden es wohltuend, in einer Umgebung zu leben, in der wir kühn unsere Meinung verkünden können, weil wir wissen, dass alle Menschen, denen wir begegnen, unsere Ansicht teilen und uns nicht widersprechen. Sobald unsere Ideale infrage gestellt werden oder wir jemanden kennenlernen, den wir angenehm und freundlich finden, der sich allerdings zu völlig anderen Werten bekennt als wir, sind wir schockiert und aufgebracht. So ist beispielsweise die Demokratie für uns ein selbstverständliches Gut. Wir sehen in ihr die beste Regierungsform für alle Menschen – und greifen zu den Waffen, wenn ein Land im Nahen Osten beschließt, dass es lieber nach islamischem Recht leben will.

Wenn wir ehrlich sind, enthalten fremde Werte eine Aufforderung, die eigenen Dogmen infrage zu stellen. Oft wollen wir uns diesen schmerzlichen Konflikt allerdings lieber ersparen und beschließen stattdessen, den Werten treu zu bleiben, nach denen wir erzogen wurden ... sogar dann, wenn sie nicht funktionieren. (Deshalb gibt es in der amerikanischen Kultur die Regel: »Sprich nie über Politik oder Religion.«) Es ist einfach leichter, wenn wir uns nicht mit unseren unbewussten Überzeugungen herumschlagen oder uns dem Umstand stellen müssen, dass wir nicht immer einer Meinung mit den Menschen sind, die wir lieben und die uns am Herzen liegen.

Während eines Abendessens erzählte mir der Mythologe Joseph Campbell bei einem gemeinsamen Glas Wein: »Was wir Wirklichkeit nennen, sind nur die Mythen, die wir noch nicht ganz durchschaut haben.« Um emotional und moralisch mutig handeln zu können, müssen wir unsere persönliche Wahrheit beiseitelassen, der sich die anderen nicht immer anschließen können, und uns in der universellen Wahrheit üben.

Übe dich in universeller Wahrheit

In unserer Kultur herrscht die narzisstische Vorstellung, wir zeigten einen gewissen Edelmut, wenn wir die eigene Wahrheit wüssten und verkündeten. Wir beharren auf unserem Recht auf Ehrlichkeit und vergessen darüber, dass jeder Mensch eine eigene Wahrheit hat, die ebenso wertvoll – oder unbedeutend – ist wie jede andere. Wenn man seine eigene

Wahrheit verkündet, ist das ein schlechter Ersatz für die Praxis der universellen Wahrheit. Das liegt nicht nur daran, dass sie nicht sonderlich kreativ ist. Sie dient auch nur dem einen Zweck, die Geschichte vom Retter, Tyrannen oder Opfer zu rechtfertigen.

Jede große spirituelle Tradition kennt eine universelle, für alle Menschen erfahrbare Wahrheit, ob sie nun *Philosophia perennis* (»immerwährende Philosophie«) oder *Logos* heißt. Eine persönliche Wahrheit ist andererseits immer eine Lüge, mit der wir unseren Schrecken angesichts des Rätsels der Schöpfung rechtfertigen. Wenn sich meine Wahrheit von deiner unterscheidet, dann liegt das daran, dass wir uns beide an begrenzte Vorstellungen klammern und unsere persönliche Perspektive für die universelle Wahrheit halten. Sobald wir an unseren persönlichen Dogmen festhalten, fangen wir an, sie zu verteidigen. Wir tauchen ein in den Albtraum aus Geschichten, die uns unserer Kraft berauben.

Könnten wir uns von unseren persönlichen Wahrheiten lösen, dann würden wir andere nicht mehr nach Kriterien beurteilen, die bei uns zufällig funktionieren. Der Streit zwischen berufstätigen und nicht berufstätigen Müttern wäre ausgestanden, und wir würden aufhören, unsere »ökologischen Fußabdrücke« zu vergleichen und uns darüber zu beklagen, der andere trage nicht genügend zur Rettung der Erde bei. Wenn man uns Amerikanern vorwirft, wir seien verschwenderisch oder rücksichtslos, zeigen wir meist umgehend mit dem Finger auf eine andere Gruppe oder ein anderes Land, das noch verschwenderischer oder rücksichtsloser ist. Natürlich deuten wir niemals auf jemanden, der *weniger* verschwenderisch oder *rücksichtsvoller* ist als wir, denn das würde uns ja zwingen, die eigenen Schwächen ehrlich zuzugeben. Wir kritisieren den Kohlenstoffausstoß Chinas oder die Gewalttätigkeit der Terroristen und rechtfertigen damit die eigene umweltschädliche und brutale Politik. Aber all das trägt nicht im Mindesten dazu bei, dass die Welt ein sauberer und sicherer Ort wird.

Eine persönliche Wahrheit entspringt dem Jaguarbewusstsein. Deshalb sehen wir immer nur das, was wir für »die« Wahrheit halten, obwohl es einfach nur *unsere* Meinung ist. Ein Mann sagt über seine Beziehung vielleicht: »Du hast mir ein Versprechen gegeben, aber du hast es nicht gehalten und bist mir nicht treu geblieben. Du hast mich verraten.« Damit rechtfertigt er seine Ansicht, seine Partnerin sei die Tyrannin und habe ihn zum Opfer gemacht. Nun hat sie vielleicht ihrerseits das Gefühl, in der Beziehung nicht genügend respektiert und gewürdigt worden zu sein. Deshalb lautet ihre Wahrheit, dass sie das Opfer und er der Tyrann ist. Die universelle Wahrheit dagegen ist: Beide Partner klebten so sehr an ihrem psychologischen und karmischen Ballast, dass einer von ihnen die Beziehung beendete. Hätten sie diese höhere Wahrheit erkannt, hätten sie einander für die Lektionen und die gemeinsame Zeit loben und danken können.

Eine universelle Wahrheit ist meist nicht mit ebenso starken Gefühlen und Urteilen verbunden wie eine persönliche. Die universelle Wahrheit bezüglich des Klimawandels ist zum Beispiel, dass die Menschheit im Ganzen eine Belastung für den Planeten darstellt und wir alle die Aktivitäten einschränken müssen, die zur Vernichtung der Erde beitragen. Die universelle Wahrheit in Sachen Frieden lautet, dass der Mensch regelmäßig emotional, verbal und körperlich gewalttätig ist.

Stellt man ihn deswegen zur Rede, reagiert er gern mit Ausflüchten.

Der Weg zum Frieden führt über die Praxis der universellen Wahrheit. Sie löst uns von der Frage, wer der Gute und wer der Böse ist, und hilft uns, mutig und kreativ zu träumen, statt einander zu verurteilen. Aber eine solche Wahrheit lässt sich nur erfahren und leben, wenn man über den Mut der Seele verfügt.

Übe dich in Wahrhaftigkeit – mit dem Mut der Seele

Als seelisch mutige Menschen erkennen und nutzen wir jede Chance, die Wahrheit zu sagen und zu erschaffen. Wir bringen unsere Wahrheit in unseren Worten und Taten zum Ausdruck. Wenn wir unseren Worten und den Botschaften unseres Körpers lauschen, merken wir, wenn wir in die Lüge *und* den Albtraum abtauchen.

Sobald du mutig träumst, wirst du dich einer aktiven Sprechweise bedienen, weil dein Mut aktiv ist. Angenommen, du beschreibst dich mit positiven Adjektiven wie »fürsorglich« oder bezeichnest dich als »spirituellen, mitfühlenden Menschen«. Dann drückst du dich damit vor der Herausforderung, fürsorglich, spirituell und mitfühlend zu *handeln*. Gleichermaßen gilt, dass jeder Mann »Vater« werden kann, als Vater zu handeln aber sehr viel schwerer ist. Ein Liebhaber zu sein, ist eine Sache. Mutig zu lieben und liebevoll mit der Partnerin umzugehen, mit der man seit zwanzig Jahren zusammen ist, ist etwas anderes.

Übe dich in Wahrhaftigkeit – mit dem Mut der Seele

Möglicherweise warst du früher einmal fürsorglich, spirituell und mitfühlend und wirst es auch in Zukunft wieder sein. Vergiss aber nicht, dass es menschlich ist, sich auf seinen Lorbeeren auszuruhen – ob sie heute noch berechtigt sind oder nicht. Gib zu, dass du dich gerne für einen guten Menschen hältst und dir angewöhnt hast, unter den Teppich zu kehren, dass du dich im Augenblick nicht besonders gut benimmst. Bekenne dich zu deinen Ausflüchten und übe dich in Wahrhaftigkeit.

Wenn du mutig träumst, wird deine Sprache eindeutig klarstellen, wer etwas tut. Statt zu klagen: »*Irgendjemand* sollte etwas dagegen tun«, wirst du sagen: »*Ich* sollte etwas dagegen tun. *Ich* sollte eine bessere Alternative erträumen und anfangen, sie umzusetzen.« Die gewaltige Kreativität und Leidenschaft der Seele wird dir offenbaren, was du tun musst, und du wirst dich, ohne zu zögern, deines Mutes bedienen.

Wir brauchen moralischen und intellektuellen Mut, um einzugestehen, wenn wir uns hinter Worten verstecken, um nicht ehrlich, anständig, mutig oder kreativ sein zu müssen. Oder wenn wir die Sprache dazu benutzen, irgendwelche Geschichten zu erzählen. Im Krieg sprechen wir von »Kollateralschäden« an Zivilisten. Wir behaupten, unsere »Freiheitskämpfer« und »Scharfschützen« (engl. *sharpshooters*) wollten die »Terroristen« und »Heckenschützen« (engl. *snipers*) der Gegenseite besiegen. Das US-Militär ging sogar so weit, seine *Sniper School* in *Sharpshooter School* umzutaufen.

Eine meiner Klientinnen berichtete Folgendes: Ihr sei klar geworden, dass sie ihre Opfergeschichte endlich überwunden hatte, als sie eine neue Antwort auf die Frage: »Und was machen Sie beruflich?« gab. Statt wie üblich mit den Worten zu beginnen: »Ich bin eine alleinerziehende Mutter …«, und dann ihr Elend zu schildern, sagte sie nun: »Ich arbeite an meinem Magisterabschluss im Fach ›Kreatives Schreiben‹ und ziehe zwei Kinder groß.« Sie legte die Betonung also auf die Dinge, die sie im Einklang mit ihrer Absicht unternahm.

Mit anderen Worten: Das, wofür du dich hältst – eine alleinerziehende Mutter, einen Unternehmer, eine Krebspatientin –, beschreibt nicht zwangsläufig auch das, was du gerade tust. Vielleicht lernst, forschst, heilst, schaffst oder entdeckst du etwas. Löse dich von den einfachen Etiketten, mit denen du dich versiehst. Finde heraus, was du gerade tust, und prüfe, ob du lieber etwas anderes ausprobieren würdest. Achte darauf, dass dein Tun deinem wahren Wesen entspricht.

Bewahre dir deinen Humor!

Humor kann ein mächtiges Werkzeug sein, wenn man sich in Wahrhaftigkeit übt. Er macht es uns leichter, mit den unangenehmen Tatsachen des Lebens zurechtzukommen und uns selbst klar zu sehen. Deshalb war der Hofnarr im Mittelalter auch der einzige Mensch im ganzen Reich, der dem König die unangenehme Wahrheit sagen durfte. Wenn wir über uns selbst lachen können, schulen wir unseren Mut. Die Bereitschaft, uns selbst durch den Kakao zu ziehen, inspiriert auch andere dazu, die Masken fallen zu lassen und sich in Wahrhaftigkeit zu üben.

Ein zynischer Humor kann allerdings auch dazu dienen, die Wahrheit zu verdrängen. Wer sich in Wahrhaftigkeit übt, schätzt und respektiert alle Menschen. Witze, die andere einschüchtern oder verletzen sollen, fesseln dich an eine Geschich-

Übe dich in Wahrhaftigkeit – mit dem Mut der Seele

te, die dich schwächt und in der du den gerechten Tyrannen gibst. Witze, die dagegen den anderen ein Gefühl von Sicherheit vermitteln und sie aufmuntern sollen, sind erfrischend und entwaffnend. Mit Humor kannst du eine Situation entschärfen und der Ehrlichkeit den Stachel nehmen. In einer Legende über Buddha heißt es, er habe dadurch Erleuchtung erlangt, dass er Giftschlangen fing und ihnen die Zähne zog, damit sie niemandem mehr schaden konnten. Wahrheit, der ein wenig Gelächter die Härte nimmt, heilt.

Der Humor zeigt dir, dass du im Drehbuch eines schlechten Films oder einer Seifenoper feststeckst. Er erinnert dich daran, dass du dir etwas einfallen lassen kannst, was dir mehr Macht verleiht als die Überzeugung: »Mein bester Freund hat mich verraten«, oder: »Mein Arzt hat eine düstere Prognose gestellt und mir jede Hoffnung genommen.« Wenn du Humor hast, ist dein Glas halb voll (oder auch nur zu einem Viertel voll), denn er weckt Optimismus und positives Denken. Du reitest nicht mehr als einsamer Cowboy in den Sonnenuntergang, sondern gehörst zu den Menschen, die aus der Asche einer Beziehung auferstanden sind oder die Angst vor Verlust und Tod besiegt haben.

Bemerkungen wie: »Wenn wir das hinter uns haben, gibt das eine großartige Geschichte«, oder: »Ich habe das Gefühl, wir sind in der schlimmsten Reality-Show der Welt gelandet«, helfen dir, zusammen mit den anderen Insassen des Rettungsbootes zu lachen. Sie erinnern dich auch daran, dass sich die Umstände ständig verändern, und sobald du die Dinge aus einem anderen Blickwinkel betrachten kannst, beginnst du damit, die Wirklichkeit zu beeinflussen. Humor kann die dunkelsten Augenblicke erhellen, wenn er ein Ausdruck deiner Fähigkeit ist, eine bessere Welt ins Dasein zu träumen.

Das Lachen hilft uns, die durch Anspannung verursachte körperliche Belastung aufzuheben. Es senkt den Pegel des Stresshormons Cortisol im Blut, schützt unser Herz und kräftig unser Immunsystem. Außerdem gibt es keinen Zweifel daran, dass auch das Universum Humor hat und das Lachen in unserer DNS verankert ist. Im Hinduismus heißt es sogar, die heilige Silbe *Om* imitiere das Lachen des Universums.

Unser Alltag kann absurd und voller Hinweise darauf sein, dass der Schöpfer einen Sinn für Humor hat. Wie heißt es doch so schön: Willst du Gott zum Lachen bringen, dann erzähle ihm von deinen Plänen.

Deine Partner bei der Übung in Wahrhaftigkeit

Die meisten von uns haben mindestens einen Menschen, der dafür sorgt, dass wir ehrlich bleiben, indem er sich weigert, uns in unserer Selbsttäuschung zu unterstützen. Meist handelt es sich um ein Familienmitglied oder einen alten Freund. Wir beschweren uns über diese Leute, gehen ihnen aus dem Weg und drohen mit dem Abbruch der Beziehung ... und werden doch unwiderstehlich von ihnen angezogen. Schließlich müssen wir zugeben, dass wir uns nach ihrer Gesellschaft sehnen, weil sie uns mit Unehrlichkeit nicht davonkommen lassen. Wenn jemand zu direkt ist, kann das sehr wehtun. Die meisten von uns halten jedoch instinktiv Kontakt zu denjenigen, bei denen wir uns darauf verlassen können, dass sie uns sagen, wenn uns der Erfolg zu Kopf steigt, wenn wir uns selbst untreu werden oder unser Handeln nicht unserer erklärten Absicht entspricht.

Ein solcher »Stupser« kann ausgesprochen nützlich sein. Er hilft dir dabei, dich regelmäßig in Wahrhaftigkeit zu üben. Du kannst dir jederzeit vornehmen, anderen Leuten beizubringen, wie sie auf eine sanftere Art mit dir kommunizieren können. Trotzdem solltest du die Ehrlichkeit dieser Menschen schätzen und den Mut haben, ihnen dafür zu danken.

Viel zu oft klinken sich auch unsere Therapeuten in die Geschichten ein, die uns unserer Macht berauben. Frohgemut erinnern sie uns daran, wie sehr wir an der Vergangenheit kleben, indem sie bestätigen: »Nun ja, du *bist* nun mal das erwachsene Kind eines Alkoholikers. Da ist es ganz normal, dass du dich zu Männern hingezogen fühlst, die dich misshandeln.« Gute Ratgeber sind auch »Anstupser« und fordern sanft, aber bestimmt, dass wir bei der Wahrheit bleiben: »Ich weiß, dass dein Vater Alkoholiker war, dass er handgreiflich wurde und du dich früher zu Männern hingezogen fühltest, die dich misshandelten. Aber welchen Vorteil hat es für dich, wenn du mit jemandem ausgehst, den du eben erst kennengelernt hast und der rundheraus gesagt hat, dass er in Beziehungen Probleme mit der Treue hat?«

Der Anstupser wird auch sagen: »Du trinkst wieder? Hattest du nicht gesagt, du wolltest damit aufhören?« Ein Anstupser ist auch die Tochter, die all deine ungelösten Probleme spiegelt und unbekümmert sagt: »Also, ich verstehe gar nicht, warum ich das nicht darf. Du tust es doch auch«, und damit eine logische Erklärung für deine Anmaßung fordert.

In der folgenden Übung kannst du lernen, Vermeidungsverhalten aufzugeben und dich selbst anzustupsen.

Übung: So lernst du, dich selbst anzutupsen

Wir glauben gern, wir seien unseren Werten jederzeit treu. Tatsache ist, die meisten von uns verraten ihre obersten Prinzipien nur wenige Sekunden nach der selbstgerechten Behauptung, dass wir niemals dagegen verstoßen würden. Es ist ein wenig wie in der Geschichte von dem Skorpion und der Schildkröte, die sich am Ufer eines Flusses begegnen. Der Skorpion bittet die Schildkröte, ihn auf ihrem Rücken zur anderen Seite zu tragen. »Das würde ich gerne tun«, erwidert diese, »aber du würdest mich sicher stechen.«

Der Skorpion beteuert, dass er das selbstverständlich niemals tun würde. Schließlich könne er nicht schwimmen, und wenn er die Schildkröte mitten im Fluss stäche, würden sie beide sterben. Die Schildkröte räumt ein, dies sei ein einleuchtendes Argument, und lässt den Skorpion auf ihren Rücken klettern. Als sie den Fluss zur Hälfte durchquert haben, sticht der Skorpion die Schildkröte in den Hals, die daraufhin entsetzt ausruft: »Warum hast du das getan?« Als sie beide untergehen, antwortet der Skorpion: »Weil das meine Natur ist.«

Versuche, dein ehrgeizigstes Ziel in Worte zu fassen: Willst du ein großer Heiler werden, im Laufe deines Lebens die Armut auf der Welt besiegen oder mit deiner Musik unzählige Menschen davon überzeugen, dass sie immer von Liebe umgeben sind? Verurteile dich nicht dafür – selbst wenn du merkst, dass deine Vorstellungen ziemlich hochgegriffen sind. Gestatte dir diese Schwärmerei für einen kurzen Augenblick.

Deine Partner bei der Übung in Wahrhaftigkeit

Frage dich nun, wovon du eigentlich träumst – abgesehen von all den mit deinem Traum verbundenen Ego-Zielen. Könnte es sein, dass du daran arbeiten willst, dich und andere zu heilen oder alles in deiner Macht Stehende zu tun, um das Leid der Hunde im örtlichen Tierheim zu lindern? Träumst du davon, dich musikalisch auszudrücken und vielleicht sogar andere dazu anzuregen, Musik zu machen? Denk daran, dein Traum sollte nicht auf irgendeinen Endpunkt mit Meisterschaft und Macht abzielen. Es sollte etwas sein, das du gleich heute in einem winzigen Augenblick verwirklichen kannst.

Schließ die Augen und stell dir vor, wie du diese Vision noch heute vor dem Schlafengehen Wirklichkeit werden lassen kannst. Wenn du dich für ein langfristiges Ziel entschieden und zum Beispiel ein Meditationswochenende in sechs Monaten gebucht hast oder einen Urlaub in einem Vergnügungspark planst, um etwas mehr Zeit mit deinen Kindern zu verbringen, ist das in Ordnung. Aber teile dein Vorhaben in einzelne Abschnitte auf. Wie kannst du noch heute vor dem Schlafengehen meditieren? Wie kannst du noch heute ein paar schöne Minuten mit deinen Kindern verbringen, und sei es nur am Telefon, ehe sie einschlafen?

Du weißt jetzt, was du willst, und dir ist klar, dass dein Traum nur der Leidenschaft deiner Seele und nicht dem Willen deines Ego entspringt. Finde deshalb noch vor Ende des Tages eine Möglichkeit, mutig zu handeln. Vielleicht entscheidest du dich dafür, eine unangenehme Wahrheit auszusprechen und damit eine Beziehung zu kitten. Oder dein Verhalten gegenüber einer bestimmten Person zu verändern,

> um ihr ein stärkeres Gefühl von Nähe zu vermitteln. Ganz gleich, welche einfallsreichen und mutigen Dinge du planst – tue sie jetzt!

Um eine bessere Wirklichkeit ins Dasein zu träumen, musst du achtsam sein, nicht urteilen und dich in der universellen Wahrheit üben. Diese drei Dinge bilden die Grundlage für die nächste Übung der Erdenhüter: Säubere deinen Fluss.

Kapitel 8

Säubere deinen Fluss

※

Tue es. Oder tue es nicht. Es gibt kein Versuchen.«
Yoda in: *Das Imperium schlägt zurück*
※

Unser Leben ist wie ein fließender Strom: Wenn wir seinen Lauf bestimmen wollen, schlagen wir nur wild um uns, bis die schlammigen Fluten uns verschlingen, die voll von den schädlichen Rückständen psychischer und karmischer Verletzungen sind. Wir wissen nicht, wie wir den Schlamm loswerden sollen. Wir schlucken ihn und ersticken fast daran. Dann dürsten wir nach frischem, sauberem Wasser, das uns wachsen und gedeihen lässt.

Wir kämpfen gegen die Strömung, aber den Fluss säubern wir nicht. Deshalb ziehen wir auch weiterhin Menschen und Situationen an, die mit den gleichen schädlichen Rückständen belastet sind wie wir. Wir stellen fest: Je wütender wir sind, desto mehr Dinge gibt es, über die wir uns aufregen können. Je verlassener wir uns fühlen, desto mehr zieht es uns zu Menschen hin, die wiederum diejenigen im Stich lassen, an denen ihnen etwas liegt.

Leider hilft es uns nicht im Mindesten, gegen die Strömung anzukämpfen. Irgendwann ist kein Leben mehr in unserem

Fluss: keine Träume, keine Hoffnungen, keine Liebe, keine Leidenschaft und keine Selbstachtung. Unser Wasser bringt auch den Dingen an unseren Ufern kein Leben. Am Ende stehen wir in einer Wüste, in der nichts gedeiht.

Es wird Zeit, dass wir erkennen, was uns vergiftet, und die Ursache beseitigen.

Die westliche Psychologie behauptet, wir müssten Kläranlagen und Filtersysteme einbauen, um unser Wasser wieder trinkbar zu machen. Die Erdenwächter glauben, nichts könnte der Wahrheit ferner sein: Ihnen zufolge reinigt der Fluss sich selbst, sobald wir ihn mit kristallklarem Wasser füllen, statt Gift hineinzupumpen. Dann können wir uns von der Strömung überall hintragen lassen und darauf vertrauen, dass der Fluss uns ans bestmögliche Ziel führen wird. Sobald unser Wasser sauber ist, müssen wir nicht mehr nach unserem Schicksal suchen. Es war schon immer da und hat nur darauf gewartet, dass wir unseren Fluss in einen mitreißenden, kraftspendenden Strom verwandeln.

Übe dich in Schönheit

Wenn du anfängst, deinen Fluss mit Schönheit zu füllen, wirst du merken, dass das Wasser von Tag zu Tag sauberer wird. Menschen, die dich früher auf die Palme brachten, verschwinden allmählich. Du begegnest jemandem, der dich früher aufgebracht hätte, und hast nicht mehr den Wunsch, dich mit ihm anzulegen. Du hast auch kein Interesse mehr daran, deinem Ärger Luft zu machen, und kannst dich nicht zu Wut oder Empörung motivieren. Situationen, die du früher über die Maßen deprimierend oder ärgerlich gefunden hättest, sind einfach nur Tatsachen. Du hältst sie weder für gut noch für schlecht, weder für stärkend noch für hemmend. Du weißt, dass die Dinge stets in Bewegung sind – selbst wenn es so aussieht, als seien sie statisch. Du erinnerst dich daran, dass sich dein Leben von ganz allein so entwickeln wird, dass es deinen gesunden, von Schadstoffen freien Zustand spiegelt.

Um dich in Schönheit zu üben, musst du dich von den hässlichen Geschichten lösen, in denen ein Mensch das Opfer und ein anderer der Täter ist. Du musst aufhören, die Welt durch eine grau verschmierte Brille zu sehen und zu verkünden, dass nichts und niemand deine Erwartungen erfüllt. Du musst auf Zynismus und Apathie verzichten und Hoffnung und Chancen in allen Menschen und allen Situationen finden.

In einer Kultur, die den cleveren Ausdruck von Zynismus sehr hoch schätzt und behauptet, Hässlichkeit sei Wahrheit und die Wahrheit sei hässlich, ist das sehr schwer. Talkshow-Moderatoren, Politikexperten und höhnische Blogger genießen es, die »Wahrheit« zu enthüllen: dass man niemandem vertrauen könne, dass es nichts gäbe, woran man glauben könnte, und dass unsere Helden in Wirklichkeit allesamt Lügner und Betrüger seien. Bald merken wir, dass wir ebenso denken und überall Verschwörungen sehen. Der Glaube an das Schöne kommt uns allmählich naiv und kindisch, statt weise und erfrischend kindlich vor. All diese Geschichten von Gut und Böse trüben unseren Fluss so sehr, dass wir vor Schlamm den Boden nicht sehen.

Wenn wir uns in Schönheit üben möchten, müssen wir das Reine, das Wertvolle in jeder Situation und jedem Menschen sehen. Du musst deinen Nächsten auch dann noch lieben wie dich selbst, wenn er dir schrecklich unrecht getan hat und voller Boshaftigkeit ist, denn du erkennst in ihm das Potenzial, ein besserer Mensch zu werden, und siehst jenen Teil von ihm, der früher einmal ein liebevolles Kind war. (Es kann sein, dass du die Augen ziemlich stark zusammenkneifen musst, um das Schöne im Hässlichen zu erkennen – aber es ist immer vorhanden, in jedem Menschen.) Vielleicht musst du dich vor deinem Nächsten schützen, bis er seine eigene Schönheit erkennt und sich sein Verhalten allmählich bessert. Trotzdem gilt: Sobald du beschließt, das Schöne zu sehen, verleihst du dir selbst die Macht, dich über das Hässliche zu erheben und dich von den Geschichten zu lösen, die deinen Fluss verschmutzen.

Entsinne dich deines Jaguarmuts

Unsere Gesellschaft verlangt, dass wir die Verantwortung für uns und unser Leid übernehmen … und ermutigt uns gleichzeitig dazu, uns als Opfer zu fühlen, andere für unsere Umstände verantwortlich zu machen und im immer gleichen ungeheilten Zustand zu verharren. Es ist nicht so, dass wir nicht danach streben, verantwortungsbewusste, gesunde Menschen zu sein. Aber gleichzeitig werden wir mit Botschaften bombardiert, die uns sagen, die Lösung unserer Probleme liege darin, loszuziehen und uns ein Produkt, eine Dienstleistung oder eine Ideologie zuzulegen, damit wir uns besser fühlen. Währenddessen zeigen wir mit dem Finger auf andere, geben ihnen die Schuld und bleiben weiter in der Opferrolle. Von der sturen Behauptung, unsere Eltern hätten uns nicht genügend von dem gegeben, was wir brauchten, bis hin zu der Vorstellung, die Terroristen im Nahen und Mittleren Osten wären schuld daran, dass unsere Welt nicht mehr sicher sei, beharren wir darauf, dass ein anderer das Problem ist.

Je öfter wir hören, dass wir im Grunde nichts für unsere Umstände können, desto größer ist die Versuchung, Geschichten zu erfinden, in denen wir die Opfer sind, und eine schnelle Lösung zu fordern, statt uns in Schönheit zu üben. Denn dazu braucht es viel Mut auf der Ebene des Jaguars. Wir müssen uns von unserer dogmatischen Sicht lösen und stattdessen für die Möglichkeit offen sein, dass sich die Dinge geändert haben und unsere Hypothese der Überarbeitung bedarf. Wir müssen die starken Emotionen loslassen, die hinter unseren Geschichten vom Opferdasein stecken und die uns die Rolle des edlen Retters und des Tyrannen aufzwingen.

Wir sind so sehr von unseren Gefühlen fasziniert, dass wir sie praktisch anbeten. Wir verwechseln die Wirklichkeit in unserem Kopf – unsere persönliche Wirklichkeit – mit der *Gesamt*realität. Wir halten unsere persönliche Wahrheit fälschlicherweise für die universelle und gelangen zu der Überzeugung, unsere Gefühle und Gedanken seien von höchster Wichtigkeit. Da der Verstand unseren Eindruck von der Wirklichkeit erzeugt, kann es zu einem echten Problem werden, wenn wir aufgrund unserer negativen Gefühle und Gedanken uns selbst Geschichten erzählen, die uns unserer Kraft berauben. Wenn wir uns stattdessen bewusst des emotionalen, moralischen und intellektuellen Mutes bedienen, der uns auf der Ebene des Jaguarbewusstseins zur Verfügung steht, katapultieren wir uns aus diesen alten, lähmenden Legenden heraus. Der Jaguarmut hilft uns, einen Anfang zu machen, den Fluss zu säubern und uns in Schönheit zu üben.

Eine meiner Klientinnen war zutiefst verletzt, als sie operiert wurde und ihr Mann sie danach nicht im Krankenhaus besuchen wollte. Seine Ausrede war, dass er sich in Krankenhäusern mit all ihren seltsamen Gerüchen und kranken Menschen unwohl fühle. Er sagte seiner Frau, er müsse sein Unbehagen »respektieren« und sich den Besuch an ihrem Krankenbett ersparen. Bei seiner Entscheidung spielten ihre Bedürfnisse gar keine Rolle, da seine eigenen von monumentaler Bedeutung für ihn waren.

Hätte sich dieser Mann dem Jaguarmut geöffnet, dann hätte er seine Gefühle beiseiteschieben und die Schönheit darin entdecken können, dass er bei seiner Frau sitzen und ihr Trost spenden konnte. Er hätte zu würdigen gewusst, dass man sich um sie kümmerte und sie wieder gesund wurde, und er wäre dankbar dafür gewesen, dass er bei ihr sein und der Frau, die er liebte, seine Verbundenheit zeigen konnte. Er hätte sich weder von den Gerüchen, Geräuschen und Anblicken im Krankenhaus noch von seinem emotionalen Drama ablenken lassen. Leider vermochte er nichts von alledem.

Wir schwelgen in unseren Gefühlen und grübeln wie besessen über unsere Empfindungen nach. Wir klopfen uns auf die Schulter, weil wir der Selbsterkundung so viel Zeit widmen. Dabei können uns diese Dinge ebenso stark lähmen, wie nicht zu wissen, weshalb wir uns fühlen, wie wir uns fühlen, und so zu handeln, wie wir es tun. Die Selbstprüfung hat ihren Sinn, und alle Gefühle – auch die unangenehmen – sind wertvoll. Sie geben uns Hinweise auf die Geschichten, die wir uns erzählen. Sie können uns aus dem Albtraum wachrütteln und daran erinnern, dass wir anfangen müssen, mutig zu träumen. Problematisch ist nur, dass die Faszination mit unseren Neurosen und Gefühlen dazu führen kann, dass wir wie der Narziss aus dem griechischen Mythos in einem Morast aus Nabelschau, Feigheit und Ignoranz gegenüber anderen stecken bleiben.

Der Legende nach war Narziss ein gut aussehender, aber egozentrischer junger Mann. Er wies alle zurück, die ihm ihre Liebe schenken wollten, bis eine verschmähte Geliebte von seiner Selbstsucht so erzürnt war, dass sie ihn zu einem Leben in unerwiderter Liebe verfluchte. Narziss erblickte sich in einem Teich, verliebte sich rasend in sein Spiegelbild und beugte sich hinab, um es zu küssen. Verzweifelt musste er feststellen, dass sein »Geliebter« daraufhin in den Wellen verschwand. Er schluchzte herzerweichend, merkte aber bald, dass der Geliebte zurückgekehrt war. Voller Freude versuchte er erneut, sein Spiegelbild zu küssen, das daraufhin ein weiteres Mal zerfloss. Als das Wasser wieder zur Ruhe gekommen war, musste Narziss akzeptieren, dass er den Geliebten niemals berühren konnte. Er setzte sich ans Ufer und starrte sehnsuchtsvoll auf sein Spiegelbild, bis er vor Gram starb.

Wie Narziss können wir uns in endloser Selbstbetrachtung verfangen und darauf beharren, dass sich die perfekte Situation schon irgendwann ergeben würde und es nicht nötig sei, sich mit dem aktuellen Angebot zufriedenzugeben. Wenn wir alle sich bietenden Gelegenheiten wegen sturer Glaubenssätze ablehnen wie: »Ich habe viel mehr verdient«, sind wir dazu verdammt, unsere Tage mit dem Grübeln über die immer gleichen langweiligen Fragen zu verbringen, die da lauten: »Wer bin ich? Warum bin ich hier?« Wir warten auf den Tag, an dem das Leben unsere Erwartungen von Perfektion erfüllt. Da dieser niemals kommen wird, müssen wir am Ufer des Teiches ausharren und unser Spiegelbild betrachten.

Wenn du dir deine Fehler und Charakterschwächen ehrlich eingestehst – und dich von deiner Scham, dem Gefühl der Peinlichkeit und der Abwehrhaltung löst –, ist das ein wunderbarer Anfang, um deinen Fluss zu säubern. Aber es ist eben nur ein Anfang. Akzeptiere, dass dein Fluss verschmutzt ist, aber gib dich nicht mit Ausreden zufrieden wie: »So bin ich eben. Die Leute müssen mich akzeptieren, wie ich bin.« Kein spiritueller Lehrer, kein Therapeut, kein hingebungsvoller Ehepartner und kein Kind wird deinen Fluss für dich säubern. Das kannst nur du.

Die wahre amerikanische Art zu leben

Unsere Gesellschaft ist viel zu sehr von ihren Geschichten und Gefühlen fasziniert. Wir fragen uns beispielsweise nach der amerikanischen Identität, nach unserem Charakter. Wir reden endlos über uns selbst, statt der Analyse auch Taten folgen zu lassen. Unser Volk könnte anders mit seinen verletzlichsten Bürgern (und denen anderer Länder) umgehen. Aber wir sind viel zu sehr mit unseren Dogmen und Werten beschäftigt, von denen wir behaupten, sie seien die besten auf der ganzen Welt.

Wir sagen, die Freiheit sei so wichtig, dass man dafür jeden Preis zahlen müsse – selbst wenn das zur Klimakatastrophe, Ausbeutung der Armen und Plünderung der Erdressourcen führt. Solange wir das große Haus, das benzinschluckende Auto und den Fast-Food-Hamburger kaufen können, sind wir gern bereit, anderen die Rechnung zu überlassen – ob unseren Enkeln oder den Einwohnern der unterentwickelten Länder.

Wäre die Freiheit tatsächlich ein lebenswichtiger und universeller Wert, würden wir auch das Recht der anderen auf saubere Luft, reines Wasser und ein selbstbestimmtes Leben respektieren und würdigen. Wir würden nicht versuchen, ihr Leben für sie zu regeln. Wir würden auf unsere Geschichten verzichten und das Schöne an ihrer Art zu leben erkennen.

Die Vereinigten Staaten haben die heimliche und unschöne Angewohnheit, in andere Länder einzumarschieren und sie einzuschüchtern, damit sie sich von uns führen lassen. Wir haben Regierungen gestürzt und Diktatoren an die Macht gebracht, von denen wir glaubten, sie würden unsere Geschäftsinteressen schützen (Noriega in Panama, den Schah im Iran und so weiter). Dieses Eingreifen begründeten wir damit, dass schließlich alle Menschen durch eine Art *Trickle-down*-Effekt davon profitieren würden. Bei all dem vergessen wir, dass man Demokratie und Freiheit am besten dadurch verbreitet, dass man dem anderen mit Geduld und Respekt begegnet und selbst als Vorbild für die Dinge dient, die man ehrlich schätzt. Man tut es nicht, indem man andere tyrannisiert und sich selbstgerecht benimmt. Wir verletzen die Prinzipien der Demokratie, um sie anderen aufzuzwingen, und können dann nicht verstehen, wenn diese Menschen unsere Regierungsform ablehnen.

Im Lauf der Geschichte waren diejenigen, die sich von den Vereinigten Staaten beeinflussen ließen, weniger von unserer Rhetorik als von unserem mutigen Handeln und unserer vorbildlichen Großzügigkeit und Kreativität beeindruckt. Einige der größten amerikanischen Errungenschaften entsprangen nicht der Profitgier, sondern allein dem Wunsch zu forschen, zu entdecken und kreativ zu sein. Die Walt Disney Company wollte zum Beispiel ursprünglich die Herzen aller Kinder auf der Welt verzaubern. Walt Disney und seine Zeichner verschrieben sich mit Herz und Seele der Herstellung bahnbrechender Filme wie *Fantasia*, die zum Teil erst Jahre später Geld einspielten.

Auch die Blues- und Jazzmusiker der 1920er Jahre und die großen Rock 'n' Roller der 1950er und 1960er Jahre strebten nicht nach Sicherheit, indem sie sich an bewährte Erfolgsrezepte hielten. Weder Bill Gates noch Steve Jobs erwarben die Sicherheit eines Universitätsabschlusses, ehe sie von einem Computer in jedem Haus träumten und in einer Garage zu basteln begannen, um ihren Traum zu verwirklichen.

Wenn wir Amerikaner uns an unsere Prinzipien halten und danach leben und handeln, sind wir anderen eine Inspiration. In allen Winkeln der Welt beeinflussen wir die Menschen mit unserer Musik und unserer Technik. Die Franzosen liehen sich unsere Freiheitssymbole für ihre Revolution, die Chinesen 1989 für ihre Proteste auf dem Platz des Himmlischen Friedens. Unser Land hat der Welt mehr zu bieten als das Versprechen, in jeder Hauptstraße von Bangkok bis Paris ein McDonald's-Restaurant oder ein Starbucks-Café zu eröffnen. Als Einzelpersonen beeindrucken wir den Rest der Welt, indem wir tun, was wir sagen, statt zu fordern: »Tu, was ich sage, nicht, was ich tue.«

Mit Jaguarmut können wir unser Verhalten prüfen und den Fluss von Heuchelei säubern. Solange wir uns ohne Ende fruchtlos analysieren und unseren Gefühlen sowie unseren Geschichten ein gewaltiges Gewicht beimessen, solange wir andere für unsere Probleme verantwortlich machen und uns besorgt fragen, weshalb Liebe, Friede, Zufriedenheit und

Akzeptanz nicht wie durch Zauberei in unser Leben treten und die ganze Welt erfüllen, vergrößern wir nur unsere Ohnmacht. Auch wenn wir ahnen, dass wir die Menschen und Situationen, die uns unglücklich machen, irgendwie selbst anziehen, fangen wir doch gleich an, darüber nachzudenken, weshalb wir uns fühlen, wie wir uns fühlen. Infolgedessen widmen wir unseren Ängsten und Unsicherheiten so viel Aufmerksamkeit, dass wir ihnen damit Leben einhauchen. Anschließend können wir nicht mehr aufhören, uns immer weitere Opfergeschichten auszudenken und uns über unsere Ohnmacht zu beschweren, statt mutig zu träumen.

Nutze deine Superkräfte

Wenn wir den Ursprung unserer Geschichten kennen, hilft uns das herauszufinden, welche Schadstoffe unseren Fluss verseuchen und uns von unserer Lebenskraft trennen. Aber das ist nur der erste Schritt. Leider belassen es viele Menschen dabei, ohne auch den nächsten zu machen, denn dann wird uns klar, dass *wir* dieser Ursprung sind. Allmählich dämmert uns, dass wir ständig dieselben alten Geschichten erzählen wie ein Liedermacher, dessen Stücke irgendwann alle gleich klingen, weil er immer dieselben abgedroschenen Motive verwendet.

Angenommen, du steckst in einer Geschichte mit dem Titel: »Wie konnte ich nur diesen Idioten heiraten?« Mach dir klar, dass du sie auch anders erzählen kannst, und entscheide dich bewusst dafür, dir sofort etwas Neues auszudenken. In deinem mutigen Traum wirst du dann als Heldin und Überlebende wiedergeboren, und deine Vergangenheit zeigt dir die Quelle deiner Weisheit und deiner Macht. So haben dich zum Beispiel die vielen Jahre der körperlichen und emotionalen Misshandlung in der Ehe tolerant werden lassen und gelehrt, mitfühlend zu sein. Du hast dein Mitgefühl nicht aus einem Buch des Dalai Lama, sondern in der Höhle des Löwen gelernt. Dank deiner neuen Geschichte wirst du die Schönheit deiner gescheiterten Ehe und vielleicht sogar deines Expartners erkennen. Sie wird dir den Mut geben, ihm oder ihr für die Lektionen zu danken, die er oder sie dich gelehrt hat – ganz gleich, wie schmerzhaft sie waren.

Zunächst sind die Superhelden in den Comics meist ganz normale Menschen, ehe ihnen nach einem schrecklichen Erlebnis erstaunliche Kräfte zuwachsen: Ihre Eltern werden getötet, sie werden von einer radioaktiven Spinne gebissen oder müssen ihren explodierenden Heimatplaneten in einer Rakete verlassen. Mit dieser Tragödie beginnt ihr neues Leben als Held mit außergewöhnlichen Fähigkeiten und einem gewaltigen, ungeahnten Mut.

Mit der folgenden Übung kannst du deine heldenhaften Wurzeln finden und deine Kräfte für dich beanspruchen.

Übung: Der Actionheld

Erinnere dich an ein tragisches Ereignis in deinem Leben und schreibe eine Geschichte darüber, in der weder dich noch sonst jemanden irgendeine Schuld trifft. Schildere die Begebenheit in der dritten Person und beschreibe die dramatische Erfahrung als etwas, das einfach passiert ist, als einen Wendepunkt in deiner Geschichte. So hilfst du dem Zuhörer zu verstehen, wie du deine außergewöhnlichen Gaben entwickeln konntest.

Denk daran, dass du der Autor bist. Sobald du eine neue Geschichte mit Kraft und Überzeugung erzählst, beginnst du mit ihrer Verwirklichung. Deshalb solltest du erklären, weshalb dir deine Scheidung, das Verlassenwerden, die Krankheit, das Leid oder ein Verlust Fähigkeiten verliehen haben, die du zuvor nicht hattest. Welche Kräfte hast du gewonnen? Kannst du jetzt über deinen Alltagssorgen »schweben«? Hast du den »Röntgenblick«, mit dem du Menschen durchschauen und erkennen kannst, was anderen entgeht? Kannst du dich strecken wie *Plastic Man* oder mit deinen goldenen Armbändern und schnellen Reflexen Kugeln abwehren wie *Wonder Woman*?

Anders als in den Comics brauchst du nicht zu erzählen, dass du dich entfremdet fühlst und missverstanden wirst, weil du anders bist. In deiner eigenen Geschichte kannst du dich mit anderen Helden umgeben, die ebenfalls einzigartige Fähigkeiten haben. Du kannst Menschen mit deiner Furchtlosigkeit inspirieren, aber auch einmal ausspannen und dich auf die Unterstützung deiner Umgebung verlassen, während du neue Kräfte schöpfst.

Erzähle deine Geschichte im Kopf oder auf Papier und stell dir dabei vor, wie du deine Kräfte noch heute einsetzen kannst, um dein Leben mit Wahrheit, Gerechtigkeit und Freiheit zu erfüllen. Du siehst dich nicht als edlen Retter der Menschen von Gotham City, sondern als demütigen Helden, der sein Schicksal annimmt und mit seinen erstaunlichen Gaben unheilvolle Wesen abwehrt. Anschließend verlässt du die Bathöhle oder deine Festung der Einsamkeit und verleihst deinem Mut noch heute Ausdruck in deiner Welt.

Beseitige den Müll in deinem Leben mit intellektuellem Mut

Wie du dich erinnerst, bedeutet intellektueller Mut, für neue Ideen offen zu sein, eigene Dogmen infrage zu stellen und dein gesammeltes Wissen als rein hypothetisch zu betrachten. Überprüfe immer wieder alles, was du zu wissen glaubst. Dann stellst du vielleicht noch heute fest, dass dein vermeintliches Wissen keines ist oder nur unter bestimmten Umständen der Wahrheit entspricht.

Als die Azteken Zentralmexiko besiedelten, erbten sie eine Prophezeiung, die von der Rückkehr des »Herrn des Morgensterns« handelte, eines Gottes in Menschengestalt. Er sollte den Menschen erst große Unruhen, dann aber dauerhaften Frieden und Wohlstand für alle bringen. Ungefähr zu der Zeit, in der sich die Prophezeiung erfüllen sollte, entdeckten aztekische Späher, wie sich aus dem Osten – wo der Morgenstern am Himmel stand – große Schiffe mit geblähten Segeln näherten. Die Azteken empfingen die Konquistadoren bei ihrer Ankunft wie Götter ... und mussten dann dank dieser »Götter« zusehen, wie ihre Städte und ihre Lebensweise zerstört wurden. Ihre Priester hingen so sehr an ihrer Vorstellung von der »Wahrheit«, dass sie die größte Bedrohung für die eingeborenen Völker Nord-, Mittel- und Südamerikas nicht erkannten. Allerdings bedeutet dies nicht, dass die Prophezeiung falsch war. Sie hatten sich vielmehr bei der zeitlichen Deutung geirrt und es versäumt, ihre Hypothese anhand der Wirklichkeit zu prüfen.

Wir verfangen uns auch dadurch in Geschichten, dass wir uns irgendwelche Glaubenssätze ausdenken und dann danach leben, als seien sie in Stein gemeißelt. Therapieformen wie die kognitive Verhaltenstherapie können uns helfen, ein wenig Abstand von unseren Überzeugungen zu gewinnen, sie objektiv zu prüfen und festzustellen, wie sehr unser »Wissen« oder unsere Ansichten uns einschränken. Indem wir unseren Worten lauschen, können wir herausfinden, wie verzerrt unsere Wahrnehmung eigentlich ist.

Ich möchte dir ein Beispiel aus einer Zeit geben, als meine Kinder noch klein waren. Wenn ich ihnen eine Bitte abschlug, beschwerten sie sich, ich würde ihnen *nie* erlauben, Spaß zu haben, und ihnen *immer alles* verbieten, was sie sich wünschten. Sicher hatten sie zum damaligen Zeitpunkt tatsächlich den Eindruck. Aber dann erinnerte ich sie daran, dass wir gerade in der Videospielhalle gewesen waren, sie länger hatten aufbleiben dürfen, um einen Film anzusehen, oder ich in einem anderen Punkt nachgegeben hatte. All das war natürlich sofort vergessen, wenn ich ihnen irgendetwas verwehrte.

Nicht einmal als Erwachsene merken wir, wenn wir unsere Wahrnehmung verzerren, damit sie zu unseren momentanen Empfindungen passt: Wir beharren darauf, »niemand« hätte uns je wirklich geliebt, »niemand« würde uns genügend schätzen und wir bekämen »nie«, was wir wollten. Unsere extreme Sprache – *immer, nie, alle, keiner* – verrät, wie verdreht unsere Wahrnehmung sein kann. Wir füllen unseren Kopf mit allerlei abwegigen Gedanken, die wir irrtümlich für unverrückbare Tatsachen halten: »Ich weiß, dass ich nie dieselbe finanzielle Sicherheit haben werde wie meine Eltern, weil die Wirtschaft unseres Landes völlig marode ist«, oder: »Da draußen gibt es niemanden für mich – ich werde die Liebe niemals finden.«

Unser soziales Umfeld hält uns dazu an, das allgemeingültige »Wissen« zu akzeptieren, das an diesem Tag unserer Wahrheit entsprechen mag oder auch nicht und uns in starre, dogmatische Überzeugungen sperrt wie:

- Männer suchen Freiheit, Frauen Nähe und Verbundenheit.
- Nach der Hochzeit ist es vorbei mit Sex und Romantik.
- Wenn die Schule vorbei ist, geht's nur noch bergab.
- Nach der Pensionierung wird das Leben öd und leer.
- Die Technik kann alle Probleme lösen.

Viele meiner Klienten müssen sich gesundheitlichen Krisen und düsteren Prognosen stellen. Dabei ist mir aufgefallen, dass es zwei gängige Reaktionen auf diese schrecklichen Nachrichten gibt. Die Menschen gehen entweder tief in sich, um zu verstehen, wieso sie auf dieser Welt sind, wieso sie diese Erfahrung machen und was die Krankheit sie lehren will. Oder sie wenden sich ganz der Sprache und den Aktivitäten der Medizin zu, analysieren jeden Tag ihre Laborwerte und konzentrieren sich völlig auf ihre medizinische Versorgung.

Gelegentlich kommen Mitglieder der zweiten Gruppe zu mir und erwarten eine Wunderheilung. Dann muss ich ihnen erklären, dass Gesundheit genau wie Heilung das Ergebnis einer bestimmten Lebensweise ist und sie deshalb sowohl mit ihren Ärzten als auch mit ihrem Schamanen zusammenarbeiten müssen, um auf der körperlichen, der emotionalen und der spirituellen Ebene eine neue Geschichte der Gesundheit zu erschaffen.

Ich erkläre allen Klienten, dass ich sie nur energiemedizinisch behandle, wenn sie bereit sind, auch zu einem Schulmediziner zu gehen und mit ihm zu arbeiten, da man alle gesundheitlichen Ebenen abdecken muss. Allerdings bin ich auch überzeugt, dass die Menschen viel zu oft ihren ganzen Glauben in die Geschichte setzen, die westliche Medizin könne ihre Krankheit heilen und ihnen Genesung bringen. Sie wollen unbedingt daran glauben, mit moderner Technologie ließen sich alle Probleme lösen. Sie hängen ihre Genesungshoffnung an ein vielversprechendes neues Verfahren oder eine neue Untersuchungsmethode. Die Behandlung mag zwar durchaus helfen, aber der intellektuelle Mut zu sagen: »Vielleicht habe ich es hier mit etwas zu tun, bei dem die Technik allein nicht genügt«, kann ihnen andere Heilungsmöglichkeiten eröffnen, die ihnen andernfalls verschlossen blieben.

Man drängt die Bürger, Reanimationsmaßnahmen zu erlernen, und rüstet Flughäfen und Schulen mit Defibrillatoren aus, falls jemand einen Herzinfarkt erleidet. Aber nur wenige Menschen wissen, dass Reanimationsmaßnahmen und ein richtig angewandter Defibrillator auch unter den bestmöglichen Umständen nur einem geringen Prozentsatz von Herzinfarktopfern das Leben retten. Wir glauben, mit dem richtigen Werkzeug ließe sich alles in Ordnung bringen – in Film und Fernsehen funktioniert es schließlich auch. Wenn die westliche

Medizin mit ihren hochentwickelten Maschinen den Tod eines Menschen nicht verhindern kann, finden wir es verheerend, dass uns unser Wissen und unsere Technik im Stich gelassen haben.

※

Mit intellektuellem Mut kannst du alles infrage stellen, was du über das weißt, was »niemals« oder »immer« geschieht, was »jeder« weiß und tut und »keiner« je verstehen oder akzeptieren wird. Du erkennst die kulturellen Mythen, die du blind übernommen hast und die dich in einem Albtraum gefangen halten, und fängst an, noch einmal darüber nachzudenken. Dann kannst du dich den Möglichkeiten öffnen, die das Universum für dich bereithält, und dich der Strömung deines Flusses anvertrauen.

Du solltest dich nicht endlos analysieren und verzückt betrachten, wie deine Psyche und deine Emotionen funktionieren. Viel wichtiger ist, dass du deine Urteile über dich, die anderen und deine Situation verwirfst – und stattdessen einfach alles neugierig beobachtest. Mit intellektuellem Mut kannst du dir ein völlig neues Bild von dem machen, was du tust und weshalb sich die Ereignisse ausgerechnet auf diese Weise entfalten. Welche Lektionen könnte dich das Universum lehren wollen?

Befreie dich von der Angst, sei neugierig und gestatte es dir, über die in einer Situation verborgenen Möglichkeiten nachzudenken. Finde das Schöne an der Geschichte mit dem Titel: »Ich habe ein Problem.« Es könnte die Chance sein, deinem Partner näherzukommen, während ihr euch gemeinsam von

Beseitige den Müll in deinem Leben

einem Verlust erholt. Oder die Gelegenheit, die Kommunikation mit deinem Sohn zu verbessern, nachdem du herausgefunden hast, dass er Haschisch raucht. Du wirst gelassen, findest ein Gleichgewicht aus Gedanken und Gefühlen in deinem Kopf und kannst deinen Jaguarmut leichter zum Ausdruck bringen.

Wenn du dir Auszeiten für Ruhe und Reflexion gönnst, wird es dir leichter fallen, dich in Schönheit und im Jaguarmut zu üben. Schließlich ist es angesichts heftiger Worte oder Gefühle schwer, Haltung zu bewahren – ob es sich dabei um die eigenen oder die eines anderen handelt. Angenommen, du machst einen Fahrfehler. Vermutlich wird dich ein anderer Autofahrer anbrüllen und dich als Idioten (oder Schlimmeres) bezeichnen. Achte darauf, was geschieht, wenn dich jemand anhupt: Du reagierst entweder sofort und tust das, was der andere von dir erwartet, oder du denkst, du hättest etwas falsch gemacht. Man braucht Mut, um sich von seiner Nervosität, Wut oder Unsicherheit zu lösen. Oder Gedanken zu verbannen wie: »Ich bin ein mieser Fahrer und eine Gefahr für den Straßenverkehr«, oder: »Diese Straße ist zu verwirrend für mich«, oder: »Blöder Besserwisser! Dir werd ich's zeigen!«

Als intellektuell mutiger Mensch kannst du tief durchatmen und dich von Vorurteilen und Klischeevorstellungen distanzieren wie: »Wer andere Autofahrer schneidet, ist ein egoistischer, bösartiger Mistkerl.« Du erkennst, dass dies zwar durchaus manchmal den Tatsachen entspricht, aber nicht die einzige mögliche Erklärung für das Verhalten eines anderen ist. Wenn dir so etwas widerfährt und du aufgewühlt bist, ist es bisweilen ratsam, einen Augenblick innezuhalten. Finde zur richtigen Perspektive zurück und erinnere dich daran, wie schwer es ist, sich nicht wieder auf die alten Geschichten einzulassen, wenn man unter Druck steht.

Einst war ich mit einem Freund, einem bekannten Heiler, in Los Angeles unterwegs. Wir gerieten in einen Riesenstau, und es war abzusehen, dass er zu spät zu einem Termin kommen würde. Er rief seinen Klienten an, und die beiden entschieden sich für eine telefonische Sitzung. Ich schloss die Augen und lauschte, während er diesen Mann durch eine Meditation führte und all seinen Organen Liebe und Vergebung schenkte.

Die Stimme meines Freundes versetzte mich in eine angenehme Trance, bis ich aus irgendeinem Grund die Augen öffnete und sah, wie er dem Fahrer im Wagen vor uns den Stinkefinger zeigte, da dieser sich vor ihn gedrängt und ihn geschnitten hatte. Er rief ihm ein lautloses »Blödmann« zu, ohne die geführte Meditation mit seinem Klienten auch nur für eine Sekunde zu unterbrechen.

Ich war damals gerade erst nach Los Angeles gezogen und noch nicht mit dem aggressiven Fahrstil in Südkalifornien vertraut. Du kannst dir also vorstellen, wie überrascht ich war, als sich mein Freund nach Abschluss der Telefonsitzung mit seinem Klienten mir zuwandte, während wir uns immer noch zentimeterweise vorwärtsbewegten, und mir erklärte: »So gehen wir hier in Los Angeles eben miteinander um. Das ist keine große Sache. Wirklich nicht.« Im Laufe der Zeit verstand ich, dass viele Kalifornier dieses aggressive Verhalten im Straßenverkehr als eine Art Sport betrachten und man nur dann Bluthochdruck davon bekommt, wenn man die Wortgefechte ernst nimmt.

Bei der folgenden Übung wirst du lernen, einige der Gedanken und Überzeugungen infrage zu stellen, die du für selbstverständlich hältst. Indem du Wahrheiten prüfst, die für dich unstrittig sind, wirst du leichter erkennen, dass es sich dabei nur um deine ganz private Wirklichkeit handelt.

Übung: Verkehrte Welt

Erinnere dich an eine Situation oder einen Menschen, der dich aufregt, verärgert und erzürnt – an die Angelegenheit oder Person, der du am liebsten aus dem Weg gehen würdest. Schließ die Augen und versuche nun, das Positive an dieser Situation oder diesem Menschen zu finden. Was könnte gut daran sein, dass man, von aggressiven Fahrern umgeben, im zähen Verkehr steckt? Was könnte positiv daran sein, dass man einen wichtigen Termin vergisst und sich bei der versetzten Person entschuldigen muss? Welches Glück steckt im Unglück einer Kündigung? Welche guten Eigenschaften hat der Politiker, die Prominente, der Mitarbeiter oder die Schwiegermutter, die du nicht ausstehen kannst, wie du sagst? Was liebst und respektierst du an dem Präsidenten, den du nicht gewählt hast? Welche Schönheit verbirgt sich in einem Verlust?

Finde heraus, während du die positiven Seiten von angeblich unangenehmen Dingen entdeckst, was sonst noch an verborgenen Schätzen direkt vor deiner Nase liegt. Welchen beunruhigenden Chancen, welchen schwierigen Lektionen und unangenehmen Erinnerungen gehst du aus dem Weg, obwohl sie dich in deinem spirituellen Reifungsprozess unterstützen könnten?

Denke nun an eine Sache, die du liebst, die du bewunderst oder die dich inspiriert, und überlege, was du daran hässlich, unangenehm und störend findest. Was irritiert dich an einem Liebespartner, der dich aus tiefstem Herzen liebt? Was passt dir nicht an deinem wunderschönen Zuhause? Was ist so entnervend an einem Korb voll entzückender Katzenbabys? (Natürlich geht es hier nicht darum, Pessimismus zu schüren. Vielmehr sollst du auch die Schattenseiten der Dinge erkennen, die dich glücklich machen.)

Während du dich für Kreativität und Ehrlichkeit öffnest, kannst du dir so auch die Nachteile der Dinge vor Augen führen, die du liebst und schätzt – oder die zu lieben und zu schätzen man von dir verlangt. Beschäftige dich mit diesen Kehrseiten, ohne dich wegen deiner negativen Gefühle für eine Sache schuldig zu fühlen, die dich eigentlich glücklich machen »sollte«. Wenn du entdeckst, was sich im Schatten deiner Psyche verbirgt, und es ans Licht holst, um es zu betrachten, kannst du dich bewusst davon verabschieden. Zum Beispiel von dem Gedanken: »Die emotionale Nähe schränkt mich ein, und meine Beziehung verhindert, dass ich alles ausprobieren kann, was das Leben zu bieten hat«, oder: »Ich hasse das Gefühl, mein Haus pausenlos putzen und renovieren zu müssen.«

Hab den Mut, deine Dogmen infrage zu stellen und dich für die Überprüfung deiner Hypothesen zu entscheiden. Trifft es hier und heute tatsächlich zu, dass Nähe dich einschränkt? Stimmt es, dass du als Mann kein starkes Bedürfnis nach emotionaler Sicherheit in einer Beziehung brauchst? Hält

> dich tatsächlich ein anderer zurück, oder gelingt dir das auch ohne fremde Hilfe ganz gut? Was wäre, wenn du dein Haus in Frieden lassen und deine Energie, deine Zeit und dein Geld nicht mehr in Gartengestaltung und die Modernisierung deines Zuhauses investieren würdest?
>
> Indem du deine Dogmen oder deine persönliche Wahrheit infrage stellst und dabei deine unbewussten Gedanken und Gefühle aufdeckst, öffnest du dich dem kreativen Denken und mutigen Träumen.

Beseitige den Müll in deinem Leben mit moralischem Mut

Um deinen Fluss restlos sauber zu bekommen, musst du moralischen Mut beweisen. Du musst also nicht nur herausfinden, was das Richtige ist, sondern es auch tun. Wenn du in einem mentalen Jaguaralbtraum feststeckst, fällt es dir manchmal schwer, den richtigen Weg zu erkennen. Löse dich zunächst von Bitterkeit, Urteilen und Wut. Frage dich dann: »Wie kann ich sowohl meine eigenen Werte als auch die des anderen respektieren?« So kannst du falsche Überzeugungen loslassen, die zu Konflikten, Verletzungen und Bitterkeit führen, und wirst ins Kolibribewusstsein erhoben. Der Kolibri ist ein wichtiges Symbol, denn dieser mutige kleine Vogel nährt sich nur von Nektar und nicht von Bitterkeit, Widerspruch oder Zwietracht.

Als moralisch mutige Menschen übernehmen wir die Verantwortung für unser Tun, statt nur Lippenbekenntnisse für unsere Ideale abzulegen. Wir sagen anderen, dass es uns leidtut – auch wenn wir meinen, im Recht zu sein. Wir wissen, dass eine Entschuldigung nicht heißt: »Ich bin der Böse und habe etwas falsch gemacht«, sondern: »Ich schenke dir Mitgefühl, weil ich sehe, dass du leidest.« Als moralisch mutige Menschen bieten wir Wiedergutmachung an, wenn wir zum Leid eines anderen beigetragen haben. Wir verteidigen uns nicht, indem wir sagen: »Kann schon sein, dass ich das gemacht habe. Aber das, was du getan hast, war noch schlimmer«, oder: »Ist nicht mein Problem, wenn du dich von meinem Handeln beleidigt fühlst.« Mit moralischem Mut können wir Frieden mit uns und anderen schließen.

Wenn wir moralisch mutig sind, lieben wir in unseren intimen Beziehungen von ganzem Herzen. Vergiss nicht, dass unsere Liebespartner zu uns finden, um uns bei unserer Heilung und unserem Wachstum zu unterstützen. Falls sie uns auf die Palme gebracht oder verbittert haben, haben sie nur die Aufgabe erledigt, die wir ihnen in unserer Geschichte zugeschrieben haben.

Viel zu oft machen wir Liebespartner zu Intimfeinden und geben ihnen die Schuld an unseren Misserfolgen und unserem Unglück. Die meisten Experten sind sich einig, dass die romantische Liebe nach etwa 24 Monaten verfliegt und der Himmel dann zur Hölle werden kann. Emotionaler Mut verlangt von uns, dass wir uns in der Liebe *finden*, statt uns in ihr zu *verlieren*, und dass wir zu Autoren einer Heldensaga werden, in der wir nicht mehr nach dem »richtigen« Partner suchen, sondern selbst dazu werden. Mit dieser Art von Mut ändern wir nicht den Partner, sondern unser Beziehungsdrehbuch.

Wenn du den moralischen Mut aufbringst, auf deine Abwehrhaltung zu verzichten, solltest du nicht sofort auf Absolution und Erlösung hoffen und auch nicht darauf bestehen, dass der andere deine neue Geschichte gutheißt. Denk daran, dass *auch dies* nur eine Geschichte ist. Bleibe einfach bei deinem Vorsatz, der Erzähler zu sein, und vermeide den Rückfall in die alte Vorstellung, im Grunde seist du und nicht der andere das Opfer.

Interessant ist, dass der treulose Ehemann nach einem Seitensprung oft Reue zeigt und seine Frau mit großer Zärtlichkeit behandelt – bis er ihr allmählich übel nimmt, dass sie ihm noch immer nicht verziehen hat. Wütend will er wissen, wann er nicht mehr auf dem Sofa schlafen muss und seine Partnerin ihm wieder vertraut. Als sollte sie ihren Groll in einen Zeitplan packen und sagen: »Gut, ab dem 15. des nächsten Monats werde ich dir meine Liebe und mein Vertrauen wieder bedingungslos schenken. Das scheint mir eine gerechte Strafe für dein Vergehen zu sein. Was meinst du?«

Natürlich fordert moralischer Mut auch, dass die enttäuschte Partnerin ihren Groll allmählich aufgibt, statt an dem Verrat festzuhalten. Verletztheit, Wut und Misstrauen sind wunderbare Gefühle, um Mitgefühl zu lernen. Doch wenn sie daran festhält, werden sie allmählich zu psychischen Wunden. Diese verdammen sie dazu, immer wieder Situationen zu erschaffen, die ihre Verletzung, ihre Wut oder ihr Misstrauen widerspiegeln.

Der moralische Mut gibt uns die Kraft, unseren Fluss zu säubern, indem wir anderen und uns selbst vergeben. Wir wissen aus Berichten von Nahtoderfahrungen, dass wir beim Übergang von der physischen Welt in jenes Reich, in dem die Zeit wie ein Fluss dahinfließt, die Erinnerungen an all die Ereignisse noch einmal durchleben müssen, bei denen wir andere verletzt haben oder von ihnen verletzt wurden. Wir erleben, was diese Menschen empfanden, und können uns schließlich von unserer Wut und Bitterkeit ihnen gegenüber befreien. Gleichzeitig lösen wir uns von der eigenen Schuld. Wir können den Fluss aber auch zu jedem anderen Zeitpunkt säubern.

Als mein Vater sehr krank und es offensichtlich war, dass er nur noch wenige Tage zu leben hatte, bat er mich, ihn bei seinem Sterbeprozess zu begleiten. Ich forderte ihn auf, sich vorzustellen, er säße auf einem Felsen über einem Fluss, in dem alle seine Lebenserinnerungen schwammen. Anfangs fiel ihm das nicht leicht. Deshalb schlug ich ihm vor, sich ins Gedächtnis zu rufen, was geschehen war, als er zum ersten Mal lange Hosen getragen hatte. Er sollte sich an ein Bild aus der Zeit erinnern, als er noch ein kleiner Junge war, und an das erste Haus, in dem er gelebt hatte, und so weiter. Seine bildlichen Erinnerungen kehrten zurück, zogen wie ein Fluss an ihm vorüber, und ich führte ihn durch den Prozess, in dem er um Vergebung bat und anderen verzieh.

In den nächsten beiden Wochen wiederholten wir diese Übung mehrere Male, und ich sah und hörte, wie mein Vater weinte und mit den Menschen in seinen Erinnerungen sprach – unter anderem auch mit mir. Als er schließlich fertig war und mit allen Erinnerungen und Menschen in seinem Leben Frieden geschlossen hatte, starb er. Ich wusste, er würde seinen Fluss nach seinem Tod nicht mehr säubern müssen. Das hatte er bereits getan.

Entscheidend für das Schreiben heilender Geschichten ist es, sich in Schönheit zu üben, denn wer keine Schönheit kennt, kann nur Leid bringen. Das heißt nun nicht, dass wir nur noch Geschichten mit märchenhaftem Ende schreiben sollten. Es heißt einfach, dass unsere Geschichten und die Bemühungen, denen wir uns widmen, Schönheit erschaffen und allen Beteiligten schenken sollen. James Watson und Francis Crick, die Entdecker der Molekularstruktur der DNS, ließen sich von dem Prinzip leiten, dass die Grundform des menschlichen Lebens »schön sein muss«. Die Navajo-Dichter schrieben: »Schönheit vor mir, Schönheit hinter mir, Schönheit um mich herum.« Eine heilende Geschichte hat etwas Wunderbares.

Mit Jaguarmut säuberst du deinen Fluss, indem du dich in Schönheit übst und die Menschen und Dinge nicht mit Wut oder mit Angst und Zittern, sondern mit Schönheit berührst. Dann wirst du entdecken, dass dein Fluss allmählich kristallklar wird, du ganze Bände mit Güte und Anmut füllen kannst und selbst der Erzähler bist – statt in deinen Geschichten gefangen zu sein.

Wenn du Seelenmut besitzt, kannst du dich der Strömung deines Flusses anvertrauen und hast vollen Zugang zu deiner Lebenskraft. Du akzeptierst, dass du nicht bestimmen kannst, wohin dein Fluss dich führt, sondern nur, wie sauber sein Wasser ist, und du lernst, dich und andere zu nähren, während du Felder und Wiesen tränkst. Stell dir vor, wie deine Beziehungen dann aussähen. Überlege, wie du mit Fremden in schwierigen Situationen umgehen und in den kurzen Augenblicken reagieren würdest, in denen die Angst droht, dich auf eine niedrigere Bewusstseinsstufe zu ziehen und die Verbindung zu deinem Mut zu kappen. Stell dir vor, wie deine

Welt aussähe, wenn du deine Dogmen, deine starren Überzeugungen und die zwanghafte Analyse deiner emotionalen Reaktionen auf die Welt aufgäbest.

Wenn du den Mut hast, dich in Schönheit zu üben, wie schwer es dir auch erscheinen mag, wirst du deinen Fluss säubern und dich von den Ängsten deines Ego lösen. Während du dich in Schönheit übst, wirst du feststellen, dass du für die dritte Disziplin der Erdenwächter bereit bist: jederzeit zum Sterben bereit zu sein.

※

Kapitel 9

Sei jederzeit zum Sterben bereit

※

Wer den Tod fürchtet,
hat die Lebensfreude schon verloren.
Cato der Zensor

※

Die Erdenwächter glauben, dass wir nur dann vollends lebendig sind und mutig träumen, wenn wir jeden Morgen erwachen und den bevorstehenden Tag leben, als sei es der letzte. Wir müssen uns unserer Sterblichkeit und dem Umstand stellen, dass wir keine Kontrolle darüber haben, wann wir aus dieser körperlichen Existenz scheiden. Erst dann finden wir den Mut, nicht mehr hektisch vor dem gefürchteten Tod davonzulaufen, und richten unsere Energie darauf, ein originelles, sinnerfülltes Leben zu führen.

Wir müssen sehr tapfer sein, um jederzeit sterben zu können. Wir müssen den emotionalen Mut besitzen, in jedem Augenblick die Wahrheit zu sagen und anderen ohne Zaudern mitzuteilen, was gesagt werden muss. Viel zu leicht reden wir uns ein: »Nun, sie weiß doch, dass ich sie liebe – das muss ich ihr nicht sagen«, oder: »Er weiß, dass ich mich nach unserem Streit schlecht fühle, aber das werde ich später in Ordnung bringen.« Wir brauchen moralischen Mut, um unser Verhalten mit unseren Prinzipien in Einklang zu bringen, statt Ausreden zu finden, weshalb es in Ordnung ist, erst später zu integrem Handeln zurückzukehren, wenn es besser passt.

Wenn wir moralisch mutig sind, sagen wir beim Blick auf das von uns angerichtete (oder ererbte, aber noch ungeklärte) Chaos nicht: »Soll doch ein anderer eine Lösung dafür finden.« Das erinnert mich an einen Ausspruch Thomas Jeffersons kurz vor seinem Tod. Er sagte, er bedauere, dass die Gründungsväter keine Lösung für das Problem der Sklaverei gefunden hätten und sich nun künftige Generationen damit beschäftigen müssten. Wir kämpfen noch immer mit den Folgen dieser verfehlten Politik der Unterdrückung, Rassentrennung und -diskriminierung. Als moralisch mutige Menschen müssen wir ehrlich erkennen, was wir heute tun, denn einiges davon wird unsere Urenkel einst ebenso schockieren wie uns der Umstand, dass unsere Vorfahren Sklaven hielten, ganze Tierarten zum Spaß bis zur Ausrottung bejagten und den Frauen das Wahlrecht vorenthielten.

Um jederzeit auf den Tod vorbereitet zu sein, braucht man auch den intellektuellen Mut, sich von den alten, von Familie, Kirche und Kultur übernommenen Vorstellungen zu lösen, was zu unserem Glück nötig sei. Dazu müssen wir uns schwierige Fragen stellen wie: »Wäre ich auch dann zufrieden, wenn ich nie heiraten und Kinder bekommen oder nie eine Weltreise machen würde? Was wäre, wenn ich meiner Berufung folgen und mich der geliebte Mensch daraufhin verlassen würde?«

Intellektueller Mut bedeutet auch, die eigene Meinung über jemanden oder etwas zu ändern, der oder das selbstverständlich für uns ist. Christoph Columbus brauchte zum Beispiel

Sei jederzeit zum Sterben bereit 265

sehr viel intellektuellen Mut, um nicht wie alle anderen zu denken, die Welt sei eine flache Scheibe, und nach seinen Überzeugungen zu handeln. Viele Menschen leben auch heute noch auf einer »flachen Scheibe«, mit Vorstellungen und Meinungen, die ihnen gute Dienste leisten, aber ihre Erfahrung der Wirklichkeit einschränken.

Wenn du mit dem Mut des Kolibris träumst, folgst du deiner Berufung noch heute auf irgendeine Weise, selbst wenn dir deine Lebensumstände unüberwindbar erscheinen. Dann wartest du nicht, bis du alles Nötige beisammen hast – die finanzielle Absicherung, die langen Abschnitte freier Zeit sowie das Verständnis und die Unterstützung der Menschen, die dir am Herzen liegen –, um mit dem Träumen zu beginnen. Und wenn dein Bild in der Sekunde deines Todes nicht vollendet ist, bist du zumindest als Künstler, nicht als Tagträumer oder Dilettant gestorben, als ein Mensch, der ständig davon spricht, wie er gerne leben würde, es aber nur hie und da tatsächlich einmal tut – zum Beispiel auf einem Wochenendseminar, wenn er gerade eine Eingebung hat oder im Urlaub ist.

Wir schieben das Leben hinaus, das wir eigentlich führen möchten, weil wir glauben, wir hätten alle Zeit der Welt, um mit dem Träumen zu beginnen. Einer meiner besten Freunde schmiedete alle möglichen Pläne für die Zeit nach seiner Pensionierung und arbeitete in einem Beruf, den er hasste, bis er endlich das 65. Lebensjahr erreicht hatte und nicht mehr ins Büro gehen musste. Zwei Monate später war er tot, und die aufgeschobenen Träume blieben unerfüllte Fantasien. Aber seine Kinder hatten offenbar viel von ihm gelernt. Sie verwendeten ihre kleine Erbschaft dazu, um eine Weltreise zu machen.

Wir dürfen nicht vergessen, dass der Tod jederzeit zur Tür hereinkommen kann. Das erlöst uns von der spirituellen Erstarrung, die dadurch entsteht, dass wir die Fähigkeit zu träumen auf Eis legen, uns auch heute wieder durch den Tag schleppen und hoffen, unser Leben würde sich zum Besseren wenden. Die Todesstarre, die uns befällt, wenn wir im Albtraum gefangen sind, ist viel schlimmer als die Erstarrung des Körpers beim Übergang der Seele von der sterblichen Existenz in die nächste. Allerdings sind wir uns dieses spirituellen Todes in unserer Kultur nicht bewusst, da wir das körperliche Ableben so sehr fürchten. Wir fürchten das Ende unserer Tage und versuchen deshalb, nur ja nicht in unserer hektischen Betriebsamkeit nachzulassen, um es so hinauszuschieben.

Die Illusion, man könne den Tod überlisten

Es war einmal auf einem Markt in Bagdad, da begegnete ein Diener dem Tode höchstpersönlich. Entsetzt ließ der Mann seine Einkäufe fallen und rannte zu Fuß nach Hause. Dort angekommen, flehte er seinen Herrn atemlos an: »Ich bitte Euch, gebt mir Euer schnellstes Pferd! Ich habe den Tod auf dem Marktplatz getroffen, und es sah aus, als wollte er mich holen. Deshalb bin ich so schnell wie möglich hierher zurückgelaufen. Ich muss vor ihm fliehen!«

Sein Herr sprach: »Nimm mein schnellstes Pferd, und vielleicht bist du heute Abend schneller als der Tod. Flieh nach Samarra. Dort wird er dich niemals finden.« Der Diener bedankte sich überschwänglich und machte sich mit halsbrecherischer Geschwindigkeit auf den Weg in das viele Stunden entfernte Samarra.

Sein Herr ging auf den Markt, und als *er* den Tod erblickte, fragte er: »Warum hast du meinem armen Diener einen solchen Schrecken eingejagt, als er heute hier war?«

Der Tod entgegnete: »Ich wollte ihm nicht drohen. Ich war nur überrascht, ihn hier zu sehen. Ich erwarte ihn nämlich erst heute Abend – in Samarra.«

Wie der verängstigte Diener versuchen auch wir verzweifelt, unser Ableben hinauszuschieben und seine Unausweichlichkeit zu verleugnen. Wir achten darauf, dass wir stets beschäftigt sind, füllen endlose Listen mit wichtigen Aufgaben und meinen, wenn nur genügend Dinge unerledigt blieben, würde uns der Tod nicht finden, um uns bei unseren äußerst wichtigen Tätigkeiten zu unterbrechen. Wir sagen: »Ohne mich wird meine Firma untergehen«, oder: »Wenn ich mich nicht um alles kümmere, bricht in dieser Familie alles zusammen.« Wir können es nicht ertragen, auch nur zum Postkasten an der Ecke zu gehen, ohne das Handy dabeizuhaben. Wenn wir nicht jederzeit erreichbar wären, müssten wir ja zugeben, dass sich die Erde auch ohne uns weiterdreht.

Die Furcht vor dem Tod lässt uns hierhin und dorthin eilen, um ihn mit allem, was in unserer Macht steht, zu überlisten – und uns dann in dieser sinnlosen Existenz gefangen zu fühlen. Schon Sokrates sagte: »Hüte dich vor der Ödnis eines geschäftigen Lebens.« Unsere angeblichen Prioritäten erhalten erst gar keinen Platz auf der Aufgabenliste. Die Zeit mit dem Kind oder der Abend mit dem Partner werden immer wieder aufgeschoben, weil wir einen Bericht fertigstellen oder zum Baumarkt fahren müssen.

Wir träumen nicht und rechtfertigen das gerne damit, dass wir nicht genügend Zeit, Geld oder Mittel hätten. Diese Ausreden entspringen den Ängsten der Schlangenebene und den Geschichten der Jaguarebene. In Wirklichkeit fehlen uns nicht die Mittel, sondern der Mut, nein zum Albtraum und den Ängsten und ja zu unserem Traum zu sagen. Das bringt mich zu meiner Mutter. Als sie 82 Jahre alt wurde, gestand sie: Wenn sie jünger wäre, würde sie sich gerne einmal im Bungee-Springen versuchen. Sie hielt es für ein wunderbares Abenteuer.

Ich erzählte ihr von einer etwas ungefährlicheren Version dieses Sports namens *Zip Line*, die sie sogar in ihrem Alter ausprobieren könnte und bei der sie mit einem Gurt gesichert an einem dicken Kabel hinge. Mit dem größten Entzücken ließ sich meine über achtzigjährige Mutter von einem Berg in Utah schubsen. Aber wie oft vermeiden wir es sogar in jungen Jahren wegen unserer bohrenden Ängste, Risiken im Leben einzugehen?

Wir müssen uns nicht ohne Sicherheitsleine in den freien Fall stürzen, aber wir können unser Leben bis zur Neige auskosten, statt immer vorsichtig und auf Zehenspitzen herumzuschleichen. Das erinnert mich an die Momente, in denen Seminarteilnehmer zu mir kommen und rufen: »Ich bin so froh, dass ich gekommen bin! Ich lese Ihre Bücher schon seit Jahren und wollte das schon lange einmal machen.« Ich frage mich dann immer, vor welchen Lebensabenteuern diese Menschen sonst noch zurückschrecken, wenn sie schon Jahre gebraucht haben, um den Mut aufzubringen, die ihnen vertraute Welt zu verlassen und ihre Heilreise anzutreten.

Vielleicht schiebst auch du das Leben, das du gerne führen würdest, auf die lange Bank und verfängst dich dann in deinen Alltagsaufgaben und Ausreden, wieso du nicht so leben kannst, wie du eigentlich willst. Im Rahmen der folgenden Übung wirst du lernen dir vorzustellen, wie du deinen Traum noch heute und unabhängig von den vermuteten Hindernissen manifestieren kannst.

Übung: Der perfekte Tag

Was passiert, wenn du morgens erwachst? Springst du sofort aus dem Bett, um deinen Tag zu beginnen? Wenn ja, solltest du das nächste Mal noch etwas liegen bleiben und dich an deine Träume erinnern. Male dir in diesem Zustand klarer Sammlung den perfekten Tag aus. Stell dir vor, mit wem du Kontakt pflegen und welche Qualität deine Unterhaltungen haben werden. Höre, wie du Wahrheiten verkündest, die ausgesprochen werden müssen, und wie du zu den Menschen, bei denen du etwas wiedergutzumachen hast, sagst: »Ich liebe dich«, »ich vergebe dir« und »es tut mir leid«. Sieh, was du isst, wo du bist und was passiert, ehe du abends einschläfst. Stell es dir in allen Einzelheiten vor.

Frage dich nun, was du noch vor Ablauf des heutigen Tages tun kannst, um diesen perfekten Tag in allen Einzelheiten zu erleben – von den Gefühlen bis hin zu den Begegnungen und Abenteuern. Wie kannst du den Tropenstrand in dein Leben holen, wenn es draußen bitterkalt ist? Wie kannst du in den Wellen spielen, wenn du das Abendessen kochen und zwei Dutzend E-Mails beantworten musst? Wo bleiben in diesem Augenblick in deiner Welt die Entspannung, die Spontaneität, das Entzücken und der Kontakt zur Natur?

Vergiss die Vorstellung, du hättest ja noch den Rest deines Lebens Zeit, um diesen vollkommenen Tag zu planen und zu erleben. Befreie dich von dem karmischen Ballast, der dich sagen lässt, die ersehnten Begegnungen und Beziehungen seien nicht möglich; der dir das Gefühl gibt, du könntest es nicht riskieren, noch einmal verletzt zu werden; der dich glauben macht, du könntest den Spott nicht ertragen, wenn du dich aufmachtest und tätest, was du wirklich willst. Verzichte auf die Ausrede, du hättest nicht genügend Geld, um deinen Traum zu verwirklichen. Dann werden dir die Mittel aus unerwarteten Quellen zufließen, sobald du anfängst, deine Absicht in die Tat umzusetzen.

Entdecke die Elemente deines Traumes, die für das stehen, was du am meisten liebst und schätzt. Du solltest wissen, dass du diese Dinge jederzeit in dein Leben holen kannst, wo du auch bist und was du auch tust. Vielleicht findet dein vollkommener Tag in Italien statt, wo du es genießt, an einem wunderschönen Nachmittag auf irgendeiner Terrasse zu sitzen, einen guten Wein zu trinken und dich am Anblick des üppigen Gartens zu erfreuen. Auf der Ebene des Kolibris wird dir klar, dass du eine Möglichkeit finden wirst, dorthin zu gelangen – ob im wörtlichen oder im übertragenen Sinn. Du begreifst, dass du die üppig wuchernde Blumenpracht, die Sinnesfreuden und den herrlichen Luxus genießen und dich an all dem erfreuen kannst, ob du nun in der Toskana oder in Toledo bist.

> Wenn du andererseits weiter hierhin und dorthin hetzt und versuchst, genügend Geld für deinen Traumurlaub zusammenzukratzen, schaffst du es vielleicht nach Italien, wirst aber enttäuscht werden. Du stellst fest, dass die Villa keinen kabellosen Internetanschluss hat und der Wein ganz wunderbar, aber doppelt so teuer ist wie zu Hause. Außerdem bleibt deine Fantasievorstellung, das Land könne deine Sinnlichkeit wiedererwecken, wie das in den Romanen von E.M. Forster der Fall ist, unerfüllt. Du kommst zu dem Schluss, das müsse an Italien liegen, dabei liegt es an deiner mangelnden Bereitschaft, auf hektische Aktivität zu verzichten und dich stattdessen dem Wiedererwachen deiner Sinne hinzugeben – ganz gleich, wo du bist und wie deine Lebensumstände sind. Du wirst nicht wirklich leben, weil du viel zu sehr damit beschäftigt bist, nicht zu sterben.

Erkenne, welchen Tod du eigentlich fürchtest

Wir glauben, wir hätten Angst vor dem Tod. In Wirklichkeit aber fürchten wir das Ende des Ego – jenes Ichs, das wir kennen und lieben gelernt haben. Wir fürchten sein Ableben und wollen den Tod überlisten wie der Diener aus Bagdad. Auch das tun wir, indem wir stets fleißig sind, indem wir so tun, als seien wir enorm wichtig und deswegen könne nichts unsere Lebenspläne durchkreuzen. Stattdessen müssen wir uns von einer solchen Selbstüberschätzung verabschieden – von jenem Selbst, das sich aus bestimmten Erinnerungen, einer bestimmten Persönlichkeit und einem bestimmten Temperament zusammensetzt und davon definiert wird. Stattdessen müssen wir uns mit der Seele identifizieren, die den Tod überdauert.

Der Mut, jederzeit zum Sterben bereit zu sein, erwächst aus dem Verständnis, dass das Selbst mit seiner Persönlichkeit, seinem Temperament und seinen Erinnerungen (das Ego-Selbst) nicht das einzige Selbst ist. Du hast auch ein unsterbliches Selbst, und du brauchst sehr viel Mut, um dich mehr damit und weniger mit dem Ego zu identifizieren. Je mehr du dich an deine Seele hältst und im Kolibribewusstsein verweilst, desto leichter fällt es dir, dich von deinen Geschichten und dem Karma zu lösen, das du vom einen Leben ins nächste trägst. Du wirst leichter und kannst besser ins Adlerbewusstsein aufsteigen, wo das Ich nicht mehr als getrennte Einheit existiert. Allmählich fühlst du dich dort wie zu Hause, weil es tatsächlich dein Zuhause ist.

Wenn wir aufhören, uns für unsere Persönlichkeit zu halten, wenn wir uns von unserem Karma lösen und ins Reich des Adlers heimkehren, fürchten wir den Tod des physischen Körpers und das Ende des irdischen Lebens nicht mehr. Wir wissen um unsere Unsterblichkeit und können im Meer der Unendlichkeit verharren oder noch einmal in menschlicher Gestalt wiedergeboren werden, um zu lernen oder zu dienen. Wir können uns zu Avataren entwickeln, zu höheren Wesen, die bewusst auf die irdische Ebene herabsteigen. Da wir dann sogar die Seele überwunden haben, ist uns das Bewusstsein der Sterne zuteilgeworden. Als Avatare steht es uns frei, auf einer sehr viel höheren Ebene als der Stufe einer einzelnen Seele zu träumen, und wir können uns an den Träumen der Sterne oder gar ganzer Galaxien beteiligen.

Erkenne, welchen Tod du eigentlich fürchtest

Wir können das Adlerbewusstsein in einem einzigen Augenblick erlangen, aber es kann viele Leben dauern, bis dieser Moment eintritt. Einige von uns kommen diesem Zustand am nächsten, wenn sie selbstlos lieben. Die selbstlose Liebe gibt uns einen Vorgeschmack von der Unendlichkeit, und das dabei entstandene neue Bewusstsein lindert unsere Ängste vor dem Unbekannten, das uns nach dem Tod des Körpers erwartet. Ohne die lähmende Angst vor dem Ende des Ego können wir daran teilhaben, eine Welt ins Dasein zu träumen, von der nicht nur wir, sondern alle Menschen in diesem Leben profitieren. Ich erinnere mich an die selbstlose Liebe, die ich empfand, als ich zum ersten Mal meinen neugeborenen Sohn in den Armen hielt. Für einen kurzen Augenblick oder auch ein ganzes Leben lang löste sich mein Ich auf, und mit einem Mal gab es nur noch dieses Kind des Lebens selbst. Im Adlerbewusstsein wurde mir klar, dass dies schon immer meine Heimat war und kein äußeres Ereignis wie die Geburt meines Sohnes mir ins Gedächtnis rufen musste, wie ich »nach Hause« zurückkehren konnte.

Hast du das Adlerbewusstsein erst einmal erlebt, wirst du alles mit neuen Augen sehen. Du bist dir bewusst, dass andere nach dir auf Erden wandeln werden und dein Handeln spätere Generationen beeinflusst. Einer meiner Klienten lebt zum Beispiel in einer Gegend, in der das Abwasser in den See läuft, wenn das Kanalsystem überlastet ist. Aber dieser See dient Millionen von Menschen als Wasserquelle. Deshalb achtet er darauf, an regnerischen Tagen Wasser zu sparen. Er wartet mit der Wäsche oder dem Baden, bis dieser große Wasserverbrauch den See nicht zusätzlich belastet, den er mit seinen Nachbarn teilt. All das tut er, ohne Aufmerksamkeit darauf zu lenken oder sich als »edlen Retter des Sees« oder »guten Bürger« zu titulieren. Er kümmert sich um den See und um sich selbst, da er weiß, dass es keinen »Menschen« und keinen »See« gibt, sondern nur den Spirit, der in Gestalt eines »Mannes« und eines »Sees« zum Ausdruck kommt.

Hast du die Erfahrung des Adlerbewusstseins gemacht, kannst du die gewonnene Weisheit auch auf die niedrigeren Wahrnehmungsstufen mitnehmen und im Alltag anwenden. Alle Gefühle des Mangels oder der Sehnsucht nach etwas Unerreichbarem werden verschwinden. Du wirst wissen, dass dein Fluss Teil eines sehr viel größeren, unendlichen Stroms ist, der stets klar und sauber dahinfließt, und kommst zu dem Schluss, dass du nur noch dieses Wasser trinken willst. Dein innerer Fluss ist glitzernd und klar. Er ist fruchtbar und voller Fische und Schilf und nährt mit seiner Fülle die Welt.

So nimmst du Abschied von deinen Rollen

Den meisten Menschen ist ihr Selbstbild so wichtig, dass sie an ihren Titeln und Rollen hängen und nie herausfinden, wie sie sich neu definieren können. Unsere Rollen sind unser Ego. Ohne sie glauben wir, unseren Wesenskern zu verlieren und zu »sterben«.

Bei der folgenden Übung wirst du deine Rollen verbrennen, damit du ihre Grenzen überwinden kannst. Anschließend wirst du entdecken, welche Möglichkeiten die Rollen bieten, ohne dich in der Geschichte zu verfangen, die du darumgewoben hast. Deine Rollen beschreiben nur noch, was du tust, nicht, wer du bist. Du kannst aufhören, dich auf der Stufe des

Jaguars oder des Verstandes mit deinen Rollen zu identifizieren, und die endlosen Möglichkeiten der Kolibriebene erkennen, wo du sie jederzeit ablegen oder verändern kannst, weil du dich nicht mehr für deine Rollen hältst.

Übung: Verbrenne deine Rollen

Für diese Übung brauchst du ein paar kleine Zweige, einige Papierstreifen, einen Stift, ein Feuer und den Mut der Seele.

Sieh in die Flammen (die in einem Kamin, einem Grill oder einer Feuerstelle flackern können) und lass deine Gedanken leiser und langsamer werden. Gib ihnen kein Gewicht und sieh zu, wie sie allmählich vergehen. Seltsamerweise kann das Feuer dir helfen, den Zustand des luziden Tagträumens zu erlangen und in die Traumzeit überzutreten. Ist dir schon einmal aufgefallen, wie leicht man stundenlang am Feuer sitzen kann, ohne nachzudenken oder sich zu unterhalten?

Notiere auf jeden Papierstreifen eine Rolle, ein Etikett oder eine Selbstbeschreibung, mit der du dich identifizierst. Vergiss nicht, Dinge wie *Ehemann, Frau, Vater, Mutter, Arzt, Ernährer, Krankenschwester, entwöhnter Alkoholiker, Studentin, Liebhaber* und so weiter aufzuschreiben. Diese Rollen, ganz gleich wie musterhaft gespielt, fesseln dich und halten dich in einem Albtraum ohne Inspiration gefangen. Wickle jeden Streifen um einen Zweig, danke allen Rollen für das, was sie dich gelehrt haben, und für die Kräfte, die sie dir gaben. Segne alle Rollen, lege einen Zweig ins Feuer und

> sieh zu, wie er verbrennt. Tu dies mit allen Rollen und sei dir bewusst, dass du hier ein heiliges Ritual vollziehst, an dem der Verstand nicht beteiligt ist.
> Spüre die Hitze der brennenden Zweige und vergewissere dich, dass du auf der Ebene des Kolibris, der Poesie und der Mythen arbeitest. Stell dir vor, wie die Anforderungen, die deine Rollen an dich stellen, in Rauch aufgehen und zu Asche zerfallen und wie du vom Part der Mutter, des Ehepartners, des Sohns oder des Arbeitnehmers befreit wirst. Öffne dein Herz, um all die Gaben dieser Rollen anzunehmen. Wisse, dass sie dich nicht definieren, du sie aber alle mit Schönheit und Anmut ausfüllen kannst.

Übe dich in Vergebung und Wiedergutmachung

Wenn du dich nicht mehr mit deinen Rollen identifizierst, kannst du deinen Fluss säubern und bist jederzeit bereit zu sterben. Du löst dich von Etiketten wie *Opfer, Ernährer, alleinerziehende Mutter* und kannst deshalb auch anderen vergeben, dir selbst Absolution für dein Handeln erteilen und Wiedergutmachung leisten.

Oft verkünden Menschen stolz, sie hätten ihren Müttern ihre Kälte und Lieblosigkeit oder ihren Vätern die hohen Ansprüche verziehen. Andererseits kämen sie nie auf die Idee, die Eltern ihrerseits um Vergebung für ihre Taten zu bitten. Immer, wenn mir Klienten erzählen, sie könnten ihrer Mutter oder ihrem Vater endlich verzeihen, fordere ich sie auf, diesen

Menschen sofort aufzusuchen und ihn um Vergebung dafür zu bitten, dass sie ihm das Leben schwer gemacht haben. Nur so können sie die energetischen Verbindungen kappen, die sie an diese Person und diese Geschichte fesseln.

So schwer uns die Worte »Ich verzeihe dir« auch fallen, wenn uns unrecht getan wurde, ist es doch ungleich schwerer zu sagen: »Es tut mir leid. Ich hoffe, du vergibst mir.« Vergiss nicht, bei der Vergebung geht es nicht um Schuld und Geschichten, sondern darum, die Geschichte im Interesse des Traumes vom Leben in Liebe und Frieden loszulassen. Du kannst deinem Exmann beispielsweise vergeben und dich dennoch dafür entscheiden, den Kontakt zu ihm abzubrechen. Gleichzeitig musst du bereit sein, die Geschichte aufzugeben, die du dir jedes Mal im Kopf erzählst, wenn du daran denkst, wie sehr er dir geschadet hat und wie sehr du gelitten hast. Jedes Mal, wenn du diesen Film in deinem Kopf abspielst, erweckst du die Beziehung erneut zum Leben und erzeugst von Neuem Wut, Bitterkeit und Traurigkeit. Heute ist der perfekte Tag, um dich von dieser Geschichte zu lösen, ein für alle Mal zu vergeben und dich von deinem karmischen Ballast zu befreien.

Um Vergebung zu bitten ist schwer, denn du riskierst dabei, in das Drama eines anderen Menschen hineingezogen zu werden. Vielleicht hat es irgendwelche Vorteile für deinen Exmann, wenn er sich erzählt, du hättest ihm unrecht getan. In diesem Fall ist er möglicherweise nicht bereit, die Opferrolle nur aus dem Grund aufzugeben, dass du lieber etwas erträumen willst, was euch mehr Macht verleiht.

Wenn du um uneingeschränkte Vergebung bittest, solltest du nicht vergessen, dass es nicht deine Schuld ist, wenn der andere nichts mit dem neuen Traum zu tun haben will. Das gibt dir auch den Mut zu sagen: »Es tut mir leid, dass ich deine Gefühle verletzt und dich enttäuscht habe« – ob der andere die Geste nun erwidert oder nicht. Vielleicht kannst du dich nur sehr schwer von dem Wunsch befreien, die Worte zu hören: »Ich vergebe dir.« Darüber hinaus kannst du dir vielleicht selbst kaum verzeihen. Auf der Ebene des Kolibris wirst du dich daran erinnern, dass du wie alle anderen auf einer spirituellen Entdeckungsreise bist und auf deinem Weg auch Fehler machst.

Um unsere emotionalen Wunden zu heilen, müssen wir laut westlicher Psychologie den Menschen verzeihen, die uns unrecht getan haben, und die Vergebung derjenigen erlangen, denen wir geschadet haben. Das Problem bei dieser Strategie ist nur, dass wir in Geschichten von Opfern, Rettern und Tätern stecken bleiben. Deshalb ist es so wichtig, dass du dich von allen Urteilen löst und allen Beteiligten vergibst, ehe du Wiedergutmachung leistest. Damit verzeihst du auch dir selbst, derart fantasielose Geschichten verfasst zu haben. Du entschuldigst dich bei dir selbst für den Gedanken: »Wie konnte ich nur diesen Idioten heiraten?«, oder: »Warum habe ich meiner Tochter den Wagen geliehen, mit dem der Unfall passiert ist?« Anschließend entschuldigst du dich bei der oder dem anderen und machst es mit deinem Leben wieder gut. Schließlich hast du im Grunde ja vor allem dem Universum geschadet.

Eine Möglichkeit der Wiedergutmachung ist es, einem Menschen in Not zu helfen. Wenn du das tust, sind deine Geschichten sowie deine Schuld nicht mehr deine Privatsache. Du siehst, wie du mit deinem Handeln allen Menschen geschadet hast, und erkennst, wie du anderen helfen und deine Verstöße gegen das Leben wiedergutmachen kannst.

Übe dich in Vergebung und Wiedergutmachung

Eines Abends ging ich in San Francisco mit einem Freund zu unserem Wagen, der einige Straßen weiter geparkt war. Wir näherten uns einer obdachlosen Frau, die unter ein paar Pappstücken schlief, und sahen, wie kurz vor uns ein Mann einen Geldschein in ihren Becher legte. Sekunden später kamen zwei Jugendliche und stahlen der schlafenden Frau das Geld. Ich wollte schon den Kindern nachlaufen, aber mein Begleiter legte seine Hand auf meinen Arm, und wir steckten der Frau stattdessen einen 10-Dollar-Schein in die Jackentasche. An jenem Abend beglich mein Freund eine Schuld gegenüber dem Leben und lehrte mich eine wunderbare Lektion der wahren Freigebigkeit.

Wenn du anderen ein Opfer bringst, sieht das Universum diesen stillen Akt der Wiedergutmachung. Deine Schuld wird allmählich leichter, denn es ist zwar ein gutes Gefühl zu sagen: »Es tut mir leid.« Noch besser aber fühlt es sich an, den eigenen Fehltritt wiedergutzumachen.

Wahre Wiedergutmachung muss anonym geschehen. Schon Jesus sprach: »Wenn du aber Almosen gibst, so lass deine linke Hand nicht wissen, was die rechte tut« (Matthäus 6:1-4). Mit anderen Worten, sobald du über deine edle Tat nachdenkst und darüber sprichst, wird sie von der Geschichte deines Ego vereinnahmt. Verweile stattdessen auf einer höheren Bewusstseinsstufe und erträume eine Welt, in der du keine Bestätigung brauchst, weil es dir genügt, Liebe und Vergebung zu erfahren.

Bereite dich heute Abend auf deinen Abschied vor

Wenn du dich immer mehr mit deiner Seele identifizierst und deine Verbindung zum Spirit in der ganzen Vielfalt seiner Ausdrucksformen erlebst, wirst du den Mut finden, so zu leben, als könntest du jederzeit sterben. Es ist dir nicht peinlich, du schämst dich nicht und bist auch nicht verschüchtert, wenn du mutig und im Einklang mit den Werten handelst, die dir am wichtigsten sind. Dein Leben wird sich ganz automatisch so entfalten, dass es deiner Absicht entspricht. Liebevoll wirst du die Menschen begrüßen und verabschieden, die in dein Leben treten und es wieder verlassen. Du wirst darauf vertrauen, dass du nicht allein bist – selbst wenn diejenigen, die dir am Herzen liegen, anfangs nichts mit deinem neuen Traum zu tun haben wollen. Du wirst dir sicher sein, dass sich Mit-Träumer einfinden und dir zur Seite stehen werden, während du deinen Teil dazu tust, eine neue Wirklichkeit zu erschaffen, und genau das wird geschehen.

Im Rahmen der folgenden Übung darfst du spekulieren, auf welche Weise sich diese neue Wirklichkeit entfalten könnte. Damit öffnest du dich den genialen und magischen Möglichkeiten, mit denen das Universum dir hilft, deinen Traum zu verwirklichen.

Übung: Schreibe deine Trauerrede

Manchmal lässt sich das, was sich gerade in deinem Leben abspielt oder wie du ein bedeutendes Ereignis empfunden hast, nicht so einfach in eine Geschichte verpacken, ohne dass du auf die Figuren des Opfers, des Retters und des Tyrannen zurückgreifst. Aber du weißt, wie wichtig das ist, wenn du aus dem Albtraum ausbrechen willst. Nun ist es an der Zeit, deine gesamte Heldensaga aus der Kolibriperspektive zu erzählen. Was für eine Reise hast du von der Geburt bis heute zurückgelegt? Schreibe die Geschichte, als ob du gerade gestorben wärst und sie als Trauerrede bei deiner Beerdigung vorgetragen werden sollte.

Welche Erinnerungen an dein Leben sollen die Menschen behalten, die du liebst? Überlege, was du entdeckt und erlebt hast – welche Ereignisse helfen können, dich zu beschreiben. Aber vergiss darüber nicht die kurzen Augenblicke, die ein Bild des Lebens einfangen, das du leben wolltest.

Auf welche Weise hast du andere berührt? Welche Liebe hast du gefunden und welche Liebe hast du der Welt geschenkt? Welche Abenteuer hast du erlebt? Was hast du erforscht, was gelernt? Was hast du geschaffen? Was hast du genossen? Wie hast du dich in Zeiten der Veränderung, der Herausforderung, des Verlustes und der Tragödien in Schönheit geübt? Was hast du erreicht?

Vergiss nicht, dass du der Erzähler bist und den Geschehnissen die von dir gewählte Form geben kannst. Es spielt keine Rolle, welche Trauerrede ein anderer für dich schreiben würde. Erzähle die Geschichte so, wie *du* sie erzählt haben möchtest, und fange deinen Wesenskern darin ein. Wenn du mit dem von dir gelebten Traum nicht zufrieden bist, dann beginne von vorn und schreibe ihn neu. Denk daran, auch jene Gaben und Kräfte zu erwähnen, die dir aufgrund der Enttäuschungen und Tragödien in deinem Leben zugewachsen sind, und lege deine Geschichte als Heldenreise an. Notiere deine Einweihungserlebnisse, deine Wiedergeburten und Neufindungen und deine Triumphe. Wenn du merkst, dass du die Trauerrede schreibst, von der du dir wünschst, sie wäre heute schon wahr, deine Taten aber noch nicht gesühnt hast, dann solltest du das unbedingt sofort nachholen.

Nimm bitte, wenn du fertig bist, deinen emotionalen Mut zusammen und lies das Geschriebene deinen Eltern, deinem Ehepartner und deinen Kindern vor. Indem du andere an deiner Geschichte teilhaben lässt, offenbarst du den Menschen, die dir am meisten am Herzen liegen, was dir am wichtigsten ist. Auf diese Weise erfüllst du auch andere mit deiner Absicht. Von nun an können sie dir auf deiner Lebensreise helfen, da sie wissen, was du ins Dasein träumen willst.

Sei dankbar

Wenn wir jederzeit bereit sind zu sterben, können wir voll und ganz leben und mutig träumen. Eine solche Einstellung enthält zudem das versteckte Geschenk, dass wir den Samen der Dankbarkeit in uns nähren. Wenn wir aufhören, vom einen

Ort zum anderen zu hetzen, uns fortwährend zu beschäftigen und abzulenken, stellen wir allmählich fest, dass wir genügend Zeit haben, um das Gesamtbild unseres Lebens zu betrachten und das Gute darin zu würdigen. Angenommen, wir wurden von einer Darmgrippe niedergestreckt. Dann wachen wir oft am nächsten Morgen auf und empfinden eine enorme Wertschätzung für ein einfaches Stück Brot und dafür, bequem auf einem Stuhl sitzen zu können. Sind wir knapp dem Tod entronnen oder haben von einer plötzlichen Tragödie – einem Erdbeben, dem Einsturz einer Brücke, einem tödlichen Autounfall – erfahren, dann betrachten wir unseren Partner, unsere Kinder oder unsere besten Freunde und denken: »Was für ein Glück, dass diese Menschen in meinem Leben sind! Ich sollte mehr Zeit mit ihnen verbringen und ihnen sagen, wie viel sie mir bedeuten.«

Dankbarkeit, das Gefühl, gesegnet zu sein, hilft uns, uns nicht mehr von Aufgabenlisten versklaven zu lassen und uns ins Gedächtnis zu rufen, weshalb wir hier sind: um zu lieben, zu lernen, zu wachsen und herauszufinden, was wir zu dem in Entstehung begriffenen Kunstwerk namens Schöpfung beitragen können. Das Gefühl tiefer Dankbarkeit erinnert uns an das, was wir am meisten schätzen. Es inspiriert uns dazu, die Dinge nicht mehr auf die lange Bank zu schieben, aus dem Albtraum hektischer, aber sinnloser Aktivität zu erwachen und endlich so zu leben, wie wir wirklich wollen – kühn und originell.

※

Nachwort

✹

Jeder Mensch kann einen heiligen, mutigen Traum träumen und sich damit nicht nur die eigenen Wünsche erfüllen, sondern die ganze Welt schöner machen. Gemeinsam würdigen wir unseren Beitrag zu diesem Traum, ohne übermäßig stolz auf uns zu sein. Wir erfahren so viel mehr Sinn im Leben, wenn wir ein Teil des größeren Traums sind. Wir genießen es, mit anderen zu träumen: mit den Menschen, die wir lieben. Mit den Menschen, die wir nur vom Sehen kennen. Und mit den Menschen, denen wir niemals begegnen werden. Wir laden sie ein, mit uns zu träumen.

In den Gemeinschaften der Inka, der Hopi, der Tibeter und der Maya sowie bei anderen indigenen Völkern der Welt pflegen die Stammesältesten eine Tradition. Bei Vollmond versammeln sie sich um ein Feuer und träumen von der Welt, die sie ihren Kindern hinterlassen möchten. An diesem Abend treten sie still in den Kreis der Träumenden ein. Sie wissen, dass sie nur ein winziges Teilchen zu diesem Puzzle beitragen. Trotzdem ist es wichtig, dass sie sich mit ihrer Liebe und ihrer Absicht einfinden und zum Traumvorgang beitragen.

Auf der Ebene der Schlange wissen sie, dass sie nur am Feuer sitzen müssen. Auf der Ebene des Jaguars wird ihnen klar, dass sie ihre Liebe und ihre Neugier mitbringen müssen. Auf der Ebene des Kolibris leisten sie ihren Beitrag, ohne zu wissen, welche Rolle er im kollektiven Traum spielt. Auf der Ebene des Adlers sehen sie das Gesamtbild und verstehen den Traum, ohne ihm Ausdruck verleihen oder ihn erklären zu können. Sie sind von Liebe umgeben, mit allem verbunden. Sie empfinden sich nicht mehr als Ich, sondern erleben die Kraft und das Staunen des Spirits. Sie sind der Mond und die Sterne, das Feuer und der Rauch, der andere und sie selbst, alle und niemand.

Sie sind die Träumer und der heilige Traum ... und das wünsche ich auch jedem von euch.

Danksagung

✺

An erster Stelle möchte ich meiner Partnerin Marcela Lobos danken. Ohne ihre Liebe und ihre Unterstützung hätte ich niemals den Mut gefunden, dieses Projekt in Angriff zu nehmen. Mit dir lerne ich, mein Leben ins Dasein zu träumen.

Viele Menschen haben zur Entstehung dieses Buches beigetragen. Mein Dank gilt vor allem meinen Lektorinnen Nancy Peske und Shannon Littrell, die dieses Manuskript gestaltet und geformt und es damit zum Leben erweckt haben. Zu guter Letzt möchte ich Reid Tracy von Hay House dafür danken, dass er das Potenzial dieses Buches erkannte. Ich danke auch meinem Freund Dr. James Hamilton, der mir sein inspirierendes Haus in den Anden für die Überarbeitung des Manuskripts zur Verfügung stellte.

✺

Alberto Villoldo –
Vermittler schamanischen Heilwissens

Die Inkas besaßen ein außergewöhnliches Medizinsystem. Alberto Villoldo studierte die heilende Macht dieser Tradition und ermöglicht mit seinem Programm, sich selbst und andere zu heilen sowie Krankheiten zu vermeiden.

ISBN 978-3-442-14216-3

Alle Schöpfung besteht letztlich aus Licht. Villoldo verbindet tiefgründige schamanische Einsichten mit praktischen Übungsanleitungen für umfassende Heilung.

ISBN 978-3-442-21805-9

Überall, wo es Bücher gibt und unter www.arkana-verlag.de

Wie Schamanen
sich und die Welt heilen

Geistreisen werden bei den Schamanen genutzt, um verlorene Seelenanteile zurückzuholen und die eigene Bestimmung zu finden. Ein Weg zu Heilung und persönlichem Wachstum.

ISBN 978-3-442-21765-6

Das Leben ist nichts als ein Traum, und die Welt ist, was wir durch unsere Gedanken und Vorstellungen ins Dasein hineinträumen. Schamanen traditioneller Naturvölker wussten dies, und sie entwickelten Techniken, um ihre Realität zu verändern.

ISBN 978-3-442-21857-1

Überall, wo es Bücher gibt und unter www.arkana-verlag.de